es 1567
edition suhrkamp
Neue Folge Band 567

In den vergangenen 15 Jahren hat sich im öffentlichen Bewußtsein die Auffassung durchgesetzt, daß eine totale Krise der Natur wenn auch noch nicht real vorhanden, so doch grundsätzlich möglich ist. Die Naturvoraussetzungen der menschlichen Existenz erscheinen fragil, von vielfachen Gefahren bedroht. In der hier vorliegenden Studie wird gezeigt, daß sich seit dem 17. Jahrhundert eine Ideenfigur durchgesetzt hatte, in deren Rahmen der Gedanke einer totalen Naturkrise schlechthin unplausibel war. Erst innerhalb des konzeptionellen Rahmens der Darwinschen Evolutionstheorie wurde eine Naturkrise denkbar. Diese antizipierte Krise war, wie im einzelnen anhand der Beispiele von Eugenik und Rassentheorie gezeigt wird, eine »Krise der menschlichen Natur«. Die Radikalität dieser (vielfach eingebildeten) Krise schien nach radikalen Gegenmaßnahmen zu verlangen. Aus einer Rekonstruktion der Debatten um die Jahrhundertwende wird deutlich, in welches Dilemma man angesichts des Zusammenbruchs der natürlichen Teleologie geriet: Weder war garantiert, daß die Natur sich länger in einem harmonischen Gleichgewicht hielt, noch konnte man darauf vertrauen, daß die Politik einen sinnvollen Ausweg aus der Krise bot. Unabhängig von der konkreten Problemwahrnehmung ist dies das Dilemma, in dem wir auch heute angesichts der Umweltkrise stehen.

Rolf Peter Sieferle ist Privatdozent für Neuere Geschichte an der Universität Mannheim und Heisenberg Stipendiat.

Rolf Peter Sieferle
Die Krise der menschlichen Natur
Zur Geschichte eines Konzepts

Suhrkamp

edition suhrkamp 1567
Neue Folge Band 567
Erste Auflage 1989
© Suhrkamp Verlag Frankfurt am Main 1989
Erstausgabe
Alle Rechte vorbehalten, insbesondere das der Übersetzung,
des öffentlichen Vortrags
sowie der Übertragung durch Rundfunk und Fernsehen,
auch einzelner Teile.
Satz: Hümmer, Waldbüttelbrunn
Druck: Nomos Verlagsgesellschaft, Baden-Baden
Umschlagentwurf: Willy Fleckhaus
Printed in Germany

1 2 3 4 5 6 – 94 93 92 91 90 89

Inhalt

I. Von der gefallenen zur harmonischen Natur 9

1. Die Krise der Natur 9
2. Die gefallene Natur 15
3. Der Haushalt der Natur 24

II. Das Naturgesetz des Fortschritts 35

1. Von Malthus zu Darwin 35
2. Fortschritt der Rassen 49
3. Sozialdarwinismus und Soziallamarckismus 61

III. Die Naturkrise des Fortschritts 73

1. Selektion für den Fortschritt 73
2. Der Rückschritt in der Natur 81
3. Der Gegensatz von Fortschritt und Humanität 91
4. Politische Positionen des Sozialdarwinismus
   in Deutschland 116

IV. Das Naturgesetz des Niedergangs 129

1. Gobineau und die Entropie der Rassen 129
2. Der Untergang der arischen Rasse 141
3. Die Stadt als Rassengrab 162
4. Das Gesetz des Niedergangs und der Wille
   zur Rasse 174

V. Die Krise der Natur und die Politik des Ganzen 193

Anmerkungen 204

Literatur 237

Nature ist cruel, man is sick of blood
Nature is fickle, man hath need of rest
Man must begin, know this, where Nature ends
Nature and man can never be fast friends

> Matthew Arnold,
> *In Harmony with Nature*

I. Von der gefallenen zur harmonischen Natur

1. Die Krise der Natur

Die Natur ist ins Gerede gekommen. Von allen Seiten werden Alarmzeichen vernehmbar, die darauf zu deuten scheinen, daß die Entwicklung der Industriegesellschaft in eine Sackgasse zu führen droht. Die Anzeichen einer Naturkrise sind unübersehbar. Wir hören von akuten wie schleichenden Umweltzerstörungen, vom Wäldersterben, von der Vergiftung des Bodens und des Wassers, vom Aussterben zahlreicher Tierarten, von der Gefährdung ganzer Landschaften wie der Alpen und des Wattenmeers, schließlich von drohendem Klimawandel aufgrund einer vom Menschen ausgehenden Änderung der atmosphärischen Gaszusammensetzung. Weitere Probleme kommen hinzu, denken wir etwa an die Möglichkeit nuklearer Selbstauslöschung oder auch nur an das Vernichtungspotential, das sich bei industriellen Unfällen realisieren kann. Die Menschheit scheint in eine Zone der Gefahr geraten zu sein, innerhalb deren katastrophale Krisen bis hin zur Selbstvernichtung drohen.

Die Zweifel und Ängste angesichts vielfältiger Gefahren und Ungewißheiten deuten auf einen Wandel der kollektiven Mentalität hin, in dem sich ein Ende des Selbstverständnisses der Moderne abzeichnet. Ihr »Projekt« hatte darauf gezielt, die moralische Ordnung, die inner- und zwischengesellschaftlichen Beziehungen der Menschen wie auch ihren produktiven Umgang mit der Natur einer »Herrschaft der Vernunft« zu unterstellen. Eine unmündige, in Aberglauben befangene, politischer Fremdbestimmung und wirtschaftlicher Ausbeutung unterworfene, einer unbarmherzigen Natur ausgelieferte Menschheit sollte sich von allen diesen Zwängen befreien. An die Stelle einer unkontrollierten Naturwüchsigkeit sollte eine selbstbewußte Selbsterzeugung der Menschheit treten. Krankheit, Mangel, Hunger und Not sollten ein für allemal der Vergangenheit angehören. Gerade in der Naturbeherrschung sollte das Projekt einer Herrschaft der Vernunft seine glänzendsten Triumphe feiern.

In der Konfrontation mit der Umweltkrise wird dagegen das Gefühl dominant, daß im Verhältnis der Menschheit zur Natur etwas fundamental falsch gelaufen ist bzw. falsch zu gehen droht.

Die Menschheit gerät in die Gefahr, sich selbst auszurotten, indem sie sich die Naturbasis ihrer Existenz entzieht. Und ganz unabhängig davon, für wie real man die einzelnen genannten Krisenelemente hält, bleibt doch bemerkenswert, daß die Möglichkeit einer totalen Naturkrise überhaupt denkbar geworden ist. Diese Krise ist jedoch nicht eine Krise, die von der Natur selbst ausgeht. Es handelt sich nicht um die üblichen Naturkatastrophen wie Erdbeben oder Seuchenepidemien, denen der Mensch ausgeliefert ist, sondern diese Krise ist unbeabsichtigtes Resultat menschlichen Handelns. Damit ist der Natur ihre Selbstverständlichkeit abhanden gekommen. Sie ist nicht länger das, was von sich aus ewig existiert, sondern sie erscheint als ein komplexes, störungsanfälliges Gebilde. Die Natur des ausgehenden 20. Jahrhunderts ist eine unvollkommene Maschine, die durch ungeschickte Bedienung zerstört werden kann.

Das Pathos der vernünftigen Selbstbestimmung des Menschen ist durch diesen Prozeß schwer erschüttert worden. Gerade in der Umweltkrise wird deutlich, daß aus dem vernünftigen Handeln des Menschen unbeabsichtigte, unkontrollierte Ergebnisse folgen, die immer bedeutender werden. Die unintendierten Handlungsfolgen zweckgerichteter Bemühungen gewinnen an Gewicht; es hat den Anschein, als würden sie zu den eigentlichen Resultaten des nur scheinbar vernünftig-selbständigen Handelns. So sehr es gelingt, sich von der Abhängigkeit von einer blinden Natur frei zu machen, so sehr gerät man in die Gewalt einer neuen Macht, die einen eigenen Schrecken verbreitet. Die Produkte menschlicher Aktivitäten erhalten ein Eigenleben. Sie ordnen sich zu übermächtigen Strukturen, die eine eigene Dynamik gewinnen. Sie werden zu einer zweiten Natur, zu einem sekundären geheimnisvollen Komplex. Die gelösten Rätsel der Aufklärung erzeugen eigentümliche Fragen, die schwerer zu bewältigen scheinen als das alte Problem einer widerspenstigen Natur.

Die Tatsache, daß menschliches Handeln eine Objektivität gewinnen kann, die sich weitgehend intentionaler Zwecksetzung entzieht und im Gegenteil dem Menschen als eigentümliche fremde Macht entgegentritt, ist von den herkömmlichen Entfremdungstheorien durchaus gesehen worden. Ihnen war der Gedanke vertraut, daß Religion, Recht, Ökonomie oder Kunst ein Eigenleben entfalten können, worin sich das menschliche »Subjekt« nicht vorbehaltlos wiederzuerkennen vermag. Dieses Motiv einer »Verdinglichung« der Ergebnisse menschlicher Arbeit war Gegenstand der Entfremdungskritik des frühen 19. Jahrhunderts. Zugleich enthielt diese Kritik ein Programm der Aufhebung von Entfremdung durch einen Prozeß der Selbsterkenntnis des Gattungssubjekts, der selbst noch einmal geschichtsphilosophisch abgesichert werden konnte. Die Phase der »Entfremdung« konnte so als ein vorübergehendes Durchgangsstadium verstanden werden, innerhalb dessen sich in negativer Form Potentiale entwickeln, die nach Aufhebung dieser Verkehrung positiv angeeignet werden können. Durch alle Entfremdungen und Verkehrungen hindurch steigern sich somit virtuelle humane Qualitäten. Es mußte nur gewissermaßen das Vorzeichen des Geschichtsprozesses geändert werden, und seine realen Qualitäten würden verfügbar werden.

Neu am gegenwärtigen Bewußtsein einer drohenden totalen anthropogenen Naturkrise ist daher nicht der einfache Gedanke der »Verkehrung«, d. h. des Auftretens von unkontrollierten Handlungsfolgen und der Entstehung einer zweiten Natur eigenständiger Objektivität. Was die moralische Perfektibilität betrifft, so gehört diese »Dialektik der Aufklärung« spätestens seit Auschwitz zum eisernen Bestand moderner Selbstreflexion. Der Gedanke ist nicht neu, daß es sich bei dem Prozeß der Zivilisation um einen selbstzerstörerischen Vorgang handelt, der gerade dort scheitert, wo er scheinbar seine höchsten Triumphe feiert. Neu dagegen ist seine Ausdehnung auf die Naturbedingungen des menschlichen Lebens selbst: Wenn die menschlichen Produktionen ihre eigene Naturbasis zerstören, so vernichten sie sich selbst. Es ist dann nicht mehr möglich, diese Bewegung in eine Geschichtsdialektik einzubetten, in der die Negativität der Gegenwart einen objektiven Sinn gewinnt. Die Selbstzerstörung, die sich in der totalen Naturkrise andeutet, trägt ihren Maßstab in sich selbst. Sie gilt nicht nur als selbstverschuldete Abweichung von einem »Wesen des Menschen«, kann nicht mehr als transitorisch notwendiges Stadium eines verwickelten Fortschrittsprozesses verstanden werden. In ihr scheint sich vielmehr eine Krise abzuzeichnen, die auf einen Abschluß deutet: einen Untergang, keinen Übergang.

Wir befinden uns damit in einer Phase der Erschütterung des modernen Selbstverständnisses, in der zahlreiche Fragen neu gestellt werden müssen. Ein Zugang zur Selbstverständigung der Gegenwart kann nun darin bestehen, den Prozeß ihres Werdens unter der Perspektive der Krise zu beschreiben. Eine solche Form der historischen Rekonstruktion zielt also auf eine Ortsbestimmung der Gegenwart, die als Resultat eines historischen Prozesses verstanden wird. Es sind zahlreiche Beschreibungsebenen denkbar, auf denen dies geschehen kann. In der hier vorliegenden Studie geht es um einen geistesgeschichtlichen Zusammenhang: das Verständnis von Stabilität und Krisenhaftigkeit der Natur in der Vergangenheit.

Aus der heutigen Perspektive kann man die naive Frage stellen, ob denn eigentlich zu jener Zeit, als sich das moderne Industriesystem formierte, jemand bemerkt hat, daß dabei eine Schwelle im Verhältnis zur Natur überschritten wurde, jenseits derer sich die Menschheit in eine Zone der Gefahr begibt? Oder steckten die Zeitgenossen im 19. Jahrhundert in einer solchen Fortschrittseuphorie, daß sie sich die »Kosten« des Fortschritts nur als etwas Punktuelles vorstellen konnten, als allein »sozial« bedingt und somit als prinzipiell lösbar? Gab es Möglichkeiten, den Vorgang der Industrialisierung und Modernisierung als fundamental selbstdestruktiv zu sehen? Und wenn ja, auf welchen Feldern sah man eine selbstzerstörerische Tendenz der Modernisierung? Und schließlich: wenn Felder zivilisatorischer Selbstzerstörung und natürlicher Schranken erkannt wurden, welche Folgerungen zog man daraus?

Man kann diese Frage auch weniger naiv formulieren. Der Prozeß der Industrialisierung und Modernisierung kann dann als ein Vorgang der Selbstorganisation bestimmter sozialer, ökonomischer und technischer Strukturen verstanden werden, die eine bestimmte spezifische Trägheit besitzen und sich zu bestimmten Mustern ordnen. Diesem Vorgang, der als systematischer Naturprozeß erscheint, korrelieren kognitive und normative Bewußtseinselemente, die auf ihn reagieren, ihn reflektieren und handelnd auf ihn Einfluß nehmen wollen. Es müssen bestimmte Modelle der Welt entworfen werden, die sinnvolle Aussagen über deren wesentliche Abläufe ermöglichen sollen. Man kann sich also von der Ansicht lösen, als habe ein bestimmtes Natur- und Weltverständnis in die Umweltkrise »geführt«, als habe man in der Vergangenheit irgend etwas besser wissen können und als lägen historische Versäumnisse, Fehlentscheidungen und dergleichen vor. Auch dann kann ein sinnvoller Zugang zur historischen Wirklichkeit darin bestehen, die Selbstverständigung der Zeitgenossen über Tendenzen und Charaktermerkmale der »Natur« nachzuzeichnen.

Die Frage lautet somit, ob und wieweit es in den letzten drei- bis vierhundert Jahren, in der Formationsperiode der modernen Industriegesellschaft also, Vorstellungen von einer möglichen totalen Krise der Natur gegeben hat. An sie schließt sich die Frage an, in welcher Weise mit solchen Vorstellungen einer Naturkrise intellektuell umgegangen wurde und welche politischen Forderungen man daraus ableitete. Diese Fragen sollen hier nicht auf der Scheitelhöhe philosophischer Systeme untersucht werden, sondern im Kontext realer Problemwahrnehmungen. Zwei Debatten konnten dabei identifiziert werden: die Diskussion um die drohende Übervölkerung zu Beginn des 19. Jahrhunderts und die Diskussion um zivilisationsbedingte Beeinträchtigungen der menschlichen Natur um die Wende zu unserem Jahrhundert. Gegenstand dieser Studie soll die letztere Debatte sein, während die Rekonstruktion der Malthusdebatte einer späteren Veröffentlichung vorbehalten bleibt.

Es wird dem Leser auffallen, daß zahlreiche Elemente aus der Debatte um genetische Degeneration und Rassenverschlechterung in die ideologischen Grundlagen des Nationalsozialismus eingewandert sind, daß es sich also bei Autoren wie Alexander Tille, Otto Ammon, George Vacher de Lapouge usw. um »Vorläufer« des Nationalsozialismus handelt. Dennoch wird in dieser Studie aus zwei Gründen darauf verzichtet, solche naheliegenden Parallelen zu ziehen. Erstens lehne ich die Konzeption des »Vorläufertums« als hermeneutisch irreführend ab. Eine Position sollte aus ihrem eigenen und nicht aus einem späteren Kontext heraus verständlich gemacht werden. Zweitens gibt es bis heute noch keine zufriedenstellende Analyse der nationalsozialistischen Ideologie, die versuchen würde, die innere Logik dieses weltanschaulich-politischen Programms zu entschlüsseln. Wichtige Vorarbeiten zu Hitler finden sich bei Jäckel (1981), Fest (1973) und vor allem Zitelmann (1987), doch wurden Rassenideologie, Antisemitismus, »Sozialdarwinismus«, sozialrevolutionärer »Meritokratismus« und weitere Elemente der nationalsozialistischen Weltanschauung noch nicht im Zusammenhang und auf umfassender Quellenbasis analysiert. Solange daher nicht feststeht, worin die Ideologie des Nationalsozialismus eigentlich besteht, hat es wenig Sinn, ihre »Vorläufer« zu identifizieren, will man sich nicht in der leeren Beliebigkeit verlieren, die so häufig anzutreffen ist.

Um den weltanschaulichen Hintergrund der modernen Debatte

über die totale Naturkrise verständlich zu machen, sollen zunächst zwei archetypische Modelle neuzeitlichen Naturverständnisses vorgestellt werden, von denen eines zum Fundament des modernen Bewußtseins geworden ist. Diese beiden idealtypischen Gedankenfiguren sind einander diametral entgegengesetzt und bilden zugleich eine historische Sukzession, d. h., sie waren in aufeinander folgenden Phasen dominant.

Es handelt sich zum einen um das Modell der *natura lapsa*, oder der gefallenen Natur, und zum anderen um das Modell der *oeconomia naturae*, des harmonischen Haushalts der Natur also.

Beide Modelle sind als idealtypische Figuren zu verstehen, d. h., sie bilden keine elaborierten »Theorien« und sind keinen eindeutigen »Autoren« zuzurechnen. Es handelt sich bei ihnen vielmehr um geistesgeschichtlich verortbare Felder von Plausibilitäten, die ich »symbolische Felder« nennen möchte. Mit »symbolischem Feld« ist ein kultureller Verdichtungsraum gemeint, innerhalb dessen ein bestimmter kultureller Antworttypus plausibler erscheint als ein anderer. Im Medium eines solchen Feldes kann eine spezifische Problemlage diskutiert werden, wobei sich sämtliche Teilnehmer an dem jeweiligen Diskurs stillschweigend über eine Reihe elementarer Voraussetzungen einig sind, die kaum in den Dispositionsbereich des Diskurses selbst gelangen. Eine »reine« Selbstdarstellung des Feldes als solches findet sich daher kaum; es ist als idealer Durchschnitt diskursiver Formationen zu verstehen, dessen idealtypische Gestalt nur rekonstruiert werden kann, wenn eine größere Anzahl artikulierter Positionen in den Blick gerät.

Die »empirische« Grundlage symbolischer Felder ist daher nicht ein spezifischer »Text« oder ein philosophisches System. Es ist im Gegenteil zu vermuten, daß die Qualität eines bedeutenden Autors gerade darin besteht, daß es ihm gelingt, sich in gewissem Umfang von den Befangenheiten in dominanten Feldern frei zu machen. Der Weg zu den symbolischen Feldern geht deshalb nicht über die Heroen der Geistesgeschichte, sondern über die für ein bestimmtes Klima eher repräsentativ erscheinenden »mittleren« Geister, die Popularphilosophen, die Vermittler, die Anwender. Ein besonderes Problem besteht dann darin, daß der Inhalt eines symbolischen Feldes in der Regel nicht *als solcher* thematisiert wird, sondern daß er sich in der spezifischen Behandlung eines konkreten Problems ausdrückt. Es ist daher unumgänglich, in die Vorstellungswelt und Metaphorik solcher konkreter Probleme einzudringen, sie also historisch ernst zu nehmen, um ihre impliziten Orientierungen verstehen zu können.

Natura lapsa und *oeconomia naturae* als spezifische Ordnungsmodelle entstammen der Vorstellungswelt des 16., 17. und 18. Jahrhunderts. Es fällt jedoch auf, daß in ihnen archetypische Elemente vorhanden sind, die weit in die Antike zurückreichen, wo auch die »Vorbilder« und Autoritäten zu finden sind, auf die man sich in den Debatten des 17. und 18. Jahrhunderts immer wieder bezieht. Beide Positionen stehen im metaphorischen Kontext des Christentums; sie sind auch in der theologischen Tradition des Mittelalters immer wieder aufgetaucht. Auf den ersten Blick könnten sie gar als genuin christlich erscheinen, wüßte man nicht, daß sie »Vorläufer« in nichtchristlichen Kontexten haben und widersprächen sie einander nicht so total, daß ein gemeinsamer »christlicher« Charakter schon deswegen abwegig wäre.

Beide Ordnungsmodelle sollen hier zunächst kurz skizziert werden, da die Debatten des 19. Jahrhunderts, die das eigentliche Thema dieser Studie bilden, vor dieser Folie besser verstanden werden können. Es kommt mir vor allem darauf an zu zeigen, daß das Modell der *natura lapsa* im 18. Jahrhundert so vollständig vom Modell der *oeconomia naturae* abgelöst wurde, daß letzteres zu einer stillschweigenden Voraussetzung des Nachdenkens über Natur überhaupt werden konnte.

2. Die gefallene Natur

Im Rahmen des Modells einer *natura lapsa* ist der Gedanke einer totalen Krise der Natur unproblematisch. Im Vordergrund steht das Motiv des Sündenfalls und der heilsgeschichtlichen Endzeiterwartung. Die theologische Metaphorik ist hierbei so dominant, daß es sinnvoll erscheint, die grobe Struktur des Modells anhand der in ihm üblichen Bibelauslegung darzustellen.[1] Es handelt sich hierbei um eine sehr einfache, idealtypische Konstruktion mit dem Ziel, das elementare theologische Argument herauszustellen, das explizit – zuweilen aber auch implizit – zahlreichen Äußerungen zugrunde liegt, die sich innerhalb des symbolischen Feldes der »gefallenen Natur« bewegen.

Ursprünglich war die Welt von Gott in vollendeter Harmonie geschaffen worden. »Und Gott sah an alles, was er gemacht hatte;

und siehe da, es war sehr gut.« (1. Mos. 1,31) Es herrschten Frieden und Eintracht zwischen den Geschöpfen, und der Mensch war mit dem Auftrag einer Oberaufsicht über die Schöpfung ausgestattet worden. »Und Gott der Herr nahm den Menschen und setzte ihn in den Garten Eden, daß er ihn baute und bewahrte.« (1. Mos. 2,15) Der göttliche Auftrag einer Sorge um die Schöpfung war damit verbunden, daß der Mensch ein enormes Wissen über deren Aufbau und die Eigenart der verschiedenen Lebewesen erhielt. »Denn als Gott der Herr gemacht hatte von der Erde allerlei Tiere auf der Erde und allerlei Vögel unter dem Himmel, brachte er sie zu dem Menschen, daß er sähe, wie er sie nennte; denn wie der Mensch allerlei lebendige Tiere nennen würde, so sollten sie heißen.« (1. Mos. 2,19) Wer aber den Namen gibt und kennt, der hat auch die Herrschaft über diese Gegenstände. Im paradiesischen Urzustand besteht also vollendete Harmonie innerhalb der Natur wie auch zwischen Mensch und Natur, wobei die Sonderrolle des Menschen sich in seinem Auftrag zur Herrschaft und dem damit verbundenen Wissen über die Eigenart der Natur ausdrückte.

Dieser Zustand ursprünglicher Harmonie, ursprünglichen Friedens und ursprünglichen Wissens wurde dann aber durch die Schuld des Menschen, der gegen das göttliche Verbot aus freiem Willen verstoßen hatte, beendet. Gott bestrafte den Menschen und mit ihm die ganze Natur. An die Stelle der Fülle trat der Mangel, der Acker wurde um des Menschen willen verflucht, Feindschaft und Haß kamen in die Welt. Nach der Vertreibung aus dem Paradies bot die Welt einen so unerfreulichen Anblick, daß Gott zunächst die mißratene und rebellische Schöpfung wieder zerstören wollte. »Ich will die Menschen, die ich geschaffen habe, vertilgen von der Erde, vom Menschen an bis auf das Vieh und bis auf das Gewürm und bis auf die Vögel unter dem Himmel; denn es reut mich, daß ich sie gemacht habe.« (1. Mos. 6,7) Schließlich begnügte er sich dann aber doch mit dem Strafgericht der Sintflut, in der alles Leben bis auf jeweils ein Paar untergeht. Nach der Sintflut kann die eigentliche Geschichte neu beginnen. Gott verzichtet zwar darauf, noch einmal in dieser extremen Weise in die Natur einzugreifen, doch sollte es auf der Erde nie mehr so sein wie zuvor. Der Zustand weltlicher Eintracht und Versöhnung war für absehbare Zeit beendet. Dem Menschen blieb zwar der Auftrag zur Herrschaft über die Natur erhalten, doch war sie unvollkommen, zugleich aber grausam und tyrannisch. »Furcht und

Schrecken vor euch sei über alle Tiere auf Erden und über alle Vögel unter dem Himmel, über alles, was auf dem Erdboden kriecht, und über alle Fische im Meer; in eure Hände seien sie gegeben.« (1. Mos. 9,2)

Der Fluch Gottes über den Menschen erstreckte sich in dieser Perspektive ebenfalls über die Natur. Ihre Disharmonien, ihre Widerständigkeiten waren ein Ergebnis menschlicher Schuld; die Natur war ein Spiegel der sündigen Menschheit, in dessen Geschichte von Abfall, Strafe, aber auch Gnade und Heil eingebunden. Nach diesem Modell einer gefallenen Natur konnte die Natur keinen stabilen, harmonischen Kosmos bilden, sondern sie war eine Ruine, von der Sintflut verwüstet, von rebellischen und bösartigen Geschöpfen bewohnt, die dem Menschen Widerstand leisteten und ihn permanent an seine Schuld erinnern sollten.

Zugleich war die Natur aber auch in einen eschatologischen Rahmen eingebunden: Ist der aktuelle Zustand der Natur vom Sündenfall und seiner Ahndung gezeichnet, so wird ihre Zukunft von der Endzeit her bestimmt. Die Betonung der Sündhaftigkeit des Menschen läßt die göttliche Gnade in um so hellerem Licht erscheinen. Die diesseitige Welt ist nur ein Ort der Prüfung, nicht der Erfüllung; letztere liegt erst im Jenseits dieser Welt, das durchaus zeitlich als ein Ende, als ein apokalyptischer Untergang der Schöpfung verstanden werden kann, der zugleich als ein Übergang in eine andere Welt, »einen neuen Himmel und eine neue Erde« (Off. 21,1) erhofft werden kann. Nach Eintreten der Apokalypse können daher die gefallene Natur und die leidende Kreatur ebenso erlöst werden wie die sündige Menschheit. Zuvor ist aber noch das »letzte Gefecht« auszustehen, wenn der Satan zum letztenmal seine Heerscharen mobilisiert und es zum Endkampf kommt (Off. 20). Alles, was die Welt diesem Zeitpunkt des Untergangs/Übergangs näher bringt, ist in eschatologischer Perspektive daher zu begrüßen, kündigt es doch das Ende einer Zeit der Prüfungen und die Aussicht auf eine nahende Erlösung der Gerechten an.

Die endzeitliche Perspektive einer gefallenen Natur wird besonders deutlich in Godfrey Goodmans 1616 erschienenem Werk *The Fall of Man, or the Corruption of Nature*.[2] Hier sind sämtliche Motive in einer durchgängigen Argumentation versammelt. Es lohnt sich daher, anhand dieser Schrift die Struktur und Metaphorik dieses Modells etwas näher zu betrachten. Ausgangspunkt von Goodmans Überlegungen ist die Vielfalt der Übel dieser Welt, die neben ihrer empirischen Evidenz auch aus den folgenden Überlegungen ersichtlich wird: Schon formell wird der elende Zustand der Welt darin deutlich, daß es generell mehr Möglichkeiten des Bösen als des Guten gibt. Einer Wahrheit stehen viele Lügen zur Seite; einer Gesundheit viele Krankheiten, einer Tugend viele Laster. Zugleich ist die Tendenz zum Bösen stärker als die zum Guten. Es ist grundsätzlich schwieriger, etwas aufzubauen als etwas zu zerstören. Ein einzelner Pestkranker kann eine ganze Stadt infizieren, während sich die Gesundheit noch so vieler Menschen keineswegs auf einen einzelnen Kranken überträgt. Die Natur scheint somit selbst bösartig zu sein; das Gute bildet in ihr eher eine Ausnahme.

Wie weit die Welt von innerer Harmonie entfernt ist, wird auch aus dem Zustand der Erde selbst ersichtlich. Nur ein geringer Teil ist wirklich bewohnbar; weite Gebiete sind von Eis bedeckt, bilden dürre, trockene Wüsten, unfruchtbares Ödland, felsige Berge oder undurchdringliche Wildnis. Die Natur ist häßlich, widerspenstig, voller Tücken und Täuschungen, bringt lästiges Ungeziefer hervor, Trockenheit und Überschwemmungen, Hitze und Frost wechseln sich ab. In der Natur selbst herrscht permanenter Krieg und Streit. Die Tiere fressen sich gegenseitig auf, ja sie fallen sogar über ihren Herrn, den Menschen, her. Schädlinge aller Art vernichten die Ernte, Parasiten plagen die Menschen, Raubtiere schreiten zur offenen Rebellion. Die Herrschaft des Menschen über die Natur ist äußerst fragil. Als Resultat des Sündenfalls ist allseitige Zwietracht in die Welt gekommen, die in der Widerständigkeit der Geschöpfe gegen ihren von Gott eingesetzten Herrscher deutlich wird.

Diese Entzweiung wird auch in der menschlichen Gesellschaft selbst deutlich. Statt brüderlicher Liebe, statt treuer Anhänglichkeit gegen eine väterliche Autorität, herrschen Kriege und Bürgerkriege. So wenig die Natur in Frieden leben kann, so wenig gibt es Frieden unter den Menschen. Alle Versuche, durch Einrichtung einer Rechtsordnung inneren Frieden zu schaffen, müssen jedoch an der bösartigen Natur des Menschen scheitern. Das Leben im politischen Gemeinwesen schwankt zwischen der Skylla des Bürgerkriegs und der Charybdis der Tyrannei[3]:

Homo homini lupus[4] ... daher müssen wir uns einer Regierung unterwerfen ... Doch infolge seiner sündhaften Natur wird der Mensch der Tyrannei anderer unterworfen: Er sucht Schutz und fällt dabei in eine Löwengrube, in die Hand eines grausamen Tyrannen. Und doch müssen wir geduldig diese Tyrannei ertragen und Unruhe und Aufruhr vermeiden. (Goodman 1616, 252)

Die verdorbene, disharmonische Welt entzieht sich jeder dauerhaften Verbesserung durch den Menschen. Die Einrichtung einer staatlichen Organisation, so wohltätig sie zur Beendigung des Bürgerkriegs sein könnte, bleibt doch immer unvollkommen. An die Stelle der Gefahren im Naturzustand treten die Unannehmlichkeiten der politischen Herrschaft. Ist der Bürgerkrieg beendigt, beginnt der Krieg zwischen den Staaten. Frieden ist in dieser Welt nicht zu erhoffen. Was nun für das Verhältnis zwischen den Menschen gilt, gilt gleichermaßen auch für das Verhältnis zur Natur. Die dem Menschen entglittene Herrschaft über die Schöpfung ist nicht wiederzugewinnen. Einerseits ist die Natur zu irregulär und widerspenstig, andererseits sind die Erkenntnisfähigkeiten des Menschen so beschränkt[5], daß eine wirkliche Naturbeherrschung durch Technik nicht möglich ist. Alle Versuche einer Verbesserung der zerfallenden Natur durch menschliche Technik müssen reines Flickwerk bleiben.[6] Der Zerfall der Natur kann so vielleicht aufgehalten werden; grundsätzlich umzukehren ist dieser Vorgang jedoch nicht.[7]

Die Geschichte der Natur bleibt vollständig von der menschlichen Geschichte bestimmt, die eine Heilsgeschichte von der vollkommenen Schöpfung über den Abfall von Gott, die Austreibung aus dem Paradies bis hin zum Untergang dieser Welt und den Übergang in eine andere, bessere Welt ist. Die Natur ist daher sterblich wie der Mensch, denn als Wohnort des Menschen müssen ihre Qualitäten den seinen entsprechen. Wie der Mensch hat die Natur eine Geschichte; sie durchläuft wie er einen Lebensprozeß, der einen Anfang und ein Ende hat. Im Laufe dieses Prozesses altert die Natur, sie wird schwächer, unfruchtbarer, häßlicher. Der Verfall der Natur läuft der eschatologischen Geschichte des Menschen synchron.

Das prophezeite Ende dieser Welt kündigt sich durch Zeichen an, die auch in der Natur ablesbar sind. Wenn sich die Indizien des Verfalls häufen, kann der Jüngste Tag nicht mehr fern sein. Gehäuftes Auftreten von Kometen, von Mißgeburten, Mißernten und Naturkatastrophen verweist darauf, daß das Ende nahe ist. In der sichtbar werdenden Krise der Natur, in ihrer Ermüdung und Erschöpfung, wird deutlich, daß die Menschheit sich in einer Endzeit befindet.[8] Auch die unerfreulichen politischen Zustände verweisen darauf, daß man in den letzten Tagen lebt. Die Menschen kümmern sich nicht mehr um das Wohl ihrer Nachwelt. Sie haben nur noch das Interesse der gegenwärtigen Generation im Auge – ein Indiz dafür, daß es keine Nachwelt mehr geben wird. Die Verwüstung der Natur, die Verschleuderung ihrer Ressourcen, vor allem die Zerstörung der englischen Wälder mahnen daran, daß sich der Mensch auf den Übergang in eine neue heilsgeschichtliche Periode einrichten soll.

Wenn wir mit der Verwüstung unserer Wälder so fortfahren, wie wir es bis jetzt getan haben, werden wir bald so wenig Brennstoff besitzen, so wenig Material zum Bau von Häusern und Schiffen, daß innerhalb kurzer Zeit unser Land fast unbewohnbar sein wird. Es handelt sich hier um Dinge, die langsam wachsen, wo man also die Früchte der Arbeit nicht in nächster Zukunft ernten kann. Die Pflege des Bodens wird immer stärker vernachlässigt und wir sind nicht in der Lage, die Zerstörung rückgängig zu machen. An den Zeichen dieses Niedergangs der Natur können wir die Nähe ihres Todes ablesen, wie man anhand der Symptome einer tödlichen Krankheit das baldige Ende erkennen kann. (Goodman 1616, 384)

Die Erschöpfung und Zerstörung der Natur, auch wenn sie wie im Fall der Vernichtung der Wälder vom Menschen selbst verursacht worden ist, bewirkt doch nicht von sich aus den endgültigen Niedergang. Der Mensch kann das Ende dieser Welt nicht aus freien Stücken herbeiführen; er ist selbst nur Werkzeug eines umfassenderen göttlichen Heilsplans. Das Altern der Natur ist nicht die *Ursache* des apokalyptischen Übergangs, sondern zeigt nur dessen Nähe an. Die Natur ist nur ein Indikator, an dem der heilsgeschichtliche Ort abgelesen werden kann; die Prozesse, die in ihr stattfinden, haben jedoch keine autonome Wirksamkeit. Die Erscheinungen, die der Mensch beobachten kann, sind reine Bewegungen auf dem Zifferblatt der Weltuhr; deren inneres Räderwerk bleibt ihm jedoch verborgen, es steht in der alleinigen Gewalt Gottes. Wenn die Natur altert, wenn der Boden unfruchtbar wird, wenn die Wälder abnehmen, wenn sich Mißgeburten, Kometen und Sonnenflecken zeigen, so weist dies auf die Nähe des Jüngsten Tages hin und ist durchaus als positives Vorzeichen zu sehen.

Goodmans Schrift repräsentiert auf besonders deutliche und prägnante Weise das Modell der *natura lapsa*, doch ist er weder sein Urheber, noch ist er der einzige Vertreter dieser Sicht.[9] Innerhalb dieses Modells ist die »Natur« als solche von untergeordnetem Interesse. Es läßt sich aus ihm auch kein Programm zur Naturforschung ableiten, da zu vermuten ist, daß eine permanent vom Zerfall bedrohte Natur kaum innere Regularitäten besitzt, die sich als Gesetzeszusammenhang ausdrücken lassen. Es gab allerdings auch einen Weg, innerhalb dieses Modells eine Zunahme des Wissens zu begründen, und zwar unter Berufung auf eine Prophezeiung im Buch Daniel (Daniel 12,4), wonach kurz vor Eintritt des Jüngsten Tages das Wissen der Menschheit enorm zunehmen werde.[10] Dennoch ist das eigentliche Wissenschaftsprogramm der *new science* an das entgegengesetzte Modell der *oeconomia naturae* gebunden.[11]

Im Rahmen des *natura-lapsa*-Konzepts konnten allerdings recht gegensätzliche Schlüsse gezogen werden: Zum einen legitimierte es das Prinzip der Kontrolle, da nicht erwartet werden konnte, daß sich die Welt spontan im Gleichgewicht erhielt. Zugleich war es jedoch auch einer eschatologisch-chiliastischen Interpretation gegenüber offen.[12] Wenn sich die Welt der Gegenwart der Auflösung nähert, wenn der Jüngste Tag näher rückt, dann müssen sich die Kräfte des Guten und des Bösen auf den Endkampf vorbereiten. Das Altern der Natur ist nur ein Zeichen; wer es zu deuten versteht, kann erkennen, daß man sich jetzt nicht mehr um irdische Stabilität bemühen muß, sondern daß es an der Zeit ist, auf der gerechten Seite ins Gefecht zu ziehen. Absolutistische Herrschaft konnte auf der Grundlage dieses Ordnungsmodells daher ebenso begründet werden wie revolutionäre Naherwartung. Das Modell war unterschiedlichen polemischen Besetzungen gegenüber offen. Es konnte Vertretern beider Bürgerkriegsparteien zur Deutung der Welt dienen: Es folgte aus ihm der Appell zur vernünftigen Stabilisierung einer tendenziell chaotischen Welt oder aber zur Mobilisierung aller Kräfte, um die Statthalter des Bösen endgültig zu besiegen. Unterhalb der Ebene der Politik ließ sich mit ihm aber auch eine Haltung quietistischer Frömmigkeit begründen.

Im Rahmen des *natura-lapsa*-Konzepts besitzt die Natur keine innere Regularität, keine Tendenz zu einem spontanen Gleichgewicht, sondern die Aufrechterhaltung der natürlichen Ordnung liegt vollkommen in der Hand Gottes. Sollte der Schöpfer seine Hand von der Schöpfung abziehen, würden sich die Tendenzen zum Verfall augenblicklich realisieren. Die Tatsache eines Verfalls der Natur tut somit der Allmacht Gottes keinen Abbruch. Allein schon die Aufrechterhaltung einer Welt, die spontan zum Zerfall tendiert, erfordert eine ungeheure Arbeit, eine permanente Intervention. In diesem Gedanken wird ein Grundmotiv des *natura-lapsa*-Modells deutlich, das sich durch eine Reihe von Lebensbereichen hindurchzieht und unabhängig von den konkreten Argumenten eines Geistlichen wie Goodman auftritt: die Notwendigkeit der Intervention und Kontrolle und das Mißtrauen gegenüber jeder »Natürlichkeit«. Andere Ausprägungen des Modells brauchen nicht so strikt und apokalyptisch auf den Verfall der Natur fixiert zu sein wie bei Goodman; gemeinsam ist ihnen, sofern sie zum symbolischen Feld der gefallenen Natur gehören, aber der Gedanke, daß eine Instanz existieren muß, die Ordnung in eine Welt hineinträgt, die von sich aus nicht zur Ordnung tendiert.

Man kann dieses Motiv mit dem Versuch einer intellektuellen Bewältigung der »Krise des 17. Jahrhunderts« in Zusammenhang bringen[13], mit dem Dominantwerden eines Prinzips, das man das »höfische« nennen kann.[14] In diesem höfischen oder absolutistischen Prinzip reflektiert sich der Versuch, den konfessionellen Bürgerkrieg dadurch zu beenden, daß es dem Fürsten gelingt, als siegreiche Bürgerkriegspartei eine »absolute« Herrschaft zu etablieren. Aufgabe des Fürsten ist es, Stabilität und Ordnung im Innern der Gesellschaft zu etablieren und zu garantieren. Er gewährleistet Dauer und Regularität; Ziel seiner Herrschaft ist ein Zeitalter des Friedens und der Entfaltung von Macht und Kontrolle nach innen und außen. Da alles Elementare und Unmittelbare, jede Spontaneität und Natürlichkeit, jedes Ausleben ungezügelter Leidenschaften an das Chaos und die Krise erinnern, aus denen die absolutistische Herrschaft hervorgegangen ist, sind sie am Hofe verpönt. Das Prinzip der Kontrolle, der Unterwerfung unter eine befriedende Herrschaft, bildet ein elementares Charaktermerkmal der höfischen Kultur, so daß vermutet werden kann, es handle sich beim *natura-lapsa*-Modell um eine eschatologische Projektion dieses Prinzips, das sich in vielfacher metaphorischer Verkleidung wiederfindet.

Aus der Sündhaftigkeit des gefallenen Menschen und der von ihm verdorbenen Natur folgt, daß in dieser Welt keine spontanen Harmonien zu erwarten sind. Die Irregularität der Natur findet ihr Pendant im aufsässigen und gewaltsamen Charakter des Menschen. Daß »der Mensch dem Menschen ein Wolf sei«, ist ein Spruch, der sich im 17. Jahrhundert häufig findet, nicht nur bei

Hobbes. Gegen diese Wolfsnatur des Menschen hilft aber nur die überlegene Gewalt des Herrschers, deren strafender Arm vom Verbrechen abschreckt. Die vernünftige, geordnete und zivilisierte Sphäre ist brüchig und permanent gefährdet. Darüber hinaus wird das mechanisch gedeutete Universum noch immer von magischen Kräften affiziert. Noch bei Newton bedarf die Regularität der postulierten »einfachen« Naturgesetze immer noch permanenter providentieller Intervention, soll die Weltmaschine nicht erlahmen.

Nichts erhält sich von selbst, weder im Leben des Menschen, der täglich seine bösartigen Affekte zügeln muß, noch in der Natur, von der der Schöpfer seine ordnende Hand nicht abziehen darf, noch schließlich im Gemeinwesen. Läßt man die Dinge gewähren, läßt sie ihren »natürlichen« Gang gehen, so versinkt die Welt im Chaos. Wer seinen Instinkten freien Lauf läßt, wird zum gottlosen Verbrecher; eine Natur, in der die Vorsehung nicht mehr präsent ist, zerfällt in Nichts; ein politisches Gemeinwesen ohne das Gewaltmonopol des Fürsten löst sich im Bürgerkrieg partikularer Gewalten auf. Gerade auch in der absolutistischen Staats- und Wirtschaftstheorie wird dieser Gedanke besonders deutlich: Die politische Gesellschaft *(societas civilis)*, der Staat, wird als Resultat eines kollektiven Willensaktes gedacht, in dem sich Individuen ihrer natürlichen Rechte begeben mit dem Ziel, in Frieden leben zu können. In der Ökonomie kommt es darauf an, die richtigen Proportionen zwischen den einzelnen Wirtschaftseinheiten durch einen Prozeß der politischen Steuerung und Kontrolle herzustellen. Läßt man den »Markt« unbeeinflußt walten, d. h., überläßt man die wirtschaftlichen Interaktionen ihrem spontanen Verlauf, so stellt sich nicht etwa eine harmonische natürliche Ordnung her, sondern es entstehen Monopole, spekulative Krisen, Disproportionen zwischen den einzelnen Gewerben, Überfluß oder Mangel bestimmter Waren und ähnliche chaotische Effekte. Eine »merkantilistische« Wirtschaftspolitik ist daher für das Florieren des Gemeinwesens unabdingbar.

Es muß grundsätzlich eine Instanz geben, die das »Ganze« des angestrebten Zusammenhangs zum Gegenstand vernünftiger Durchdringung und politischer Gestaltung macht. Nur wenige Dinge in der Welt halten sich von selbst im Gleichgewicht. Es ist eine enorme Arbeit der Stabilisierung erforderlich, soll sich die Welt nicht auflösen. Was die Aufrechterhaltung einer halbwegs geordneten Natur betrifft, so leistet diese Arbeit Gott, sie ist Aufgabe des Fürsten, geht es um die Ordnung des Gemeinwesens. Die Verfallstendenz der Natur und die Begründung einer Herrschaftsordnung, die aufs »Ganze« geht, bilden einen einheitlichen Komplex.

3. Der Haushalt der Natur

Das Modell eines wohlgeordneten Haushalts der Natur, einer *oeconomia naturae*, reicht ebenso wie das einer zerfallenden, der Alterung und dem Niedergang ausgesetzten Natur weit in die Antike zurück. Im Grunde handelt es sich bei diesen Modellen um Archetypen des Naturverständnisses überhaupt, die einer elementaren Welterfahrung entspringen. Der Prozeß der Natur kann einmal als ein gerichteter Vorgang – mit einem Anfang und einem Ende – erscheinen. Analog zum Leben des Menschen kann auch die Erde als ein Wesen verstanden werden, das einen zeitlichen Ursprung hat, verschiedene Phasen von der Jugend über die Reife zum Alter durchläuft und schließlich ihr Ende findet. Abnehmende Fruchtbarkeit des Bodens, schwindende Kraft und Zahl der Lebewesen, Zunahme von Krankheiten, Unordnung und Schwächeerscheinungen aller Art weisen dann darauf hin, daß man sich in der letzten Phase der Erdgeschichte befindet. Im Rahmen der christlichen Eschatologie konnte dieser Gedanke, wie wir gesehen haben, mit dem Konzept einer gefallenen, jedoch der Erlösung harrenden Natur verbunden werden, so daß der erkennbare Niedergang einen heilsgeschichtlichen Sinn gewann.

Im Gegensatz zu dem Konzept einer alternden, zeitlicher Entwicklung ausgesetzten Natur gab es jedoch auch das Konzept einer stabilen, unveränderlichen oder zyklischen Natur. Das Leben des Menschen hat seinen Anfang und sein Ende. Vergleicht man es jedoch mit dem Lauf der Sonne, so erscheint das, was vermeintlich ein Beginn oder ein Abschluß ist, nur als Ausschnitt aus einer Kreisbewegung. Die untergegangene Sonne geht am nächsten Tag wieder auf; die im Herbst sterbende Vegetation beginnt im Frühjahr eine neue Wachstumsperiode. Der Eindruck der Irreversibilität einer Bewegung kann daher auf Täuschung beruhen, die nur dadurch entsteht, daß man das Ganze des Naturprozesses nicht vollständig überblickt. Eine Eintagsfliege könnte den

Eindruck haben, die Sonne ginge unwiderruflich unter. Eine Pflanze könnte meinen, das Leben wäre im Herbst abgeschlossen. Wer jedoch die Zyklen überschaut, erkennt, daß es sich nur um Elemente des Übergangs handelt. Analoges könnte dann für das menschliche Leben, für die Geschichte der Völker oder eben für den Gesamtprozeß der Natur selbst gelten.

Nach diesem Konzept ist der Wandel nur eine Schwankung, ein Oszillieren, während über längere Sicht nichts qualitativ Neuartiges geschieht. Veränderung, Fortschritt oder Niedergang sind nur Täuschungen, die dadurch entstehen können, daß man lediglich einen kleinen Ausschnitt aus einem umfassenderen Geschehen sieht. Die Natur selbst kann als zeitlose, ewige und dauerhafte Wesenheit angesehen werden, die sich im Durchschnitt auf gleichem Niveau erhält.

Ein weiteres Element kommt hinzu. Die Gleichmäßigkeit und Wiederkehr bestimmter Naturphänomene wie etwa die Planetenbewegungen, der Wasserkreislauf, die Vegetationsperioden verweisen auf eine innere Ordnung und Harmonie der Natur. Sie scheint zweckhaft geordnet zu sein und durch alle Zufälligkeiten und Veränderungen hindurch doch einen bestimmten mittleren Zustand einzunehmen. Die innere Gleichförmigkeit und Regelmäßigkeit der Naturprozesse kann als Indiz dafür gelten, daß eine ordnende Kraft existiert, die diese Regelmäßigkeit absichtlich erzeugt hat und erhält. Die Natur erscheint in dieser Perspektive als ein vollständig zweckmäßig durchorganisiertes System, dessen Elemente in einer sinnvollen Wechselwirkung zueinander stehen. Die Pflanzen sind für die Tiere da, die Tiere für die Menschen, der Mensch aber für Gott.

Dieser Gedanke einer natürlichen Teleologie ist nicht genuin christlich, konnte aber leicht mit dem christlich-jüdischen Schöpfungsmotiv verschmelzen. Ihm zufolge hat Gott zwar die Welt geschaffen, sie hat also einen Anfang, und ist es prophezeit, daß sie ein Ende haben wird. Das weltliche Zeitalter aber, das zwischen Schöpfung und Apokalypse liegt, hat zwar einen heilsgeschichtlichen Sinn für den Menschen, doch hat die Natur selbst keine Geschichte. Sie bewahrt ihre Qualitäten, die ihr Gott verliehen hat, vom Anfang bis zum Ende der Zeit. Sie bildet die unwandelbare Bühne, auf der sich das Drama der menschlichen (Heils-) Geschichte abspielt. Wenn die Natur aber unverdorbenes, reines Produkt Gottes ist, so müssen sich seine Qualitäten in ihr abbilden. Seine Allmacht und Güte materialisieren sich in einer Naturordnung, die von innerer Harmonie, Zweckmäßigkeit und Schönheit gezeichnet ist. Weit entfernt davon, eine von der Sintflut verwüstete Ruine zu sein, bildet die Natur in dieser Sicht vielmehr ein zweites Buch, das neben die Offenbarung tritt und direkt zum Menschen spricht. »Herr, wie sind deine Werke so groß und viel! Du hast sie alle weislich geordnet, und die Erde ist voll deiner Güter.« (Psalm 104,24) »Denn Gottes unsichtbares Wesen, das ist seine ewige Kraft und Gottheit, wird ersehen seit der Schöpfung der Welt und wahrgenommen an seinen Werken« (Röm. 1,20), so daß auch den Heiden, die die Offenbarung nicht kennen, ein Zugang zu Gott möglich ist.

Die Prädikate des Schöpfergottes drücken sich in seinen Werken, d.h. in der von ihm geschaffenen Natur aus. Ihre innere Zweckmäßigkeit und Ordnung verweisen darauf, daß es eine schöpferische Absicht gegeben hat. Dieser Gedanke ist dem einer disharmonischen, dem Zerfall preisgegebenen *natura lapsa* diametral entgegengesetzt. Die Anschauung der Natur mahnt in dieser Perspektive nicht zur Erkenntnis der Sündhaftigkeit des Menschen, sondern sie lädt zum Preis Gottes ein. Beide Motive sind christlich, doch setzen beide völlig entgegengesetzte Akzente, sehen beide in der Natur etwas völlig Unterschiedliches. Ein Theologe wie Goodman, der die Disharmonien und den Zerfall der Natur betont, unterstreicht damit die Bedeutung und Notwendigkeit der Gnade. Die Physikotheologen des 18. Jahrhunderts dagegen wollen Gott gerade durch die Anschauung des wunderbaren Aufbaus und der Harmonie seines Werks, der Natur, loben. Es scheinen zwei unterschiedliche Theologien vorzuliegen, die unter Berufung auf den gleichen Textkorpus zu entgegengesetzten Schlüssen kommen.

Der Gedanke eines harmonischen Naturhaushalts, einer inneren Zweckmäßigkeit der Natur, welche von Gott bewirkt und aufrechterhalten wird, ist keine Erfindung des späten 17. und des 18. Jahrhunderts, doch tritt dieses Motiv in jener Zeit stark in den Vordergrund. Das *natura-lapsa*-Modell verliert im ausgehenden 17. Jahrhundert rapide an Plausibilität, und es wird, ausgehend von England, rasch von dem naturteleologischen Modell ersetzt.[15] Die heiligen Texte werden jetzt mit anderen Augen gelesen, und es fällt ein anderer Blick auf die Natur und die Geschichte. Wo zuvor Niedergang, Chaos und Leid erblickt wurden, erscheinen auf einmal Ordnung, Zweckmäßigkeit und Fortschritt. Die Theodizee des 18. Jahrhunderts kann freilich nicht bestreiten, daß es Übel in der Welt gibt, doch werden diese jetzt auf eine andere Weise erklärt.

Im naturteleologischen Modell erscheinen die Übel dieser Welt, die den Sündenfalltheologen als Ausdruck deren innerer Disharmonie galten, als Mittel Gottes, ein in seiner Gesamtheit harmonisches Weltgebäude zu erhalten.[16] Die Übel sind daher nur scheinbar, sie bilden gewissermaßen den Preis, der dafür zu entrichten ist, das übergeordnete Ziel einer regulären Schöpfungsordnung zu erreichen. Die Schöpfung in ihrer Totalität ist harmonisch; was als Disharmonie erscheint, ist darauf zurückzuführen, daß Teilaspekte des Ganzen isoliert betrachtet werden. Das Böse ist eine Besonderung des Guten, die Isolation eines einzelnen Elements, und daher notwendig, um eine differenzierte Mannigfaltigkeit der Welt zu ermöglichen. Da allein das Ganze der Natur harmonisch ist, muß sich bei Betrachtung von einzelnen Elementen notwendig der Eindruck von Disharmonien ergeben, da diese eben nur einen Ausschnitt einer umfassenderen Wirklichkeit bilden. Es handelt sich somit um eine Täuschung, die durch Reflexion auf das Ganze überwunden werden kann. Es muß nur gelingen, die funktionale Bedeutung von partikularen Elementen zu entschlüsseln, dann erscheint das Bild einer wunderbar geordneten Ganzheit. Das Pathos dieses Motivs drückt sich wohl nirgendwo deutlicher und präziser aus als in Alexander Popes *Essay on Man*:

> All nature is but art, unknown to thee
> All chance, direction, which thou canst not see;
> All discord, harmony not understood;
> All partial evil, universal good:
> And, spite of pride, in erring reason's spite,
> One truth is clear, Whatever Is, Is Right.

Alle Übel dieser Welt sind innerhalb eines funktionell vernetzten Ganzen notwendig, sind also nur scheinbare Übel. Unzugängliche Berge, weite Meere, unfruchtbare Wüsten, wilde Bestien – alle haben sie einen naturgeschichtlichen Sinn für das Funktionieren der natürlichen Ordnung. Die Welt bildet einen sinnvollen teleologischen Gesamtzusammenhang, dessen einzelne Teile fein aufeinander abgestimmt sind.

Der Naturhistoriker John Ray, der als einer der ersten und zugleich materialreichsten Vertreter dieser Sicht gelten kann, setzte

27

sich ausdrücklich mit der Position einer Degeneration der Natur auseinander.[17] Sein bedeutendster Gegner ist Thomas Burnet, dessen *Sacred Theory of the Earth* (1681/90) den späten Versuch einer umfassenden Verfallsgeschichte geboten hatte.[18] Wie Goodman stellt Burnet diesen Verfallsprozeß in einen heilsgeschichtlichen Rahmen, doch versucht er zugleich, ihn empirisch aufzufüllen. In seiner Perspektive ist die heutige physische Gestalt der Erde ein Resultat der Sintflut. Die Disharmonien der Erdoberfläche, die Verteilung von Meer und Land, die Existenz unfruchtbarer Berge und Wüsten erinnern noch an jene Katastrophe. Der ruinierten Erde wohnt nun eine irreversible Tendenz inne: Durch Erosion werden die Berge ins Meer gewaschen, so daß der Zeitpunkt abzusehen ist, bis sie wieder verschwunden sind. Die physische Erde hat damit eine von Naturgesetzen determinierte Vergangenheit und Zukunft. Die Fruchtbarkeit des Ackerlandes ebenso wie der Wasserhaushalt der Erdoberfläche hängen davon ab, daß Berge und Meere existieren. Da deren Existenz jedoch zeitlich beschränkt ist, kann das Leben auf der Erde nicht von Dauer sein. Die Erde bildet eine Maschine, die von Gott konstruiert wurde; sie ist gewissermaßen eine große Uhr, die einmal aufgezogen wurde, um im Laufe der Zeit unwiderruflich abzulaufen. Der künftige Untergang der Erde wird daher ebenso von natürlichen Prozessen bewirkt werden wie die erste erdgeschichtliche Katastrophe, die Sintflut. Gerade dies wirft aber ein günstiges Licht auf den göttlichen Uhrmacher:

> Wir halten den für einen besseren Handwerker, der eine Uhr baut, die durch eingebaute Federn und Räder regelmäßig zu jeder Stunde schlägt, als denjenigen, der seine Uhr so konstruiert hat, daß er sie zu jeder Stunde durch einen Eingriff zum Schlagen bringen muß: Und wenn einer eine Uhr bauen sollte, die zu jeder Stunde schlägt und die über einen bestimmten Zeitraum hinweg regelmäßig geht, und die am Ende dieser Zeit auf ein bestimmtes Zeichen hin oder durch Wirkung einer Feder von selbst in Stücke zerspringen würde; würden wir eine solche Uhr nicht für ein größeres Meisterstück halten, als wenn der Handwerker zu jener vorbestimmten Stunde käme und sie mit einem Hammer in Stücke schlüge? (Burnet 1684, I,8)

Die überlegene Handwerkskunst Gottes zeigt sich also gerade in der Präzision, mit der die Schöpfung ihrem Untergang entgegengeht. Eine Intervention »von außen« dagegen erscheint als weniger elegant. Auch das Ende dieser Welt wird durch Naturkatastrophen bewirkt werden: Es kommt zur Austrocknung und schließlich Verbrennung der Erde, worauf jedoch der Übergang in ein neues Paradies folgt. Der Boden wird wieder fruchtbar, die Erde wird eine glatte Oberfläche haben, die Neigung der Ekliptik wird zurückgenommen, so daß ewiger Frühling herrscht.[19]

Der Naturforscher John Ray wendet sich nun im Sinne des *oeconomia-naturae*-Konzepts gegen diese Auffassung und verweist auf die biblische Prophezeiung, daß der Zeitpunkt des Zweiten Kommens Christi nicht bekannt sei.[20] Er schließt daraus, daß der Jüngste Tag ein plötzlich hereinbrechendes Ereignis sein muß, welches sich nicht durch natürliche Indizien ankündigt. Der Weltuntergang wird daher nicht, wie in der Sicht von Godfrey Goodman oder Thomas Burnet, durch natürliche »sekundäre« Ursachen Gottes bewirkt, sondern durch »übernatürliche und außergewöhnliche Mittel« (Ray 1692, 178). Würde die Erde gesetzmäßig degenerieren, so könnte aus der Regularität ihres Verfalls ja der Zeitpunkt ihres Endes abgelesen werden. Degeneriert sie dagegen nicht, sondern erhält sie sich permanent in der gleichen Ordnung, so muß ihre Zerstörung ein externer Akt Gottes sein. Aus diesem Argument folgt dann aber, daß sie als gesetzmäßig determinierter Zusammenhang überhaupt nicht degenerieren kann, da dies bedeuten würde, daß ihr Ende tatsächlich ablesbar wäre. Die Welt muß daher auf Dauer angelegt sein; mehr noch, sie muß durch irdische Vorgänge prinzipiell unzerstörbar sein, denn ihre Vernichtung liegt allein in der Hand Gottes.[21]

Im gewöhnlichen Gang der Dinge kann die Natur funktionieren wie eine perfekte Maschine, die der Schöpfer am Weltanfang hergestellt hat, der er unveränderliche, elementare Bewegungsprinzipien verliehen hat und in die er – je nach Lesart – nicht oder nur geringfügig intervenieren muß.[22] Nach einem häufig gebrauchten Bild funktioniert sie nicht wie eine Marionette, deren Fäden der Weltenlenker in den Händen halten muß, wenn sie nicht in sich zusammenstürzen soll, sondern wie eine Uhr, ein Automat, der seinen eingeschriebenen Gesetzen folgt.[23]

Dieses Argument sollte in der Folgezeit unterschiedliche Akzente erhalten. Vor allem ging der Streit darum, ob und wie weit eine permanente Intervention Gottes im Sinne der Providenz notwendig sei, oder ob sich Gott, wie die Deisten behaupteten, nach vollbrachtem Werk aus der Natur zurückgezogen hatte, da dieses den von ihm gegebenen Naturgesetzen folgen konnte. Es lag in der

Konsequenz der (im 18. Jahrhundert durchaus heterodoxen) deistischen Position, das Gewicht zunehmend auf die Rekonstruktion der Naturgesetze als der Baupläne Gottes zu verlagern, wobei die Rolle des Schöpfers selbst minimiert wurde. Prinzipiell öffnete aber das Prinzip der *oeconomia naturae* alle Schleusen der Naturforschung. Naturwissenschaft wurde zu einer Form des Gottesdienstes, da das Buch der Natur einen Zugang zu den Eigenschaften und Absichten Gottes bot.[24] Trat das Studium der Natur zunächst ergänzend neben das Studium der Schrift, so konnte es dieses zunehmend verdrängen.

Im 18. Jahrhundert entstand eine ganze Flut physikotheologischer Werke[25], die grundsätzlich nach dem folgenden Muster operierten: In der Natur als der Schöpfung Gottes werden dessen Prädikate sichtbar. Jeder funktionale Zusammenhang, jeder Verflechtung einzelner Elemente der Natur, jede »Passung« eines Organs an eine Funktion oder eines Lebewesens an einen Lebensraum konnte als Illustration göttlicher Intentionen verstanden werden.[26] Die hohe »Unwahrscheinlichkeit« der Naturphänomene, besonders der belebten Welt, wies darauf hin, daß ihrer funktionalen Abstimmung ein zweckgerichteter Wille zugrunde liegen mußte. Überall konnten daher Spuren göttlicher Absicht in der Natur entdeckt werden – und auf diesem Weg formierte sich ein Bild der Natur als ein ungeheuer komplexes, fein abgestimmtes, harmonisches und gleichgewichtiges Ganzes.

> Obwohl es eine Vielzahl unterschiedlicher Geschöpfe gibt, und obwohl jedes einzelne Wesen für sich handelt und seine eigenen Zwecke verfolgt; dennoch scheinen sie effektiv die Stärke und die Nützlichkeit (convenience), die Schönheit, Harmonie und Perfektion des Ganzen zu befördern; und, mehr noch, tragen sie in gewissem Umfang zum wechselseitigen Nutzen und zum Glück bei. (John Denne, *God's Regard to Man in his Works of Creation* 1746, zit. Thomas 1983, 89f.)

Die Harmonie der natürlichen Ordnung ist Resultat des spontanen Wirkens ihrer Elemente. Die einzelnen Lebewesen brauchen sich nicht selbst intentional auf das Wohl des Ganzen auszurichten; dieses ergibt sich vielmehr daraus, daß die Bahnen, die individuelles Handeln einschlagen kann, von Gott als die Prinzipien der Natur geschaffen worden sind. Es ist nicht nötig, daß Gott jedes einzelne Lebewesen an einer Leine führt und darauf achtet, daß seine Bewegungen keine chaotischen Effekte haben. Es genügt, daß er der Natur solche vollkommenen Gesetze gegeben hat, daß scheinbar freie und spontane Handlungen sich von selbst zu Mustern ordnen, die genau den höheren Zwecken der Natur entsprechen. Es ist daher prinzipiell ausgeschlossen, daß eine autonome Krise der Natur auftritt. Nachdem eine solche jede denkbare heilsgeschichtliche Bedeutung verloren hatte, wäre eine wirkliche Naturkrise letztlich Eingeständnis göttlichen Unvermögens: Der Schöpfer hätte sich als untauglich gezeigt, sein Werk so zu gestalten, wie er es gewollt hatte. Ein impotenter Schöpfer aber, dem Fehler unterlaufen und dessen Produkte unerwünschte Nebenwirkungen haben, kann nicht Gott sein. Hat Gott daher die Welt absichtlich geschaffen und hat er nicht vor, diese durch sekundäre Ursachen sich selbst zerstören zu lassen, sondern behält er sich ihre Vernichtung als einen freien und externen Akt vor, so kann es grundsätzlich nicht zu einer Krise der Natur kommen.[27] Der Mensch ist in der Welt sicher.

Die Unzerstörbarkeit der Welt durch ihre Elemente (also auch durch den Menschen) wie auch die Unmöglichkeit einer totalen Naturkrise bedeuten nun nicht, daß es keine partikularen Krisen oder Naturkatastrophen geben könnte. Der Schock, den das Erdbeben von Lissabon 1755 einer in harmonistischen Vorstellungen befangenen Welt vermittelt hatte, beruhte auf dem gleichen Mißverständnis der naturteleologischen Theodizee wie Voltaires parodistische Figur des Dr. Pangloss. Das Modell der *oeconomia naturae* hatte nicht auf die Absurdität gezielt, jedes Übel grundsätzlich für unmöglich zu erklären, sondern seine Stoßrichtung bestand gerade darin, das Übel als notwendiges Mittel zu einem höheren Zweck darzustellen. Dieser Zweck konnte aber nur das Ganze sein, das in der Hand Gottes liegt; es wäre in dieser Perspektive jedoch anmaßend, wenn aus partikularer Perspektive ein solcher Zweck hätte postuliert werden können. Die physikotheologische bzw. naturteleologische Perspektive war für die Wahrnehmung konkreter Übel, konkreten Leids und konkreter »Krisen« durchaus offen; ausgeschlossen war allein eine *totale* Krise der Natur, also ihre Zerstörung durch eigene Elemente wie den Menschen.

Generell liegt hier ein höchst bedeutsamer Perspektivenwandel gegenüber dem zuvor verbreiteten Motiv einer *natura lapsa* vor, der sich nicht allein auf die Naturtheorie im engeren Sinn beschränkt. Die Naturtheorie war nur *ein* Ausprägungsgebiet eines umfassenderen symbolischen Feldes, das sich im Übergang zum

18. Jahrhundert vom Prinzip der »Kontrolle« zum Prinzip der »Spontaneität« wandelte. Argumente, die auf Prozesse der Selbstorganisation hinwiesen und die Notwendigkeit von Interventionen bestritten, gewannen zunehmend an Plausibilität. Die Naturtheorie ist dafür ein schlagendes Beispiel; der intervenierende Schöpfer konnte zunehmend an den Rand der Natur verbannt werden, und gerade dadurch stieg (nur scheinbar paradoxerweise) die innere Ordnung und Regularität der Natur. Vergleichbares geschah dann aber auch auf Feldern der Moral, der Ökonomie und der Politik.

So ordnen sich etwa in der Gesellschaftstheorie der schottischen Moralphilosophen die aufgeklärten, in einem Prozeß sozialer Selbstreflexion geläuterten Affekte und Leidenschaften zu einem sinnvollen und harmonischen Geflecht. Werden Interessen und Neigungen mit der nötigen Klugheit und Voraussicht verfolgt, so bilden sie die Mittel, mit deren Hilfe sich nicht nur individuelles Glück, sondern auch soziale Wohlfahrt einstellen. Es bedarf nicht länger der bewußten Kontrolle und Unterdrückung der Affekte oder der »altruistischen« Intentionen, sondern die zu wohlverstandenen Interessen aufgeklärten Leidenschaften dürfen, ja müssen ausgelebt werden. Hatte Mandeville dieses Programm noch ironisch auf die paradoxe Formel gebracht: »*Private vices are public benefits*«, so kann jetzt im einzelnen demonstriert werden, daß die natürliche Weltordnung so eingerichtet ist, daß das spontane, unreglementierte Handeln der Individuen nicht ins Chaos führt, sondern ein optimales Ergebnis bringt.[28]

Die Figur der spontanen Selbstregulation von Natur und Gesellschaft, die besonders schlagend in der Gesellschaftstheorie von Adam Smith hervortritt, wurde seit der Mitte des 18. Jahrhunderts zum Gemeingut des öffentlichen Bewußtseins, besonders in England.[29] »Die Gesetze des Handels sind die Gesetze der Natur und folglich die Gesetze Gottes«, so faßte Edmund Burke (1795, 100) dieses Credo in einer knappen Formulierung zusammen. Eine systematische Fehlentwicklung der Ökonomie ist in dieser Perspektive schon deshalb ausgeschlossen, weil sich damit ein Gegensatz zu den wohlwollenden Intentionen eines allmächtigen Schöpfers auftun würde.

Das Ganze der Natur liegt in der Hand Gottes; eine Naturkrise, die sich als unbeabsichtigte Folge menschlichen Handelns ergäbe, ist in dieser Sicht ausgeschlossen – mehr noch, sie ist überhaupt nicht denkbar, sollen nicht die elementaren Voraussetzungen der Naturteleologie aufgegeben werden. Eine solche Denkalternative stellte aber das symbolische Feld der Kultur nicht zur Verfügung. Die Idee einer totalen anthropogenen Naturkrise, eines selbstzerstörerischen Gesamtprozesses also, war im Kontext des Modells einer *oeconomia naturae* schlechthin unplausibel.

Unsere These lautet also, daß die Figur eines harmonischen Haushalts der Natur den Menschen, die das Projekt einer umfassenden Naturbeherrschung in Angriff nahmen, eine eminente Sicherheit verschaffte. Die Allmacht des Schöpfers einer gleichgewichtigen und stabilen Naturordnung garantierte, daß die natürlichen Rahmenbedingungen technisch-ökonomischen Handelns nicht grundsätzlich gefährdet werden konnten. Wenn das »Ganze« des Naturzusammenhangs in den Händen Gottes lag, so brauchte der Mensch sich nicht darum zu kümmern, auf welchen Wegen sich dieses »Ganze« jeweils stabilisierte. Der Bereich dessen, was von seinen Aktivitäten affiziert wurde, lag weit unterhalb der Schwelle des Ganzen. Die Natur war dem Zugriff und Eingriff, der Herrschaft, Ausbeutung und Umformung freigegeben, ohne daß man sich Sorgen darüber machen mußte, ob sich alle diese Effekte nicht zu unerfreulichen Gesamtwirkungen summierten.

Der Gedanke eines Naturhaushalts provozierte zugleich Untersuchungen, die in Richtung einer Protoökologie wiesen.[30] Ob im (theistischen) Sinne einer göttlichen Providenz, ob im (deistischen) Sinne einer göttlichen Ordnung, ob im (säkularen) Sinne eines ewigen Naturgesetzes – in allen Varianten der natürlichen Teleologie stand das Motiv eines autonomen »Gleichgewichts« der Natur im Vordergrund. Unterhalb der Schwelle einer totalen Naturkrise konnten im Rahmen dieser Konzepte durchaus »Verletzungen« dieses »Gleichgewichts« konstatiert werden. Der Gedanke einer totalen Naturkrise jedoch setzte allererst den Zusammenbruch der natürlichen Teleologie voraus.

Nun waren die immanenten Schwächen der natürlichen Teleologie, ihre windigen metaphysischen Voraussetzungen und ihre empirische Uneinlösbarkeit seit Hume und seit der kritischen Philosophie Kants durchaus prinzipiell bekannt. Auf das generelle Weltbild hatte dies jedoch keinen Einfluß, vor allem nicht auf den Prozeß der Naturforschung selbst. Wenn schon nicht die Figur der göttlichen Absicht, so bildete doch die Figur der zweckhaften Naturordnung eine vielfach stillschweigende Voraussetzung des

Nachdenkens über Natur. Das Modell einer *oeconomia naturae* besaß bis ins späte 19. Jahrhundert hinein (und oft darüber hinaus) eine fast ungebrochene Plausibilität. So konnte es gelingen, die Übervölkerungs- und Pauperismuskrise des frühen 19. Jahrhunderts intellektuell noch einmal im Rahmen dieses Konzepts zu bewältigen. Die natürliche Teleologie mußte erst im Zentrum der Naturwissenschaft selbst zusammenbrechen, bevor die Möglichkeit einer totalen Naturkrise am Horizont erscheinen konnte. Dies geschah erst durch die Formulierung der Darwinschen Evolutionstheorie, und der dadurch ausgelöste intellektuelle Prozeß bildet den Gegenstand der folgenden Kapitel.

II. Das Naturgesetz des Fortschritts

1. Von Malthus zu Darwin

Malthus[1] hatte den unwiderleglichen Satz ausgesprochen, daß jedes Leben, so auch das menschliche, dazu tendiert, sich über das Maß der verfügbaren Subsistenzmittel hinaus zu vermehren. Es ist also die »Nahrung«, die Subsistenz oder allgemeiner gesprochen die physische Umwelt, die der Größe einer Population eine Schranke setzt. Diese Schranke macht sich, sofern keine verhaltensbedingte Bevölkerungsbeschränkung stattfindet, in Gestalt von Knappheit und Not geltend. Die Formulierung dieses Bevölkerungsgesetzes hatte bei Malthus wie bei seinen Vorläufern[2] eine ausgesprochen anti-utopische Stoßrichtung: Wenn man die Lage der Armen durch Umverteilung des Reichtums verbessert, so wird dies dazu führen, daß die Armen früher heiraten oder daß eine größere Zahl ihrer Kinder überlebt, so daß die Zahl der Armen rasch anwachsen wird. Diese angewachsene Bevölkerung wird dann den durch Umverteilung gewonnenen Wohlstand bald wieder verzehrt haben, so daß nun zwar mehr Menschen existieren, alle aber in Armut und Elend leben. Die Projekte der Sozialreform stoßen also an eherne Naturgesetze der Ökonomie, deren scheinbare Überwindung dadurch bestraft wird, daß die Übel, die man beseitigen wollte, in größerem Umfang wiederkehren. Daraus folgt für Malthus, daß eine »jakobinische« Politik der Menschheitsverbesserung durch Maßnahmen »von oben«, also durch Sozialreform und Umverteilung, notwendig scheitern muß. Erfolgversprechend ist nur eine langsame Verbesserung, die am besten dadurch erreicht wird, daß man die Dinge ihren natürlichen Lauf nehmen läßt, denn letztlich hat der Schöpfer doch die Welt so eingerichtet, daß sie zur Vervollkommnung im Rahmen ihrer Möglichkeiten strebt.

Das Bevölkerungsgesetz soll daher nicht der natürlichen Harmonie der Schöpfung widersprechen, obwohl es dafür sorgt, daß in der Regel eine Grenzbevölkerung existiert, die auf dem Existenzminimum vegetiert. Gerade durch das Wirken des Bevölkerungsgesetzes wird soziale Schichtung und Differenzierung unabweisbar. Alle Individuen müssen versuchen, dem Status eines Pauper zu entkommen; sie müssen also arbeiten und somit dazu beitragen, daß Wirtschaft und Zivilisation voranschreiten. Das Leiden der Armen ist das Mittel zum Zweck der Perfektion der Menschheit – es bildet den Stachel, der sie vorantreibt.

Dieses Bevölkerungsgesetz ist somit Bestandteil eines bestmöglich eingerichteten Kosmos, der in wesentlichen Zügen nach dem Prinzip eines Nullsummenspiels konstruiert ist, also in einer praktisch unauflöslichen Balance von Glück und Leid steht, gleichzeitig aber bereits eine Tendenz aufweist, die in Richtung auf Überwindung dieses Prinzips zielt. Die Menschheit hat grundsätzlich die Möglichkeit einer Wahl, die im günstigsten Fall die Summe des Leids minimiert. Entweder die Armen folgen ihren Instinkten, dann leiden sie und ihre Nachkommen Hunger, oder sie enthalten sich der Fortpflanzung und sind fleißig, dann verschwindet die Armut. Auf jeden Fall ist der Schöpfer (und mit ihm die Einrichtung der Welt, wie sie ist) exkulpiert. Da eine grundsätzliche Chance existiert, dem Pauperismus zu entkommen, fällt jede Wirklichkeit, in der es doch Arme gibt, auf deren unmoralisches und unkluges Verhalten zurück.

Jedes Individuum steht grundsätzlich vor dem folgenden Kalkül: Entweder ich folge meinen sexuellen Regungen, heirate zeitig und setze Kinder in die Welt, oder ich enthalte mich dessen, arbeite, spare und gewinne so die Aussicht, in Wohlstand zu leben und vielleicht später einmal zu heiraten und mir meine Kinderwünsche zu erfüllen. Das Individuum wählt also entweder eine Kombination von Leidenschaft und Elend oder von Selbstbeschränkung und Wohlstand. Da dies generell gilt (mit entsprechender Fernwirkung über Generationen hinweg), so bedeutet dies, daß diejenigen, die im Elend leben, sich diese Lage selbst gewählt haben.

Auf die Armutsfrage angewandt, lautete das Fazit der Malthusschen Lehre, daß die Armen selbst die Schuld an ihrem Elend trugen. Armut resultierte aus der übermäßigen Vermehrung der Mittellosen (oder genauer: derer, die ihren Nachkommen keinen ausreichenden Lebensunterhalt garantieren konnten) – sie war also auf eine falsche Wahl zurückzuführen, darauf, daß die Armen sich nicht der sexuellen Enthaltsamkeit befleißigten, sondern sich bedenkenlos, ohne auf die Folgen zu achten, vermehrten. Es gab nur einen prinzipiellen Ausweg aus dieser Situation, der auch mit dem liberalen Programm einer Selbstorganisation und Selbststeuerung der Gesellschaft, der individuellen Selbstbestimmung und der natürlichen Harmonie vereinbar war: Die Armen mußten dazu gebracht werden, sich aus Einsicht der Fortpflanzung zu enthalten.

Als idealer Weg dazu galt zumindest theoretisch die totale Einstellung jeder öffentlichen Armenfürsorge. Diese hatte die Armen der rationalen Kalkulation der Folgen ihres Handelns enthoben; sie konnten sich die unbedachte und unvernünftige Vermehrung, das frühe Heiraten und die sexuelle Zügellosigkeit leisten, weil die Folgen dieser Aktivitäten, die überschüssigen Kinder, immer von der Öffentlichkeit unterhalten wurden. Die Armen kamen also in den Genuß des Nutzens ihrer Ausschweifungen, während die Kosten sozialisiert wurden. Die liberale Lösung zielte darauf, daß nach dem Verursacherprinzip Kosten und Nutzen bei der gleichen Person anfielen. Schaffte man die Armenfürsorge ab, so mußten die Armen in eigenem Interesse darauf achten, nur so viele Kinder in die Welt zu setzen, wie sie aus eigenen Mitteln ernähren konnten. Sollten sie wider alle Vernunft dennoch viele Kinder haben – nun, dann würden eben Elend, Hunger und Krankheit ihre Zahl bald wieder reduzieren. *Laissez-mourir*, so nannten philanthropische Zeitgenossen diesen radikal marktwirtschaftlichen Vorschlag.

Die Malthussche Theorie gewann große Bedeutung für die Entwicklung der klassischen Politischen Ökonomie, weil es mit ihrer Hilfe zu zeigen gelang, daß auch auf dem Arbeitsmarkt das freie Wirken der Marktgesetze zu einem sinnvollen und prinzipiell harmonischen (wenn auch für manche schmerzhaften) Resultat führte. Die Konzeption des *laissez-mourir* stärkte das liberale Weltbild, denn sie demonstrierte, daß die Reduktion der »Arbeit« auf eine rein ökonomische Kategorie prinzipiell möglich war. Das Bevölkerungsgesetz hielt daher bald Eingang in den Kanon der klassischen Ökonomie. Zugleich wies es in späteren, weniger düsteren Formulierungen, als sie sich bei Malthus finden, durchaus einen progressiven Ausweg aus dem Bevölkerungsdilemma.[3] Er bestand darin, daß die Armen nach dem Vorbild der höheren Gesellschaftsstände ihr Vermehrungsverhalten rationalisierten. Dies setzte nun allerdings eine Gesellschaft voraus, in der eine hohe soziale Mobilität herrscht; es muß annähernd vollständige Chancengleichheit bestehen, zugleich aber muß die Gesellschaft deutlich geschichtet sein, da nur bei sozialer Schichtung der Wunsch nach Aufstieg (bzw. die Furcht vor Abstieg) wirksam sein kann.

Unter diesen Bedingungen sollen alle Gesellschaftsmitglieder ihren Kinderwunsch gegen den Wunsch nach Konsumgütern abwägen, deren Besitz einen höheren sozialen Status signalisiert. Sollte dies geschehen, so wäre ein Gleichgewicht von Bevölkerung und Subsistenz garantiert, das sich ohne jede Intervention spontan herstellt. Die Pointe des elementaren malthusianischen Arguments liegt also darin, daß politische Maßnahmen, die diese Naturmechanismen ausschalten wollen, letztlich ein fundamentales Selbstregulierungssystem der Gesellschaft und damit die Grundlagen eben dieser politischen Maßnahmen zerstören.

Diesen Zusammenhang kann man allgemeiner auch so formulieren: Eine Gesellschaft, die durch gezielte politische Maßnahmen das Subsistenzniveau ihrer Grenzpopulation so weit anhebt, daß Überlebensfähigkeit sämtlicher denkbarer Mitglieder garantiert wird, produziert notwendig Übervölkerung, was sich dadurch rächen muß, daß letztlich die Durchschnittspopulation auf das Niveau der Grenzpopulation gedrückt wird. Ein solches Verhalten wäre daher unter dem Gesichtspunkt der Bestandserhaltung kontraproduktiv. Die kulturelle Identität einer Gesellschaft, die so handelte, könnte auf Dauer nicht bewahrt werden, sondern sie verfiele der Selbstzerstörung.

Die Malthussche Bevölkerungstheorie ist eine soziale Theorie, die mit Naturfaktoren argumentiert. Der Bevölkerungsmechanismus bewirkt, daß eine bestimmte soziale Struktur stabil gehalten wird, weil sie funktional auf die Regulierung einer bestimmten Bevölkerung in Beziehung auf deren Subsistenz eingestellt ist. Auf der einen Seite haben soziale Institutionen wie Privateigentum, Ehe, bestimmte Formen der Armenfürsorge usw. die Funktion, die Bevölkerungsgröße zu regulieren. Umgekehrt stabilisiert der Bevölkerungsdruck auch das soziale System, indem er bestimmte Eigenschaften wie Fleiß, Enthaltsamkeit, Selbstkontrolle oder Ehrgeiz prämiert und der sozialen Schichtung zuordnet.

Für Malthus ist die anthropologische Naturgrundlage dieses sozialen Prozesses eine formelle Voraussetzung seiner Wirkung, doch sieht er selbst keine Rückkoppelung zwischen menschlicher Natur und »moralischen« Institutionen. Die menschliche Natur liegt außerhalb des Bereichs, der im Kontext der Politischen Ökonomie thematisiert werden kann. »Natur« als solche befindet sich nicht in der Handlungsreichweite des Menschen; ihre Existenz und Reproduktion ist Angelegenheit der Vorsehung, nicht der

Moral oder der Politik. Malthus und mit ihm die Bevölkerungstheoretiker des frühen 19. Jahrhunderts teilen die aufklärerische Ansicht der Politischen Ökonomie, daß die menschliche Natur im wesentlichen typologisch konstant ist, sich jedoch unter konkreten Umständen als weitgehend plastisch erweist.

Im Rahmen der Arbeitswerttheorie etwa ist die Plastizität der menschlichen Natur eine unerläßliche (oft stillschweigende) Voraussetzung.[4] Der Mensch wird als inhaltsleeres Potential geboren, als abstrakte Möglichkeit, Arbeit zu leisten. Jede Konkretisierung dieses Potentials ist selbst Resultat sozialer Arbeit. Der menschliche Rohstoff, der nur die allgemeinsten humanen Qualitäten besitzt, wird in einem Prozeß der Bildung und Ausbildung so weit zugerichtet, daß als Resultat ein mehr oder weniger qualifiziertes Individuum erscheint. Die Fähigkeiten, die dieses Individuum besitzt und die sich in einer unterschiedlichen Kompetenz oder Geschicklichkeit bei der Arbeit äußern, resultieren aus einer vorangegangenen Arbeit, die der Ausbilder geleistet und auf seinen Zögling übertragen hat. Mehr oder weniger qualifizierte Arbeiter sind Resultate größerer oder geringerer Aufwendungen für ihre Ausbildung. Dementsprechend erklären sich Lohndifferenzen daraus, daß unterschiedliche Abschreibungsbeträge für die Investitionen in das menschliche Arbeitsvermögen des jeweiligen Individuums geleistet werden müssen. Im Rahmen der klassischen Politischen Ökonomie ist diese Annahme deshalb sinnvoll, weil bei Annahme natürlicher Qualitätsunterschiede der Arbeiter Rentenprobleme bei der Bestimmung der Lohnhöhe entstehen würden: Der von der Natur besser ausgestattete Arbeiter müßte ebenso einen höheren Lohn bekommen, wie der Eigentümer des fruchtbareren Bodens eine höhere Bodenrente erhält. Dies würde aber bedeuten, daß »Arbeit« als solche, die als Maß aller übrigen Werte gelten soll, den Charakter eines invarianten Maßes verlöre, da jetzt qualifizierte Arbeit nicht mehr als (ausbildungsbedingtes) Vielfaches einfacher Arbeit gelten könnte. Nur vollständig gleiches, homogenes und formbares Menschenmaterial macht dieses zum idealen Träger ökonomischer Abläufe; nur auf seiner Grundlage ist die ökonomische Kategorie der »abstrakten Arbeit« möglich.

Die Politische Ökonomie unterstellt daher einen Menschen, der von Natur aus keine Qualitätsunterschiede aufweist, wie sie ja überhaupt, sieht man von der differentiellen Bodenfruchtbarkeit ab, von einer qualitätslosen Natur ausgeht. Damit ist aber ebenfalls vorausgesetzt, daß der ökonomische Prozeß selbst keine Rückwirkung auf die Natur des Menschen haben kann. Jede Generation wird als leeres Potential neu geboren und ist mit einer immergleichen Potenz zur individuellen Perfektion ausgestattet. Die Natur stellt permanent frisches menschliches Rohmaterial zur Verfügung, das in der großen Maschinerie der bürgerlichen Gesellschaft geprägt, geformt und verschlissen werden kann.

Darwin[5] beginnt seine Überlegungen dort, wo Malthus aufgehört hatte. Sein Interesse gilt freilich der Bildung organischer Muster in der Natur, doch scheinen sie sich nach einem ähnlichen Prinzip zu ordnen wie die malthusianischen sozialen Muster. Die fundamentale Argumentationsfigur beider lautet: Ein Überangebot an Individuen führt dazu, daß nur diejenigen »überleben« (bzw. sich erfolgreich fortpflanzen), die den gegebenen Systemanforderungen genügen, wodurch sich das System selbst stabilisiert oder sogar perfektioniert. Bei Malthus überleben diejenigen Individuen, die bestimmte günstige soziale Eigenschaften besitzen (sei es eine ererbte soziale Position, sei es die moralische Fähigkeit zu Enthaltsamkeit und sozialem Aufstieg). Bei Darwin überleben diejenigen Individuen, die organische Eigenschaften besitzen, welche den Bedingungen ihrer physischen Umwelt am besten entsprechen. In beiden Fällen übt also die Umwelt einen Selektionsdruck auf die jeweilige Population aus, dem nur die geeigneteren Individuen standhalten.

Voraussetzung dafür, daß die Systeme sich durch einen Selektionsprozeß ihrer Elemente erhalten und perfektionieren, ist die Annahme, daß die beteiligten Elemente ungleich sind. Die malthusianischen Bevölkerungselemente sind sozial und moralisch ungleich; die Darwinschen Individuen sind organisch ungleich. Die malthusianische Ungleichheit ist in gewissem Umfang frei gewählt, sofern nämlich sittliche Entscheidungen vorliegen; die Darwinsche Ungleichheit ist dagegen organisches Schicksal.

Die gemeinsame Annahme lautet, daß mehr Individuen geboren werden, als Nahrungsmöglichkeiten existieren, woraus folgt, daß nicht alle Individuen sich auf Dauer gleichermaßen vermehren können. Malthus glaubt nun nicht, daß es »bessere« oder »schlechtere« Nachkommen gibt, sondern die moralischen Qualitätsunterschiede liegen allein in der Elterngeneration. Vererbt werden nur soziale Positionen, nicht aber moralische Qualitäten.

Seine Argumentation zielt daher auf eine Beeinflussung des Verhaltens der Eltern, während er keine Überlegungen darauf verwendet, ob sich die Struktur des Nachwuchses in irgend einer Weise ändern kann. Die neue Generation wird wieder aus anthropologisch gleichförmigen Individuen bestehen, die nur eben ihre moralischen Möglichkeiten unterschiedlich nutzen.

Für Darwin dagegen sind die Individuen, die an der Lotterie des Lebens teilnehmen, prinzipiell ungleich. Daraus folgt, daß immer nur diejenigen sich dauerhaft vermehren, die so ausgestattet sind, daß sie den Anforderungen ihrer Umwelt besser entsprechen als andere. Es findet also ein permanenter Verdrängungswettbewerb statt, in dessen Verlauf sich die organische Ausstattung der Individuen in Hinblick auf ihre Umwelt optimiert. Es ist dies die organische Grundlage der Deszendenz der Arten.

Darwin formulierte seine Theorie bekanntlich zur Erklärung des Ursprungs und des Übergangs der Arten. Diese werden nicht mehr, wie in der Naturgeschichte des 18. Jahrhunderts, als fixe Entitäten gesehen, sondern tendenziell in einen Fluß von Populationen aufgelöst, die nicht mehr aus identischen Elementen bestehen und die ihren Charakter im Laufe der Zeit ändern. Die differentielle Fortpflanzung organisch unterschiedlich ausgestatteter Individuen führt dazu, daß sich das Populationsgefüge permanent verschiebt. Die Umwelt, zu der passive Naturfaktoren ebenso gehören wie andere Arten, aber auch Mitglieder der jeweils eigenen Population, filtert permanent diejenigen Individuen aus, die im Verhältnis zu konkurrierenden Individuen ihren »Anforderungen«[6] weniger gut entsprechen. Insofern ergibt sich im Laufe der Zeit eine »Entwicklung«: eine Abfolge von »Arten« und Artengefügen, die sich selbst stabilisiert und sich selbst bestimmte evolutionäre Korridore bahnt, was im Rückblick leicht als eindeutiger Prozeß der Vervollkommnung und des organischen »Fortschritts« gesehen werden konnte.

Der klassische Darwinismus des 19. Jahrhunderts, der sich vielleicht im Werk von Charles Darwin selbst weniger stark ausdrückt als in den Interpretationen seiner Popularisatoren, bot eine naturwissenschaftliche Untermauerung der verbreiteten Fortschrittsvorstellungen. Allerdings beruhte dieser »Darwinismus« (wie z. T. das Werk Darwins selbst) noch vorwiegend auf lamarckistischer Grundlage. Als »Lamarckismus« kann eine Position bezeichnet werden, die die Deszendenz der Arten aus der

»Vererbung erworbener Eigenschaften«, wie z. B. den »Gebrauch oder Nichtgebrauch von Organen« erklärt. Dieser Theorie zufolge wandern die organischen Schicksale, die Individuen im Laufe ihres Lebens erfahren, in ihre Vererbungsbahn ein. Die Individuen »passen sich ihrer Umwelt an«, und eine erfolgreiche Anpassung kann an die Nachkommen vererbt werden. Die »Transformation« der Arten kann dann so erklärt werden, daß sich ihre Lebensbedingungen in einer veränderten organischen Ausstattung niederschlagen, was an die Nachkommen weitergegeben wird, so daß sich eine Summe von Lernprozessen phylogenetisch verfestigt.

Die »lamarckistische« Position konnte relativ leicht mit der aufklärerischen Milieutheorie vereinbart werden, postulierte sie doch einen direkten Einfluß der Umwelt auf das organische Gefüge, der sich gewissermaßen durch einen hereditären Lernprozeß vermittelte. Eine Veränderung der Umwelt schlug dieser Konzeption zufolge relativ rasch auf die physische Organisation durch. Für die ältere Naturgeschichte hatte ein grundsätzliches Problem darin bestanden, wie sich denn die beobachtbare Variabilität der Arten angesichts dessen erklären ließ, daß sich in ihnen ein einheitlicher geschaffener Typus ausdrücken sollte. In gewisser Weise mußten die Arten daher plastisch sein, doch durfte diese Plastizität nicht so weit gehen, daß Grenzen zwischen den Arten überschritten wurden. In diesem Zusammenhang spielte die Vorstellung von einem »Gleichgewicht« zwischen innen und außen eine Rolle[7]: Die Körpersäfte mußten in einer maßvollen Beziehung zur Umwelt stehen, und eine habituell gewordene Reaktion des Organismus auf Umweltreize konnte sich in einer Varietät verfestigen, wenn die Gewöhnung oder »Anpassung« an die Nachkommenschaft weitergegeben wurde. Da im Rahmen der Naturgeschichte die Art aber als essentieller Typus gesehen wurde, konnten solche Variationen (die Buffon als »Degeneration« bezeichnete), nur innerhalb eines recht engen Rahmens stattfinden; die Entstehung einer neuen Art aus einer alten schien innerhalb des typologischen Denkrahmens der Naturgeschichte als ausgeschlossen.

Im Rahmen des »Lamarckismus« (der nicht mit der Position von Jean Baptiste Lamarck gleichgesetzt werden kann[8]) wurde dieses Modell nun auf die gesamte physische Ausstattung der Organismen übertragen, so daß die Deszendenz oder Transformation der Arten als ein kontinuierlicher organischer Lernprozeß erschien, in dem Eigenschaften der Umwelt in der physischen Organisation der Lebewesen abgebildet wurden. Nach einem bekannten Beispiel resultierten die langen Hälse der Giraffen daraus, daß sich ihre Vorfahren Generation für Generation nach hohen Zweigen reckten, wodurch die Hälse der Individuen jeweils etwas länger wurden, was an die Nachkommen vererbt werden konnte. Die Umwelt hatte so direkten Zugang zur Vererbungsbahn; was die einzelnen im Lauf ihres Lebens lernen, kumuliert sich in der Art über Generationen hinweg. Eine bestimmte Gewöhnung oder Anpassung verfestigt sich so in der organischen Ausstattung der Spezies.

Darwin übernahm ansatzweise selbst bestimmte Elemente dieser »lamarckistischen« Position, sofern er unterstellte, daß die Variationen, die innerhalb einer Population auftreten, als Reaktion auf bestimmte Umweltbedingungen zu verstehen seien. Die Umwelt steuert den Evolutionsprozeß also auf zwei unterschiedliche Weisen. Einmal treibt sie die neuartigen Phänotypen hervor, indem durch »Pangenese« jede einzelne Körperzelle Informationen über das, was ihr im Laufe des Lebens widerfahren ist, an die Keimzellen weitergibt. Die Keimzelle bildet also gewissermaßen den idealen Durchschnitt aller Zellen des lebenden Phänotyps, so daß dessen Schicksale innerhalb seiner Umwelt perfekt in der Keimzelle abgebildet werden. Wenn ein bestimmtes Organ stärker beansprucht wird als ein anderes, so wird es durch Übung kräftiger werden, während ein weniger stark genutztes Organ verkümmert. Das lebende Individuum gibt nun diese Veränderung seiner organischen Struktur durch Pangenese an seine Keimzellen weiter, so daß die nächsten Generationen den verkümmerten Körperteil schwächer, den beanspruchten aber stärker ausbilden wird. Was das Individuum gelernt hat, wird also an seine Nachkommen übermittelt und in ihrem Erbgang gespeichert, so daß bestimmte organische Eigenschaften optimiert werden können. Dies ist die »lamarckistische« Seite des Evolutionsprozesses, die im Grunde noch ein milieutheoretisches Erbe innerhalb der Darwinschen Theorie bildete und erst vom sogenannten Neodarwinismus überwunden wurde.

Den eigentlichen Kern der Darwinschen Theorie bildet jedoch die Selektionstheorie. Ihr Ausgangspunkt lautet, daß jede »Art« als Population von Individuen aufzufassen ist, die untereinander eine Fortpflanzungsgemeinschaft mit hoher Verwandtschaft bilden und eine Reihe organischer Eigenschaften gemein haben, ohne daß aber ein Individuum identisch mit einem anderen wäre. Jedes Individuum tendiert dazu, sich über seinen eigenen Ersatz hinaus zu vermehren, doch haben die unterschiedlich ausgestatteten Individuen innerhalb ihrer Umwelt unterschiedliche Fortpflanzungschancen. Es werden also diejenigen einen größeren Vermehrungserfolg haben, die den Lebensbedingungen, unter denen sie stehen, besser gewachsen sind, während sich die schlechter ausgestatteten Individuen in geringerem Maße vermehren werden. Der Überlebens- und Fortpflanzungserfolg der Phänotypen ist längerfristig und im Durchschnitt Ausdruck einer Überlegenheit des jeweiligen Genotyps, d. h., er muß auf vererbte Eigenschaften zurückgeführt werden. Als Resultat ergibt sich eine Optimierung der Eigenschaften der Individuen innerhalb der Gesamtpopulation in Hinblick auf ihre Umwelt. Wenn autonome, d. h. prinzipiell kontingente, nicht umweltgesteuerte Variationen innerhalb der Population auftreten, kann sich ein historisch gerichteter Prozeß der Veränderung der Spezies ergeben. Bestimmte phänotypische Merkmale oder Eigenschaften sterben aus, andere setzen sich durch. Dem gesamten Prozeß wohnt allerdings keine von vornherein angelegte Tendenz inne, sondern es sind die Umweltbedingungen, die bestimmte Ausstattungen prämieren und daher einen objektiven Züchtungseffekt haben.

Wichtig ist nun, daß die Selektionstheorie, wenn man ihre Implikationen vollständig erfaßt, keine teleologische Tendenz postuliert, sondern einen Prozeß organischer Selbstorganisation beschreibt, der allein von Umweltbedingungen gesteuert wird. Diese Bedingungen sind selbst nicht stabil, sondern sie fluktuieren, da eine bestimmte Spezies zugleich die Umwelt anderer Spezies bildet, oder allgemeiner noch, jedes Individuum zur Umwelt anderer Individuen gehört. So sehr daher die Populationen im Fluß sind, so sehr ist auch ihre Umwelt im Fluß. Allerdings ist das Resultat kein Chaos, sondern es stabilisieren sich bestimmte Muster, die als »Spezies«, Biozönosen oder Ökosysteme sogar über längere Zeiträume hinweg eine gewisse Kontinuität und Fixierung des Typus gewinnen.

Die Unterscheidung von »Individuum« und »Population«, von »Population« und »Art« oder von »Art« und »Umwelt« ist daher nur heuristisch unter der Perspektive eines relativ engen, »historischen« Zeithorizonts wie auch einer bestimmten Art sinnvoll, während sie sich in der Betrachtung des Gesamtprozesses im Grunde auflöst. Die festen typologischen Entitäten der Naturgeschichte sind im Kontext der Selektionstheorie vollständig verflüssigt worden. Es fiel dem teleomorphen Denken aber offenbar recht schwer, die rein funktionale Bedeutung der Selektionstheorie zu erkennen. Es wundert daher kaum, daß der »Darwinismus« vor allem in seiner lamarckistischen Lesart zur naturwissenschaftlichen Untermauerung der Fortschrittsideologie des 19. Jahrhunderts dienen konnte.

In der älteren Figur der *scala naturae*[9], der Kette der Wesen also, sind sämtliche Elemente der Natur nach dem Grade ihrer Perfektion abgestuft. Die Wesen sind nicht »gleichberechtigt«, sondern sie bilden ein Kontinuum wachsender Perfektion von den primitivsten bis zu den vollkommensten Daseinsformen, d. h., sie befinden sich näher oder ferner zu Gott. Die Natur ist als eine Hierarchie unterschiedlicher Grade der Vollkommenheit organisiert.[10] Im teleologischen Transformismus Lamarcks wird diese typologisch-ontologisch gemeinte *scala naturae* temporalisiert. Die zeitlich »fortgeschrittensten« oder »höchstentwickelten« Wesen sind zugleich die perfektesten. Wie im älteren essentialistischen Konzept der *scala naturae* werden unterschiedliche Grade der Vollkommenheit identifiziert, wobei sogar die herkömmlichen Klassifikationsschemata übernommen werden können, doch sind sie nicht Ausdruck einer hierarchisch angelegten Schöpfung, sondern auf unterschiedlich lange Entwicklungszeiten der Lebewesen zurückzuführen. Dieses Konzept einer temporalisierten *scala naturae* bildet die eigentliche naturgeschichtliche Grundlage der Vorstellung eines organischen »Fortschritts«.

Im Kontext der Darwinschen Evolutionstheorie sind dagegen sämtliche Lebewesen gleich weit »fortgeschritten«. Nach dem evolutionistischen Maßstab der »Tüchtigkeit« können sie nicht als mehr oder weniger vollkommen gelten, sondern alle rezenten Lebewesen sind gleich tüchtig, da sie bislang erfolgreich überlebt haben. Die Darwinsche Evolutionstheorie kann daher ihrer strikten Logik zufolge nicht als »Fortschrittstheorie« gelten; der Evolutionsprozeß kann selbst kein Telos haben, sondern es handelt sich bei ihm um eine Selbstorganisation von organischen Mustern, die zwar in einem irreversiblen historischen Prozeß stehen, keineswegs aber nach »Höherem« streben. Diese antimetaphysische Konsequenz der Selektionstheorie wurde jedoch von den meisten

Zeitgenossen im 19. Jahrhundert nicht realisiert, sondern man nahm an, die Evolution ziele auf eine »Höherentwicklung«, eine »Steigerung« oder eben auf den »Fortschritt«.

Dieses Mißverständnis wird etwa bei Nietzsche deutlich. Da heißt es, der »berühmte Kampf ums Dasein« könne nicht der einzige »Gesichtspunkt« sein, »aus dem das Fortschreiten oder Stärkerwerden eines Menschen, einer Rasse erklärt werden kann«, sondern die »Veredlung« erfolge gerade über eine »Entartung«, eine Schwächung des Typus, die Innovationen ermöglicht (Schlechta I, 583 f.). Interessant an der Formulierung dieses Einwands ist, daß Nietzsche offenbar vermutet, er kritisiere mit diesem Satz die Selektionstheorie, während er im Gegenteil gerade ihr Prinzip ausspricht.[11] Nietzsche als Kind des 19. Jahrhunderts setzt also »Stärkerwerden«, »Fortschritt«, »Evolution« und »Kampf ums Dasein« gleich. »Ziel« der Evolution wäre demnach die Stärkung, so daß Schwächung, Entartung als Umweg erscheint. Demgegenüber ist jedoch festzuhalten, daß die strikte Selektionstheorie keineswegs auf ein Ziel der »Stärkung« aus ist, sondern nur versucht, sich ergebende Muster zu erklären, mögen sie vor bestimmten Werthorizonten nun als »stark« oder »schwach« erscheinen, solange sie sich nur erfolgreich stabilisieren.[12]

Die Dynamisierung bzw. Verzeitlichung des Speziesbegriffs war von einschneidender Bedeutung für das Weltverständnis des 19. Jahrhunderts und eng verbunden mit einer generellen Historisierung des Weltbildes, die sich etwa auch in der Geologie durchsetzte.[13] Alles was im Kontext der Naturgeschichte scheinbar fest und »typisch« war, konnte jetzt als in der Zeit gewordenen verstanden werden, also als variabel, dynamisch und sich progressiv verändernd. Die Welt geriet in Fluß, wobei man jedoch unterschiedliche Fließgeschwindigkeiten beobachten konnte. Als Veränderung galt nicht mehr bloß, was in der Anthroposphäre dem Wandel unterlag; sämtliche Elemente des Kosmos gerieten in Bewegung. So erlebt man ein Gebirge als ein stabiles Gebilde, doch lehrte die Geologie, daß es historisch entstanden ist und daß nach dem Aktualitätsprinzip die Kräfte, die es aufgefaltet haben, prinzipiell noch heute wirken, während es zugleich von der Erosion ins Meer gewaschen wird. Veränderung, Wandelbarkeit wird zum universellen Prinzip, so daß typologische Argumentationen an Plausibilität verlieren. Dieses Gefühl universellen Flusses des scheinbar Festen drückt sich etwa in den folgenden Zeilen Tennysons aus:

> The hills are shadows, and they flow
> From form to form, and nothing stands;
> They melt like mist, the solid lands
> like clouds they shape themselves and go.

Was sich in geologischen Dimensionen bewegt, steht in biologischen Dimensionen still; biologische Bewegung dagegen erscheint historisch als Stillstand. Aus einer umfassenderen Perspektive heraus gerät somit alles in Fluß. Wenn selbst die Berge nur scheinbar still stehen, kann es in der physischen Welt nichts Absolutes mehr geben. Es ist alles nur eine Frage der Perspektive, der Zeitdimension, auf die man die Aufmerksamkeit richtet.

Die Selektionstheorie zielte letztlich nur auf statistische Zusammenhänge, nicht auf mechanische Gesetzmäßigkeiten. Aber selbst Darwin war sich darüber nicht vollständig im klaren, so weit war der Weg vom deterministischen zu einem funktionalistischen Weltbild, und so nah lag es, Denkfiguren der natürlichen Teleologie aufzunehmen, die seit dem 17. Jahrhundert im Schwange waren. Im Kontext des deterministischen Weltbildes, in dem eindeutige Verursachungslinien zwischen einzelnen Elementen der Natur identifiziert werden sollen, erscheint ein bloß statistischer Zusammenhang als chaotisch. Die Selektionstheorie mußte letztlich den Artbegriff in den Populationsbegriff auflösen, also auf eindeutige Entitäten und essentielle Typen verzichten. Ihre Durchsetzung war daher mit großen Schwierigkeiten verbunden und mit gravierenden Mißverständnissen belastet. Im 19. Jahrhundert wurde als Einheit oder »Subjekt« der Evolution vielfach eine als Individuum vorgestellte Art gesehen, deren »Überlebenskampf« (»struggle for life«) teleologisch interpretiert wurde, so daß das funktionale »Überleben des Tüchtigsten« (»survival of the fittest«) als Überleben des Stärksten nach dem Maßstab absoluter Qualitäten interpretiert werden konnte.

Dieses Problem wurde im populären Darwinismus des 19. Jahrhunderts dadurch verschärft, daß Darwin selbst keine zufriedenstellende Vererbungstheorie besaß und daher letztlich die Frage nicht beantworten konnte, welche Beziehung zwischen dem Auftreten einer Variation und ihrer Selektion besteht.[14] Die Evolutionstheorie war daher immer wieder offen für lamarckistische Interpretationen, die, wie sich zeigen wird, große ideologische

Vorzüge besaßen, da sie nicht zu radikal mit überkommenen Denkgewohnheiten brachen.[15]

In der überkommenen naturteleologischen Lehre, die vor allem in England bis Mitte des 19. Jahrhunderts praktisch unangefochten galt, wurde zunächst im Sinne des *providentia-dei*-Konzepts jeder einzelne Weltzustand als unmittelbares Resultat göttlicher Absichten gedacht. Jedes Organ, jeder Bewegungsmodus, jede Einzelheit in der Natur war von Gott direkt geplant und gelenkt. Diese Auffassung wurde im Zug der Durchsetzung des kausalmechanischen Konzepts aufgeweicht, demzufolge gezeigt werden sollte (und konnte), daß ein bestimmter Zustand Ergebnis des Wirkens seiner Ausgangsbedingungen war, d. h., daß er sich aus seinen »Ursachen« herleitete und determiniert war. Die Rolle Gottes für die Lenkung von Einzelprozessen wurde dadurch immer weiter minimiert und letztlich überflüssig, wenn es gelang, ein bestimmtes Naturphänomen aus sich selbst heraus zu erklären. Gott wurde im Verlauf dessen zur letzten Ursache, zum ursprünglichen Gesetzgeber reduziert, der sich in das Weltgeschäft nicht mehr einzumischen brauchte. Auf der Basis der von ihm gegebenen Gesetze konnte sich die Natur selbst entwickeln, sich selbst organisieren; er wurde an den Anfang des Naturprozesses verbannt. Die »Naturgesetze« konnten allerdings immer noch mit den Absichten und Spielregeln eines göttlichen Gesetzgebers identifiziert werden; eine Denkfigur der wissenschaftlichen Metaphysik, die noch weit ins 19. und sogar ins 20. Jahrhundert hinein eine große Rolle spielte, besonders in England.

Der genannte Zusammenhang galt für die Gesellschaftstheorie der Politischen Ökonomie ebenso wie für die Naturwissenschaften. In der Malthusdebatte hatte sich gezeigt, daß für dieses Konzept Theodizeeprobleme auftauchten, wenn sich die »Mittel« der Natur als besonders grausam und mit überflüssigen Opfern verbunden erwiesen. Wenn die Selektionstheorie nun demonstrierte, daß die »Ausmerzung« (das deutsche Äquivalent für »*selection*«) von »minderwertigen« Organismen der normale Weg des »Fortschritts« war, so warf dies einen neuen Schatten auf das Konzept einer universellen Harmonie der Natur. Freilich konnte dieser Einwand nun leichter abgewehrt werden, da »Ordnung« im Kontext der Selektionstheorie nicht mehr deterministisch, sondern stochastisch gedacht war. Das Populationsdenken konnte prinzipiell den überkommenen Determinismus aushebeln. Die postulierte Schönheit und Harmonie der Ordnung ging dabei freilich verloren; Struktur löste sich in reine Faktizität auf, und ihre »moralischen« Qualitäten verschwanden.

Die Berufung auf die »facts« der Evolution, der Schauder einer »nature red in tooth and claw« (Tennyson) war sicher nicht ohne ästhetischen Reiz, doch war dies eine eher amoralische Ästhetik. Allerdings war der unmechanistische und undeterministische Charakter der Evolutionstheorie vielfach denjenigen am wenigsten bewußt, die sich auf die von ihr angeblich postulierten »ehernen Naturgesetze« beriefen. Die reine Funktionalität des Selektionsprinzips zielte auf Zerstörung des Modells natürlicher Teleologie, doch war dieser Übergang in der Mitte des 19. Jahrhunderts noch weltanschaulich so unplausibel, daß es leichter fiel, die neue Theorie noch einmal in den vertrauten Bahnen von »Fortschritt« und »Entwicklung« zum Höheren zu verstehen. Was vielfach als »Darwinismus« galt, bewegte sich eher in den lamarckistischen Bahnen eines Herbert Spencer, als daß das Potential der Theorie von Charles Darwin selbst realisiert worden wäre.

2. Fortschritt der Rassen

Darwin selbst hatte in seiner Schrift *The Origin of Species by Means of Natural Selection* aus dem Jahr 1859 aus seinem Modell noch keine expliziten Folgerungen für den Menschen gezogen[16], doch lag der Schluß nahe, daß das Prinzip der Evolution auch für das Naturwesen Mensch gelten mußte. Hier stellte sich nun allerdings schon bald die Frage, welches die Einheiten der Evolution beim Menschen seien, die da fortschreiten, ob es sich um Individuen, soziale Gruppen oder Völker bzw. Rassen handelt. Die Anwendung von Prinzipien der Selektionstheorie auf die Naturgeschichte des Menschen, besonders aber in Hinblick auf künftige »Fortschritte« der Menschheit führte dann in Probleme hinein, die bisherige Bewertungen und Denkgewohnheiten umkehrten.

Einer der ersten, der sich diesen Fragen zuwandte, war Alfred Russel Wallace, der praktisch gleichzeitig mit Darwin eine Evolutionstheorie entwickelt hatte.[17] Er nahm 1864 vor der Anthropological Society of London Stellung zu einem Problem, das in der bisherigen klassifikatorischen Anthropologie noch nicht hinreichend gelöst war[18]; dieses lautete: Gehört der Mensch einer oder mehreren Spezies an? Die essentialistisch-typologische Anthropologie des 18. Jahrhunderts hatte versucht, die Menschheit nach physischen und psychischen Merkmalen einzuteilen, die als mehr oder weniger invariant gelten sollten. Diese Klassifikationen standen vor dem Problem, wie sie den überkommenen biblischen Schöpfungsmythos mit einer Empirie in Einklang bringen konnten, die zunehmend Informationen zu Tage förderte, die den herkömmlichen Lehren widersprachen.[19]

Die Klassifikationssysteme der Anthropologie sind vor dem Hintergrund des Denkrahmens der Naturgeschichte zu sehen. Es lag im aufklärerischen Ethos einer vollständigen wissenschaftlich-enzyklopädischen Erfassung der Wirklichkeit, daß die Naturgeschichte des 18. Jahrhunderts in ihren Versuchen, die gesamte Natur möglichst vollständig und zugleich ihrem inneren Zusammenhang folgend zu klassifizieren, auch eine Reihe von wissenschaftlichen Ordnungssystemen der Menschheit hervorgebracht hatte. Die diesen Klassifikationen zugrundeliegende Denkform war im wesentlichen typologisch. Ihr zufolge zerfiel die Welt in eine Reihe von Entitäten, die objektiv voneinander unterschieden waren, jedoch insofern einen Zusammenhang besaßen, als sie im Sinne des Konzepts einer *scala naturae* morphologische Nachbarschaften und Ähnlichkeiten zeigten. Diese typologischen Entitäten konnten entweder »materialistisch« als spontan entstanden oder aber, der christlichen Überlieferung folgend, als von Gott geschaffen angesehen werden. Ein grundsätzliches Problem bestand für alle diese Klassifikationen darin, daß es in der Wirklichkeit keine gleichförmigen oder gar miteinander identischen Individuen gibt, sondern daß jedes Tier, jede Pflanze und jeder Mensch sich von jedem anderen Individuum unterscheidet. Sollte die Realität daher nicht in ein Chaos von individuellen Elementen zerfallen, mußten Gruppierungen hergestellt werden, innerhalb derer sich unterschiedliche Individuen befanden. Die klassifikatorische Einheit mußte also locker genug definiert sein, um individuelle Variationen zuzulassen; sie mußte aber auch eng genug sein, um überhaupt einen verläßlichen und dauerhaften Ordnungszusammenhang zu bilden, der möglichst für alle Teile der Natur nach den gleichen Prinzipien gelten sollte.

Als ein brauchbares Kriterium bot sich für die Abgrenzung der »Arten« oder »Spezies« voneinander die Fortpflanzungsfähigkeit an, eine Position, die vor allem Buffon vertrat. Eine Art war dann als Entität gedacht, wenn deren Mitglieder sowohl eine Reihe von Merkmalen gemein hatten, wie auch immer von gleichartigen Vorfahren gezeugt wurden. Alle Individuen, die untereinander fruchtbare Nachkommen erzeugen konnten, galten nach dieser Definition als Angehörige der gleichen Spezies. Größere morphologische Unterschiede zwischen einzelnen Gruppierungen innerhalb einer Art wurden dagegen auf Variationen der Art zurückgeführt; sie bildeten »Rassen« oder »Subspecies« bzw. »Varietäten« (wobei die Nomenklatur nicht einheitlich war).

Zur Erklärung der Entstehung der Differenz von »Art« und »Rasse« ist Buffons Degenerationstheorie bezeichnend. Ihr zufolge existieren in der Natur bestimmte elementare feste Typen, die innerhalb eines bestimmten Rahmens variierende Merkmale entwickeln können, wobei Umwelteinflüsse für das Auftreten und die Stabilisierung solcher Variationen entscheidend sind. So entstanden etwa aus der (ursprünglichen) »Urkatze« alle bekannten Katzenrassen; demgegenüber ist es unmöglich, daß aus einer Katze durch Degeneration ein Hund, ein Pferd etc. wird. Ähnliches gilt für die Anthropologie. Blumenbach (1798) verstand die Menschenrassen als feste Degenerationsformen eines ursprünglichen Menschentyps, die sich unter ihren jeweiligen Umwelteinflüssen gebildet haben und auch in der Gegenwart noch weitgehend plastisch sind, so daß sich bei veränderten Umweltbedingungen auch der Rassentypus ändern kann. Einen Übergang vom Affen (dem morphologischen Nachbarn des Menschen, den Linné als mit ihm zum gleichen Genus gehörig definiert hatte), gibt es dagegen nicht. Die naturgeschichtliche Degenerationstheorie war daher keine Theorie der Artentransformation, wie sie Lamarck später ausbilden sollte.

Nach der überwiegenden Meinung der Anthropologen bildete die Menschheit eine einzige separate Spezies, wiewohl man es nach dem Konzept der *scala naturae* noch lange für möglich hielt, daß es gleitende Übergänge zwischen ihm und seinen morphologischen Nachbarn, den Affen, gab. Die biblische Schöpfungsgeschichte, von der sich die Naturgeschichte nur zögernd löste, ließ die gesamte Menschheit aus Adam und Eva bzw. Noah und seinen Söhnen: Sem, Ham und Japhet hervorgehen. Nach klassisch »monogenetischer« Lehre war Sem der Ahne der semitischen, Ham der hamitischen, d. h. afrikanischen, und Japhet der japhetitischen bzw. kaukasischen oder asiatisch-europäischen Völker. Das Zeitalter der Entdeckungen hatte nun Nachrichten von zahlreichen Völkern in Afrika, Asien, Australien und Amerika gebracht, die nicht leicht anhand dieses Schemas klassifiziert werden konnten. Es wurde bereits darauf hingewiesen, daß die konventionelle Erklärung milieutheoretisch war, entsprechend dem tradierten hippokratischen Modell: Klima, Nahrung und Lebensgewohnheiten hatten den Völkern eine unterschiedliche Physis vermittelt. Nach dieser Argumentation, wie sie von Buffon und Blumenbach vertreten wurde, gab es einen festen Urtypus (Adam/Noah), von dem sich durch »Degeneration« die einzelnen Rassen ausdifferenziert hatten. Diese Anschauung unterstellte also eine enorme Plastizität der menschlichen Natur, die sich innerhalb der recht kurzen Zeit seit der Schöpfung in so unterschiedliche Gestalten ausgeprägt hatte.

Im Rahmen des Monogenismus wurde somit das Degenerationskonzept für die Erklärung realer Variationen entscheidend. Mit seiner Hilfe sollte das Problem gelöst werden können, wie sich die Annahme fester Typen mit der Tatsache realer Vielfalt vereinbaren läßt. Wenn Gott Adam »nach seinem Bilde« als menschlichen Urtypus geschaffen hatte, mußte im Kontext der monogenetischen Theorie die Vielzahl der Menschenrassen durch Degeneration, also durch umweltinduzierte Abweichung vom Ausgangstypus erklärt werden. Die Tatsache einer »Anpassung« oder Zusammenstimmung von Rassenmerkmalen und Umwelt, die für die Polygenetiker Beweis für eine separate Schöpfung der Rassen war, konnte auf dieser Grundlage theoretisch bewältigt werden. Neger wie Weiße sind Degenerationsprodukte eines verschwundenen Urtypus, die nur unter dem Einfluß von Hitze bzw. Kälte, von Licht oder Dunkelheit, von Bodenfruchtbarkeit und Kargheit unterschiedliche Qualitäten gewonnen haben.

Es vereinigen sich demnach alle Umstände zu dem Beweis, daß nicht wesentlich unterschiedliche Gattungen das Geschlecht der Menschen ausmachen, sondern das es vielmehr ursprünglich aus einer einzigen Art bestehe, die, nach ihrer Vervielfältigung und mehreren Ausbreitung auf der Erdkugel, durch den Einfluß des Himmelstriches, durch den Unterschied in der Nahrung und Lebensart, durch ansteckende Krankheiten, ingleichen durch ungemein vielfältige Vermischung einzelner Menschen, die einander bald mehr, weniger ähnlich waren, unterschiedene Veränderungen erlitten hat. Es ist ferner klar, daß diese Veränderungen anfänglich nicht so merklich waren und nur eine Verschiedenheit einzelner Personen verursachten, die hernach einen Unterschied in der Gattung hervor brachte, weil sie durch die festgesetzten Wirkungen eben derselben Ursachen allgemeiner, merklicher und beständiger wurde. Diese Gattungen haben sich hernach beständig und mit der Fortpflanzung des menschlichen Geschlechts von einer Zeugung zur andern so erhalten, wie sich Ungestaltheit und Krankheiten von den Aeltern auf die Kinder fortpflanzen. Da sie nun ursprünglich bloß durch die Vereinigung äußerlicher und zufälliger Ursachen hervorgebracht, da sie endlich bloß durch die Zeit und fortgesetzte Wirkung eben derselben Ursachen bestätigt und beständiger gemacht worden, so ist es überaus wahrscheinlich, daß alle diese verschiedene Arten mit der Zeit und allmählig wieder vergehen oder eine andere Beschaffenheit annehmen würden, so bald entweder diese Ursachen gar nicht mehr vorhanden wären, oder sich unter andern Umständen und in einer Vereinigung mit andern Ursachen wirksam beweisen sollten. (Buffon Bd. 6, 1785, 292 f.)

Es ist dies also die klassische typologisch-milieutheoretische Argumentation: Der menschliche Urtypus bleibt von der Existenz der rassischen Varietäten unberührt. Der Typus bildet gewissermaßen ein anthropologisches Gravitationszentrum, auf das sich alle Rassen immer wieder hinbewegen und das jede zentrifugale Bildung separater Spezies unterbindet. So hoch die Plastizität innerhalb der Spezies gedacht ist, so sehr ist eine Transformation einer Spezies in eine andere ausgeschlossen. Degenerierende Einflüsse werden leicht vererblich, doch bleibt ihre modifizierende Wirkung innerhalb der Grenzen der jeweiligen Art.

Dieses monogenetische Modell geriet in wachsende Schwierigkeiten, als sich zeigte, daß die rassischen Typen gegen Veränderungen ihrer Umweltbedingungen in historischen Zeiträumen resistent sind, daß also etwa ein in nördliches Klima gebrachter Schwarzer keineswegs seine Rassenmerkmale verlor, sondern über Generationen hinweg bewahrte. Vor dem Horizont der kurzen biblischen Chronologie von etwa 6000 Jahren seit Erschaffung der Welt wurde die milieutheoretische Erklärung der Rassenentstehung daher immer unplausibler. Die monogenetische Position geriet auch dadurch unter Druck, daß immer mehr Qualitätsunterschiede zwischen den Völkern und Rassen in Hinblick auf ihr zivilisatorisches Niveau konstatiert wurden. Der Abstand zwischen den »Wilden« und den »Zivilisierten« war enorm und wuchs ständig. Hinzu kam noch, daß sich die europäische Hochkultur immer weiter von den übrigen Hochkulturen entfernte. Konnte man im 18. Jahrhundert China etwa noch als gleichrangig oder gar überlegen empfinden, so war dies im 19. Jahrhundert nicht mehr plausibel. Europa stand in einsamer Spitze über allen anderen Erdteilen und Völkern.

Vor diesem Hintergrund gewann die polygenetische Position, die Menschheit bestehe aus unterschiedlichen, separat geschaffenen Arten, enorm an Plausibilität. Manche Naturforscher wie etwa Georg Forster griffen daher zunehmend auf ihre Grundannahme zurück, derzufolge die Menschen von unterschiedlichen Ahnen abstammten, d. h., keine einheitliche Spezies bildeten. Auch die Polygenese blieb im Rahmen der Naturgeschichte; sie interpretierte die unterschiedlichen Rassencharaktere als Ausdruck unterschiedlicher Funktionen innerhalb des göttlichen Heilsplans bzw. des Haushalts der Natur. Gott hatte die Menschen als unterschiedliche Rassen geschaffen und ihnen jeweils unterschiedliche Aufgaben, vor allem die Besiedlung unterschiedlicher Lebensräume, zugewiesen. Die Polygenese war damit zunächst die naturwissenschaftlich fortgeschrittenere, weniger mit traditionellen Vorurteilen behaftete Theorie, doch wurde sie gerade wegen ihrer größeren empirischen Erklärungskraft im 19. Jahrhundert zur Bastion des Essentialismus gegen den Transformismus bzw. die Deszendenztheorie.[20] Unter ideologischem Aspekt wichtig wurde die Tatsache, daß die Theorie der Polygenese das Konzept einer physischen Einheit des Menschengeschlechts aufgab und damit in Gegensatz zu dem universalistischen Humanitätsideal geriet, das sich seit dem 18. Jahrhundert zunehmend durchsetzte, so daß sich mit ihrer Hilfe etwa die Negersklaverei rassentheoretisch legitimieren ließ.[21]

Wallace versuchte nun, den Ansatz der Selektionstheorie in die Debatte zwischen den Positionen der Monogenese und Polygenese einzubringen, in der Absicht, den Gegensatz zwischen beiden aufzulösen. Zu diesem Zweck entwarf er eine spekulative Konjekturalgeschichte der Menschheitsentwicklung, die nach dem folgenden Muster vorging: Wenn sich Umweltbedingungen ändern, werden innerhalb einer Population die für die neuen Bedingungen besser geeigneten Individuen positiv selektiert. Bei den Menschen ist nun zu beobachten, daß sie auf neue Umweltbedingungen eher mit kulturell-technischen Innovationen reagieren, sich also etwa, wenn sie unter einem kälteren Klima leben müssen, stabilere Hütten bauen, statt sich ein dichteres Fell wachsen zu lassen. Es liegt, wenn ein solcher Pfad der kulturellen Evolution eingeschlagen wird, eine Prämie auf der Ausbildung kulturelltechnischer Kompetenz. Wallace sieht nun diesen Prozeß »kultureller« Evolution nicht, wie es später in der kulturalistischen Anthropologie üblich wurde, im Sinne einer bloß extrasomatischen Kompetenzerweiterung, wobei sich also die neuen informationshaltigen Muster von ihrem organischen Substrat ablösen und rein kommunikativ vermittelt werden können, sondern er vermutet im Sinne der Phrenologie[22], daß kulturelle Evolution zugleich organische Evolution des Gehirns sein muß. Die Selektion zugunsten avancierterer Technik und komplexerer sozialer Institutionen ist somit zugleich Selektion zugunsten eines leistungsfähigeren Gehirns.

Von der Zeit an, als die sozialen Gefühle wirksam wurden, und als die intellektuellen und moralischen Fähigkeiten ein gewisses Niveau entwickelt hatten, wurde die physische Form und Struktur des Menschen nicht länger der »natürlichen Selektion« ausgesetzt; seiner äußeren Gestalt nach blieb er praktisch stationär. ... Doch von dem Moment an, da sein Körper stationär blieb, wurde sein Geist genau den Wirkungen ausgesetzt, denen sein Körper entkommen war. (Wallace 1864, CLXIV)

Diese geistige Evolution war nun aber doch als organische gedacht, sofern sie die »*mental organisation*« des Menschen betraf. Wenn es nun richtig ist, daß der Übergang zur sozialen und kulturellen Evolution zu dem Zeitpunkt begann, als die organische Evolution des Körpers zu einem Stillstand gekommen war, dann sind die existierenden Rassen so alt wie der Beginn dieses Übergangs, denn ihre organische Verschiedenheit ist groß. Zugleich bedeutet dies, daß die kulturellen Unterschiede auf Differenzen in der Gehirnorganisation beruhen, die sich über lange Zeiträume hinweg gebildet haben. Gerade die Rassen, die Jahrtausende lang in einer unfreundlichen Umgebung lebten, wurden dadurch unter einen härteren kulturellen Selektionsdruck gesetzt. Dies war vor allem bei den Bewohnern Europas der Fall, die aufgrund von weitgehender kultureller bzw. Gehirnevolution zur führenden Rasse der Menschheit wurden.

Der Gegensatz von Monogenese und Polygenese wurde in dieser Perspektive bedeutungslos. Da keine »Schöpfung« angenommen wird, kann es auch keinen »Urtypus« geben, weder im Sinne der monogenetischen Einheit noch im Sinne der polygenetischen Vielfalt. Der Begriff der »Spezies« gewinnt eine rein konventionelle Bedeutung, und es ist grundsätzlich möglich, daß aus Varianten einer Spezies über längere Zeiträume hinweg und unter entsprechendem Selektionsdruck unterschiedliche Spezies werden. Da in der Entwicklung der Menschheit nun die organische Evolution abgeschlossen wurde, bevor die kulturelle Evolution begann, bilden die Menschenrassen wohl im organisch-physischen Sinne eine Spezies, nicht aber im kulturellen Sinn. Die Kulturunterschiede zwischen den Rassen sind so groß, daß die einzelnen Kulturstufen eine ähnliche Funktion besitzen wie die Isolation einer Spezies. Die »primitiven« Völker bilden gewissermaßen lebende Fossilien; sie repräsentieren ein Kulturniveau, das von den Zivilisierten längst überwunden wurde. Wenn sich ihre Angehörigen daher auch von der organischen Konstitution her in der Nähe der hochentwickelten Teile der Menschheit befinden, so qualifiziert sie ihr niedriger Kulturzustand doch zu anthropologisch differierenden Typen, man könnte sagen, zu kulturellen Pseudo-Spezies.

Verlängert man unter dieser Perspektive den Prozeß der Evolution der Menschheit in die Zukunft, so kann der »Fortschritt« als ein Vorgang verstanden werden, innerhalb dessen sich die höchstentwickelte Menschenform vollständig durchsetzt. »Die geistig und moralisch höherstehenden müssen die tieferstehenden und minderwertigen *(degraded)* Rassen ersetzen.« (Wallace 1864, CLXVIII) Die vergangene Evolution hat die Europäer dadurch zur überlegenen Rasse gemacht, daß sie lange Zeit scharfem Selektionsdruck seitens der Umwelt ausgesetzt waren, so daß immer nur die intelligentesten Individuen überleben konnten. Wenn Europäer nun mit anderen Rassen zusammenstoßen, so sind diese der überlegenen Konkurrenz nicht gewachsen. Der noch immer wirkende Prozeß natürlicher Selektion »führt unvermeidlich zur Ausrottung all jener tiefstehenden und geistig unterentwickelten Völker, mit denen die Europäer in Kontakt treten«. (a.a.O., CLXIV f.)

Wallace ist damit einer der ersten, der das Selektionsprinzip für die Erklärung historischer Prozesse anwendet und der aus ihm Konsequenzen für die Zukunft zieht. Evolution durch Selektion ist ein unausweichlicher Naturprozeß, der notwendig zur Höherentwicklung führt. Die Menschenrassen, die im Laufe kultureller Evolution nicht die mentalen Fähigkeiten hervorgebracht haben, die dem Standard der höchsten Rasse entsprechen, werden untergehen, wie in der Vergangenheit alle die Varietäten und Spezies untergegangen sind, die der Konkurrenz im Überlebenskampf nicht haben standhalten können. Die zu beobachtende Tatsache, daß »Naturvölker« beim Kontakt mit der westlichen Zivilisation rasch zugrunde gehen, ist daher Ausdruck eines normalen Naturprozesses, der selbst letztlich auf einen Fortschritt der Menschheit zielt. Die Vervollkommnung der Menschheit vollzieht sich nach Maßgabe eines Naturgesetzes. Die natürliche Selektion wird auch in Zukunft auf die »höheren Fähigkeiten« wirken, während die »äußere Form« des Menschen weiterhin gleichbleiben kann.

Die geistigen Fähigkeiten der Menschheit werden immerfort voranschreiten und sich steigern, bis die Welt wieder von einer einheitlichen Rasse bewohnt sein wird. Dann wird kein einziger Mensch unterhalb des Niveaus des edelsten unserer Zeitgenossen stehen.« (ebd.)

Dieser Zustand rassischer Homogenität nach vollständiger Durchsetzung der überlegenen weißen Rasse wird einer höchster menschlicher Vollkommenheit sein. Die natürliche Selektion treibt das Menschengeschlecht auf Höhen, die sich sonst nur Utopisten erträumt hatten. Glück, Zufriedenheit und allgemeine Harmonie werden herrschen, »gesetzlicher Beschränkungen wird man nicht mehr bedürfen«, »der Staat wird sich als überflüssig erweisen und absterben«, statt dessen wird es, ganz dem liberal-anarchistischen Programm entsprechend, nur noch »freiwillige Assoziationen« geben. Schließlich wird die Erde in ein »Paradies« verwandelt, »wie es sich kein Seher oder Poet prächtiger hat vorstellen können« (a. a. O., CLXIX). Zum Abschluß seiner Vision antizipiert Wallace den Gedanken, daß die Menschheit selbst zum Subjekt der Selektion und damit des künftigen Fortgangs des Evolutionsprozesses werden wird, und zwar in bezug auf praktisch das gesamte Leben:

Wir können eine Zeit vorhersehen, zu der die Erde nur noch Nutzpflanzen und Haustiere tragen wird; zu der die Züchtung (selection) durch den Menschen die »natürliche Selektion« ersetzt haben wird; und zu der der Ozean das einzige Gebiet sein wird, wo jene Kraft noch wirksam ist, die über unzählige Zeitalter hinweg absolut über die Erde geherrscht hat. (a. a. O., CLXVIII)

Wallace' Vision ist in mehrerer Hinsicht bemerkenswert. Einmal ist es einer der ersten Versuche, Prinzipien der Selektionstheorie auf die Entwicklung der Menschheit anzuwenden. Sodann aber ist es ein Versuch, das Selektionsprinzip auch dann noch vollständig mit dem Fortschrittsprinzip zu versöhnen, wenn der Weg der Evolution manifest über Leichen geht. Wallace scheint damit keine Probleme zu haben; das Prinzip der Heterogenität der Zwecke, das der Politischen Ökonomie in Gestalt der Bevölkerungstheorie ein solches Kopfzerbrechen bereitet hatte, ist für den Naturforscher zu evident, zu selbstverständlich, als daß es einen Schatten auf den mit seiner Hilfe bewirkten Fortschritt werfen würde.

Die liberale Theodizee war angesichts des Armutsproblems, das sich notwendig aus dem natürlichen Gang der Ökonomie zu ergeben schien, in ernsthafte Schwierigkeiten geraten. Zu jener Zeit hatte man sich mit einer Beschwörung der »facts«, der harten Tatsachen des Lebens, geholfen, mit deren Hilfe die Naturgesetzlichkeit eines Status quo begründet werden konnte, der noch immer die beste aller möglichen Welten bildete. Wallace geht es allerdings nicht um die Verteidigung bestehender Zustände, sondern um den Entwurf einer utopischen Zukunft, die selbst von einem notwendigen Naturprozeß herbeigeführt werden soll. Die Stimmung, aus der heraus Wallace schreibt, unterscheidet sich fundamental von der der Düsterheit, in der die Malthusdebatte im frühen 19. Jahrhundert gestanden hatte. Für Wallace ist der Fortschritt evident; er wird nicht von finsteren Naturgesetzen bewirkt, sondern sein Triumphzug über die Erde ist glänzend, und alle Opfer sind gerechtfertigt, ja, sie müssen kaum beim Namen genannt werden. Wallace schreibt inmitten des Hochgefühls viktorianischer Selbstgewißheit; nichts ist in dieser Welt plausibler als ein eherner Optimismus.

Der Faszination eines solchen kalten Blicks auf den Fortgang der Geschichte konnten sich auch andere Autoren nicht entziehen, die von der Einfachheit und Eleganz evolutionistischer Denkmodelle beeindruckt waren. Die Grausamkeit der Natur war ein Mittel, mit dessen Hilfe die höchsten Zwecke begründet werden konnten. Das Naturgesetz des Fortschritts war mit zahlreichen Opfern verbunden, doch was aus der Perspektive der Unterlegenen als sinnloses Leid erscheinen mochte, wurde aus der umfassenderen Perspektive des Ganzen gerechtfertigt:

Das Wohlergehen der bestehenden Menschheit und ihr Übergang in die letzte Vollkommenheit werden beide von der gleichen wohltätigen, wenn auch strengen Disziplin gefördert, der die belebte Schöpfung überhaupt ausgesetzt ist; eine Disziplin, die mitleidslos das Gute bewirkt; ein Gesetz der Glücksverwirklichung, das seinen Lauf nicht ändert, nur um partikulares oder temporäres Leid zu vermeiden. Die Armut des Unfähigen, das

Leid des Unvorsichtigen, der Hunger des Faulen und das Beiseiteschieben des Schwachen durch den Starken, wodurch so viele im Elend landen – all das geschieht im Auftrag eines weitsichtigen wohltätigen Prinzips. (Spencer 1868, 353 f.)

Herbert Spencer formulierte diese Sätze, die die überkommene Position, daß »partial evil« in »universal good« resultiert[23], noch einmal in aller Schärfe ausdrücken, im Rahmen eines »sozialen«, zunehmend aber auch schon biologischen Evolutionismus. Die bestehenden Verhältnisse werden gerade in ihrer »fortschreitenden« Dynamik als Ausdruck eines wohltätigen Weltgesetzes der Perfektion gerechtfertigt. Spencer hatte daher auch keine Schwierigkeiten, sich der Position von Alfred Russel Wallace anzuschließen:

Während das Fortbestehen des alten Raubtierinstinkts nach Erfüllung seiner ursprünglichen Funktion der Zivilisation eher geschadet hat, da es zu antisozialem Verhalten führte, hat es doch zugleich der Zivilisation insofern gedient, als mit seiner Hilfe die Erde von minderwertigen Menschenrassen gesäubert wurde. Die Kräfte, die den großen Plan vollkommenen Glücks befördern, achten nicht auf zufälliges Leid, sondern sie vernichten mit dem gleichen Ernst, mit denen Beutetiere oder nutzlose Viehherden vernichtet werden, solche Bestandteile der Menschheit, die ihnen im Weg stehen. Ob Mensch oder Tier, Hindernisse müssen weggeräumt werden. (Spencer 1868, 454 f.)

Auch hier wird also der notwendige Untergang der Naturvölker postuliert, die ein überholtes Stadium der Menschheitsevolution repräsentieren und als »lebende Fossilien« dem Konkurrenzdruck der überlegenen weißen Rasse nicht gewachsen sind. Allerdings muß bemerkt werden, daß Spencers Legitimation der Grausamkeit nur retrospektiv gelten soll. Das Ziel des Evolutionsprozesses ist »die Erzeugung des größtmöglichen Glücks« (a. a. O., 448), doch kann dieses Ziel nur auf graduellem Weg erreicht werden. Wenn der Mensch bereits zu Anfang des Naturprozesses in perfekter Gestalt erschienen wäre, hätte er sich niemals auf der Erde ausbreiten können. Sein Mitgefühl mit der Schöpfung hätte ihn an der rücksichtslosen Durchsetzung seiner Überlebensinteressen gehindert.[24] Er mußte zunächst grausam sein, um sich Raum zu verschaffen. Nach seiner Ausbreitung auf der Erde, nachdem seine Dominanz gesichert war, konnte eine Milderung eintreten, eine Kombination von Philanthropie, Tierschutz und Vegetarismus. Das Verhältnis zur Natur konnte in dem Maße »humanisiert« werden, wie die zwischenmenschlichen Verhältnisse humaner wurden. Aber auch dieser innergesellschaftliche Fortschrittsprozeß mußte zunächst zu Lasten der Unzivilisierten gehen.[25]

Allerdings darf laut Spencer aus der Tatsache, daß der Zivilisationsfortschritt objektiv auf Kampf, Leid, Unterdrückung und Ausbeutung beruht, nicht abgeleitet werden, es sei gestattet, »so zu handeln wie die Natur« (a. a. O., 456). Die Grausamkeit ist nur so lange legitim, wie sie naiv ausgeübt wird. Sobald die Grausamkeit als solche wahrgenommen wird, d. h., wenn sie nicht länger als ehrenhaft, sondern als anstößig gilt, wird sie selbst zum Entwicklungshindernis. Es ist dann an der Zeit, das Verhältnis zur Natur wie zu anderen Gesellschaften zu humanisieren. Ein Rückgriff auf traditionelle Formen der Grausamkeit, etwa die Wiedereinführung der Sklaverei, würde demgegenüber einen evolutionären Rückfall bedeuten, der sich in jeder Beziehung negativ bemerkbar machen würde.[26]

Nicht allen Zeitgenossen gelang es, den Untergang und die Ausrottung primitiver Völker so unproblematisch in das Konzept universellen Fortschritts als Naturprozeß zu integrieren, und es gab durchaus Stimmen, die hier einen Verlust bedauerten.[27] Andererseits schien die Überlegenheit der Völker Europas, besonders der Engländer, gegenüber anderen Kulturen und Rassen so eindeutig zu sein, daß es eher darauf ankam, deren Vernichtung zu *erklären*, statt sie zu verurteilen. Sie war eine manifeste Tatsache; nie war der Abstand Europas zu anderen Völkern größer als in der zweiten Hälfte des 19. Jahrhunderts. Die Selektionstheorie bot ein Modell, mit dessen Hilfe man diese merkwürdige Tatsache als Ausdruck eines natürlichen Mechanismus verstehen konnte. Die Überlegenheit Europas als »survival of the fittest« zu begreifen, bedeutete, sie in einen objektiven Naturprozeß einzubetten. Diese Überlegenheit mußte nicht als solche begründet oder gar gefordert werden, wie dies etwa die Anthropologen des 18. Jahrhunderts versucht hatten; sie war ja manifest, nur eben erklärungsbedürftig. Sie konnte als Illustration für das Wirken des Selektionsprinzips gelten. Die Schmach, die die Herkunft vom »Affen« auf die Menschheit gelegt hatte, wurde durch die Vision einer glänzenden Zukunft wieder getilgt.[28] Die gleiche Natur, die dem Menschen eine Wurzel in der Tierwelt gab, führte ihn zugleich auf wahrhaft übermenschliche Höhen.[29]

3. Sozialdarwinismus und Soziallamarckismus

Spätestens seit der Veröffentlichung von Richard Hofstadters Studie *Social Darwinism in American Thought* im Jahre 1944 hat der Begriff »Sozialdarwinismus« Eingang in den politischen und wissenschaftlichen Sprachgebrauch genommen.[30] Gemäß Hofstadters Konstruktion bildet der »Sozialdarwinismus« die Ideologie des typischen Tycoon im Amerika des ausgehenden 19. Jahrhunderts. Rücksichtsloses Erfolgsstreben wird mit Hilfe der biologischen Metapher vom »struggle for life« und vom »survival of the fittest« legitimiert.[31] Der ältere Verdacht gegenüber dem »Darwinismus«, eine respektlose, materialistische und »ungeistige« Lehre zu sein, wird in dieser »sozialen« Anwendung noch einmal bekräftigt. Der »Sozialdarwinismus« gilt seitdem als »Ideologie« eines aufstrebenden Konkurrenzkapitalismus[32], der die Verdrängung schwächerer Marktteilnehmer und die Ausbeutung der arbeitenden Bevölkerung aus einem sozialen Naturgesetz legitimiert. Auf der politischen Ebene wird der Sozialdarwinismus dagegen als ein Programm des Imperialismus gesehen, da mit seiner Hilfe die Unterdrückung schwacher durch starke Nationen begründet werden kann.[33]

Ein näherer Blick auf die unterschiedlichen sozialen Konsequenzen, die aus der Darwinschen Deszendenz- und Selektionstheorie gezogen wurden, zeigt jedoch, daß das Bild keineswegs so eindeutig und einfach ist. Bannister (1979) hat in seiner gründlichen Studie über den anglo-amerikanischen Sozialdarwinismus demonstriert, daß unter den Apologeten eines rigorosen laissez-faire-Kapitalismus »sozialdarwinistische« Argumente nicht weiter verbreitet waren als unter ihren »liberalen« (nach deutschem Sprachgebrauch: sozialreformerischen) Opponenten. Andere Studien über England[34] und Frankreich[35] bestätigen dieses Bild. Bannister spricht daher die Vermutung aus, daß es sich bei dem »Sozialdarwinismus« um ein Feindbild »progressiver« Reformer handelte, dem kaum echte Vertreter in der gesellschaftlichen Wirklichkeit entsprachen.[36]

Ein Blick auf die Lage in Deutschland bestätigt diese Vermutung.[37] Auch hier ist es üblich geworden[38], im »Sozialdarwinisten« einen säbelrasselnden Ultra zu zeichnen, der den nackten, brutalen Überlebenskampf im Innern und kriegerisches Ausgreifen nach außen mit biologischen Argumenten begründet, die dem

»Darwinismus« entnommen sind. Häufig werden Rassentheorie, Deszendenztheorie, Selektionismus und Eugenik zu einem einheitlichen »biologistischen« Komplex verschmolzen, von dem aus eine gerade Linie in den nationalsozialistischen Völkermord führt. Der Monist Haeckel[39] gilt dann ebenso als »Vorläufer« des Nationalsozialismus wie der Eugeniker Ploetz[40], zuweilen werden gar sämtliche Ansätze einer physischen Anthropologie von Blumenbach, Meiners, Kant, über Carus und Klemm bis zu den Gobineau-Anhängern des frühen 20. Jahrhunderts einheitlich als »Rassismus« denunziert.[41] Jeder Versuch einer biologischen Erklärung historischer und gesellschaftlicher Prozesse wird als rabiater Biologismus abgetan, ohne zu versuchen, diese Ansätze aus ihrem eigenen zeitgenössischen Horizont heraus zu erklären. Hinter den Kraniometrikern des 19. Jahrhunderts erscheint dann sogleich das Gespenst eines Dr. Mengele.[42]

Um in diesen Fragen einer Differenzierung näher zu kommen, die den elementaren Forderungen einer historischen Hermeneutik entspricht, ist es zunächst einmal sinnvoll, die Grundpositionen im Verhältnis von Biologie und Gesellschaft zu unterscheiden, die zu Beginn unseres Jahrhunderts verbreitet waren. Es ist dabei zu berücksichtigen, daß die Biologie in der zweiten Hälfte des 19. Jahrhunderts bis etwa zum Ersten Weltkrieg so etwas wie eine »Leitwissenschaft« war. Es war einem »modern« und »fortgeschritten« fühlenden Zeitgenossen kaum möglich, über soziale Phänomene nachzudenken, ohne auf biologisch-organische Implikationen einzugehen. Die Biologie versprach ähnlich wie die Kritik der Politischen Ökonomie soziale, politische und ökonomische Prozesse nicht länger »idealistisch« aus geistigen Prinzipien zu erklären, sondern ihnen ein materialistisches Fundament zu geben. Die biologische Auffassung trat dabei in gewisser Weise in Konkurrenz zur »ökonomischen« Geschichtsauffassung von Marx und Engels, die sie entweder ergänzen oder aber ersetzen sollte.[43] Auch Marx und Engels selbst konnten sich dem Sog einer biologischen Basistheorie nicht ganz entziehen.[44]

Als die wichtigsten Felder der biologischen Gesellschaftstheorie können die Evolutionstheorie im engeren Sinn, die Degenerationstheorie sowie die Rassentheorie gelten, mit deren Hilfe jeweils eine ganze Reihe von Phänomenen erklärt werden sollte. Die Hierarchiebildungen der Rassentheorie zielten auf eine Erklärung der Überlegenheit Europas oder – im Sinne des inneren Rassenkampfes – eine anthropologische Fixierung sozialer Klassen. Die Degenerationstheorien von Morel bis zu den Eugenikern versprachen, physische Ursachen von Krankheit und Verbrechen anzugeben. Die selektionistische Evolutionstheorie schließlich bot einen Ansatz zu universeller Welterklärung mit Hilfe der Faktoren Zeit, Knappheit, Wettbewerb und Stabilisierung.[45]

Es lassen sich um die Jahrhundertwende zum Verhältnis von Biologie und Gesellschaft prinzipiell drei Positionen unterscheiden:

1. Als Sozialdarwinismus im engeren Sinne sollte man nur eine Theorie bezeichnen, die die Ergebnisse der Darwinschen Deszendenztheorie, vor allem aber die Selektionstheorie für die Erklärung gesellschaftlicher Prozesse heranzieht. Solche Versuche sind angesichts der weiten Verbreitung biologischer Argumentationsmuster in den Sozialwissenschaften des 19. Jahrhunderts nicht so häufig, wie man vielleicht vermuten könnte. Sehr oft sind »sozialdarwinistische« Ansätze mit lamarckistischen und teleologischen Elementen verbunden, die mit der eigentlichen Selektionstheorie im Grunde nicht zu vereinbaren sind. Als zentrales Argument des Sozialdarwinismus könnte folgendes gelten: Wesentliche physische und psychische Merkmale werden von Generation zu Generation direkt vererbt, wobei zunächst vermutet wurde, die vererbten Elemente vermischten sich zu einem Durchschnitt, während sich nach Weismann die Annahme einer diskreten Vererbung einzelner »Determinanten« durchsetzte. Es gibt keinen Weg vom Soma zur Keimbahn, d. h., Erfahrungen, die das Individuum während seiner Entwicklung seit der Keimverschmelzung macht und auf die der Organismus so reagiert, daß sich der Phänotypus stark modifizieren kann, schlagen sich nicht im Erbgut nieder.

Diese heute noch etwas ironisch das »zentrale Dogma der Molekulargenetik«[46] genannte Theorie einer »Kontinuität des Keimplasma« (Weismann) macht Selektion genetisch unterschiedlicher Individuen zum einzigen Mechanismus der Evolution. Die Umwelt wirkt also nicht in der Weise auf das Erbgut, daß sie aktiv Veränderungen und »Anpassung« in ihm provoziert, sondern ihre Funktion beschränkt sich darauf, aus einer Population genetisch variierender Organismen die im Verhältnis zu ihren Anforderungen weniger »Tüchtigen« auszusieben.

Aus der Perspektive der Selektionstheorie erscheint das Leben als Wettbewerb individueller Organismen um Fortpflanzungschancen. Dabei ist vorausgesetzt, daß die Individuen nicht nur phänotypisch, sondern auch genetisch verschieden voneinander sind. Die Umwelt, zu der für den Menschen auch die zivilisatorisch-sozialen Lebensverhältnisse gehören, wirkt auf die Individuen lediglich selektierend; sie hat jedoch keinen direkten Einfluß auf die genetische Konstitution selbst (sieht man von unspezifischen Schädigungen etwa durch Alkoholismus etc. ab). So kann »Entartung« unter Umständen noch aus ungesunden Lebensbedingungen erklärt werden; eine »Steigerung« des Typus ist jedoch nur auf dem Weg der Proselektion möglich, dadurch also, daß sich der fähigere Teil einer Population überdurchschnittlich fortpflanzt.

Das eugenische Argument folgt direkt aus diesen Annahmen. Jede Milderung des Selektionsdrucks durch Hygiene, bessere Ernährung und steigenden Wohlstand führt dazu, daß Individuen überleben und sich erfolgreich fortpflanzen, denen dies unter einem höheren Selektionsdruck nicht möglich gewesen wäre. Wenn zivilisatorische Verbesserungen ein Wachstum der Bevölkerung bewirken, so geschieht dies, weil die Sterblichkeit gesenkt wird. Eine Senkung der Sterblichkeit ist jedoch identisch damit, daß der Selektionsdruck verringert worden ist. Von daher muß Bevölkerungswachstum grundsätzlich mit einer »Verschlechterung« der genetischen Ausstattung des Bevölkerungsdurchschnitts verbunden sein (allerdings nur nach Maßstab von Umweltzuständen *vor* Eintritt des Bevölkerungswachstums). Wenn Zivilisation außerdem mit sozialer Mobilität, sozial differentieller Fortpflanzung und Kontraselektion der Zivilisationsträger verbunden ist, erscheint sie als ein Prozeß, der seine eigene organische Grundlage untergräbt.

Der strikte Sozialdarwinismus unterstellt also, daß die Individuen *prinzipiell* organisch-genetisch ungleich sind. Das Leben erscheint als *Daseinskampf*, der jedoch im strengen Sinn nur als Wettbewerb um Fortpflanzungschancen verstanden werden darf. Allerdings kann auch das Verhältnis zwischen Völkern und Rassen als Kampf um Lebensraum begriffen werden. Da jedoch die Rassen als unterschiedliche Anpassungsformen an spezifische Umwelten gesehen werden, ist ein vollständiger Sieg einer Rasse und die Verdrängung bzw. Ausrottung aller anderen in dieser Perspektive nicht sehr wahrscheinlich, es sei denn, es fände eine mentale Evolutionssteigerung im Sinne von Wallace statt. Aus diesen

Gründen gilt im Rahmen des Sozialdarwinismus »Kampf« als wesentliches Element des Lebens, so daß seine »humanitäre« Milderung oder gar Ausschaltung als eher bedenklich gesehen wird, weil sich dadurch ein Gegensatz von Kulturentwicklung und Naturbedingungen aufbauen könnte.

2. Die verbreitetste Alternative zum Sozialdarwinismus bildete eine Position, die ich analog zum »Sozialdarwinismus »Soziallamarckismus« nennen möchte. Diese Position war unter Sozialwissenschaftlern wie generell unter denjenigen, die eine biologische Fundierung zur Erklärung sozialer Prozesse anstrebten, wohl deswegen am populärsten, da sie die überkommenen Milieutheorien biologisch zu untermauern und zu bekräftigen versprach und spontan am ehesten nachvollziehbar war. Ihr bedeutendster Vertreter war nach Auguste Comte Herbert Spencer, obwohl er vielfach als »Sozialdarwinist« gehandelt wird. Der soziallamarckistischen Position zufolge haben die Lebensumstände, unter denen ein Mensch lebt, direkten Zugang zu seinem Erbgut. »Lernprozesse« finden daher nicht nur im Sinne einer extrasomatisch-kulturellen Informationsübertragung statt, sondern im Erbgut schlagen sich direkt die Erfahrungen des jeweiligen Organismus nieder.

Diese Lehre spielte vor allem in der verbreiteten Theorie der Degeneration oder Entartung eine Rolle.[47] Ihre klassische Formulierung fand sie in der Studie über die »dégénérescences« von Auguste Benedicte Morel (1857). Danach gibt es einen menschlichen »type primitif«, von dem einzelne Individuen unter dem Einfluß der Umwelt abweichen konnten. Es wurde nun angenommen, daß diese Abweichungen vererblich werden, sich über Generationen hinweg verschärfen und sich schließlich in moralischem und physischem Verfall manifestieren, bis am Ende die Zerstörung so weit fortgeschritten ist, daß Unfruchtbarkeit und Untergang der Erblinie eintritt. Morels Lehre wurde vor allem für die Psychopathologie von großer Bedeutung, da sie ein Modell bereitstellte, mit dessen Hilfe vererbliche pathologische Phänomene auf eine ungünstige Umwelt zurückgeführt werden konnten, die ihre schädigende Wirkung über mehrere Generationen hinweg weitergab. Im Unterschied zur reinen Milieutheorie wurde damit akzeptiert, daß Abweichungen geerbt werden können. Im Unterschied zur neodarwinistischen Selektionstheorie ist die negative Abweichung jedoch immer noch direktes Resultat einer ungesunden Lebensweise.

Diese Auffassung hatte wichtige sozialpolitische Implikationen, ließ sich aus ihr doch ableiten, daß sich Erfahrungen und Gewohnheiten über Generationen kumulieren und schließlich zu einem recht zähen vererblichen Habitus verfestigen. Eine Familie, die über eine Reihe von Generationen hinweg in Elend und Unterernährung lebt, wird schließlich schwache Kinder haben; der Alkoholismus des Vaters schlägt sich im Schwachsinn des Sohnes nieder; harte Lebensbedingungen führen zur Degradation der Rasse. Umgekehrt heißt das aber auch, daß eine kontinuierliche Verbesserung der Lebensverhältnisse sich schließlich in einer gesünderen und stärkeren Nachkommenschaft auszahlt, so daß sich der materielle Fortschritt selbst verstärkt: Fortgeschrittene, zivilisierte, gesunde und intelligente Generationen bilden die Basis für weitere Fortschritte, so daß die Zivilisation sich selbst die organischen Voraussetzungen für einen weiteren kontinuierlichen Fortschritt schafft. Sie ist ein sich selbst verstärkender Prozeß.

Nach dieser Argumentationsfigur sind also organischer und materiell-zivilisatorischer Fortschritt eng aneinander gekoppelt. Der eine bildet die Grundlage für den anderen, beide verstärken einander und formieren sich zu einem einheitlichen, sich selbst stabilisierenden Muster. Der Soziallamarckismus war im späten 19. und frühen 20. Jahrhundert weit verbreitet, vermutlich wesentlich weiter als der Sozialdarwinismus, der in reiner Form ein eher ephemeres Dasein führte. Der Soziallamarckismus war eine Position, die sich leicht mit sozialreformerischen Anliegen verbinden ließ. Jede Verbesserung der Lage der Bevölkerung mußte sich ja in einer Steigerung ihrer Vitalität und vererblichen Konstitution niederschlagen, während Elend und Entbehrungen weit über die aktuell davon betroffene Generation hinauswiesen und die erbliche Substanz der Bevölkerung selbst zu gefährden drohten. Es lag daher eine doppelte Prämie auf der Sozialreform; sie hatte aktuelle und prospektive Wirkungen. Umgekehrt bildeten schlechte Lebensverhältnisse eine doppelte Gefahr. Sie betrafen die in der Gegenwart Lebenden, darüber hinaus aber auch ihre Nachkommen, die von organischer Degeneration bedroht waren. Die soziallamarckistische Position hatte daher eine hohe Plausibilität innerhalb einer Kultur, die auf der Suche nach einer materialistischen Alternative zum überkommenen spiritualistischen Geschichtsverständnis in biologischen Kategorien zu denken gelernt hatte.

Wichtig an der soziallamarckistischen Position ist, daß sich mit ihrer Hilfe eine einsinnige Richtung von sozialem und organischem Fortschritt begründen ließ, während umgekehrt ein Leben in Elend, Krankheit und Entbehrungen in relativ kurzer Zeit zur physischen Verschlechterung und »Entartung« der betroffenen Bevölkerung führen mußte. Der Soziallamarckismus wurde daher von Vertretern der Linken und der Sozialreform besonders favorisiert. Einerseits dramatisierte er die Folgen des Elends: Es traf nicht nur die von ihm direkt betroffene Generation, sondern es verdarb die Erbsubstanz selbst, so daß die Gefahr bestand, daß bleibende, sich an die Nachkommen fortsetzende Schäden entstanden. Hinzu kam, daß der Soziallamarckismus eine organische Steigerung des Menschen innerhalb relativ kurzer Zeit versprach. Jede Erhöhung des Einkommens, jede medizinisch-hygienische Verbesserung, jeder Fortschritt der Bildung konnte sich erblich verfestigen und die Menschheit auf eine sich selbst verstärkende Bahn zivilisatorisch-organischen Fortschritts setzen.[48] Zugleich konnte eine weltweite Vereinheitlichung der Lebensbedingungen relativ kurzfristig die Rassenunterschiede abmildern und schließlich zum Verschwinden bringen. Der Verwirklichung der humanitären Utopie stand daher von der biologischen Seite aus nichts mehr im Weg.

3. Als dritte Alternative setzte sich seit dem ausgehenden 19. Jahrhundert zunehmend wieder eine »kulturalistische« Position durch, die rasch an Terrain gewann und heute praktisch unangefochten in Geltung ist. In dieser Position sind im wesentlichen Elemente des christlichen Humanitarismus, des aufklärerisch-naturgeschichtlichen Universalismus und des idealistischen Spiritualismus miteinander verbunden. Die beiden »biologistischen« Positionen, die aus der kulturalistischen Perspektive als Einheit gesehen werden, waren ihrerseits in materialistischer Opposition zum überkommenen »Idealismus« entwickelt worden, als dessen Wiederbelebung der Kulturalismus aus ihrer Perspektive erscheinen mußte.[49] Seine zentrale (oft implizite) anthropologische Annahme lautet, daß der Mensch einen festen, einheitlichen Typus bildet, dessen organische Konstitution zur Erklärung sozialer und historischer Prozesse irrelevant ist. Die organische Evolution des Menschen gilt als spätestens im Paläolithikum abgeschlossen; ihr Resultat ist ein einheitlicher Typus Mensch, dessen (individuelle und rassische) Differenzen so unbedeutend sind, daß sie in der gesellschaftlichen Wirklichkeit keine Rolle spielen.

Entscheidend ist statt dessen die sozial-kulturelle Evolution, in der es um die Bildung und Transformation symbolisch strukturierter und kommunizierbarer Informationen geht, die sich zu bestimmten institutionellen Mustern verfestigen. Der Mensch wird als ein von Natur aus leeres Potential angesehen, dem nur formell bestimmte Kompetenzen angeboren sind, die jedoch kulturell zu prägen und zu »sozialisieren« sind. Diese kulturelle Plastizität des Menschen rührt daher, daß die entscheidenden Veränderungen durch mentale Lernprozesse induziert werden, die auf keiner somatisch differenzierten Grundlage beruhen. Von daher spielt Vererbung (»nature«) gegenüber der Sozialisation (»nurture«) eine praktisch zu vernachlässigende Rolle. Die sozialen Strukturen besitzen eine so hohe Eigendynamik, daß historische Prozesse vollständig aus ihnen heraus zu erklären sind. Die Geschichte findet im immateriellen Raum sozialer Normen und symbolischer Strukturen statt.

Die dem kulturalistischen Paradigma folgenden Sozialwissenschaften hatten seit ihrer völligen Durchsetzung im zweiten und dritten Jahrzehnt unseres Jahrhunderts große Erfolge zu verzeichnen. Es gelang ihnen, eine Reihe von Phänomenen plausibel zu erklären, an denen die älteren biologistischen Theorien gescheitert waren. Dies gilt besonders für die Ethnologie, in der durch die Arbeiten von Boas, Malinowski u. a. die hohe kulturelle Komplexität scheinbar »primitiver« Gesellschaften entdeckt wurde. Dies versetzte vor allem den anthropologischen Rassentheorien einen herben Schlag, die von unterschiedlicher Befähigung zur Kultur ausgegangen waren. Ihnen gegenüber konnte jetzt gezeigt werden, daß menschliche Gesellschaften prinzipiell kulturelle Dimensionen besitzen, die zwar einen unterschiedlichen Charakter haben, jedoch nicht als Ausdruck einer mehr oder weniger großen Kulturbegabung einzelner Rassen verstanden werden können.

Die Ablösung des »Biologismus« durch den »Kulturalismus« bahnte sich schrittweise in der ersten Hälfte des 20. Jahrhunderts an.[50] Der manifeste Zusammenhang von Rassentheorie und Nationalsozialismus führte dann nach 1945 zu einem raschen Zusammenbruch des biologistischen Paradigma, dem von nun an das Stigma des Völkermords anhaftete. »Außerwissenschaftliche« Faktoren spielten somit bei der Durchsetzung des Kulturalismus eine bedeutsame Rolle. Es kam jetzt die Zeit, in der die Rede vom »Sozialdarwinismus« am heftigsten im Schwange war. Im Kontext des Kulturalismus schien jeder Verweis auf »menschliche Natur« als unmoralisch und politisch verdächtig; entsprechend verpönt waren alle Ansätze zu einer biologischen Fundierung der Gesellschaftstheorie. Die rasanten gesellschaftlichen und ökonomischen Umwälzungen der Nachkriegszeit, mehr noch die Projekte einer »Entwicklung« der »Dritten Welt« und einer umfassenden »Emanzipation« der Individuen in den Industrieländern machten die Rede von der totalen Plastizität des Menschen, die völlige Machbarkeit und kulturelle Autonomie gesellschaftlicher Verhältnisse mehr als plausibel. Der »Biologismus« drohte dagegen, Grenzen der Perfektibilität sichtbar zu machen; indem er dies behauptete, wurde er selbst zum Fortschrittshindernis.

Die Alleinherrschaft des Kulturalismus erlitt seit den siebziger Jahren des 20. Jahrhunderts gewisse Erschütterungen. Dies hing zum einen damit zusammen, daß er in die Niederlage der gescheiterten kulturrevolutionären Bewegungen um 1970 hineingezogen wurde. Die totale Machbarkeit und Umwälzbarkeit gesellschaftlicher Verhältnisse und individueller Lebensweisen, wie sie die emanzipatorische Soziologie postuliert hatte, waren an harte Grenzen der Realität gestoßen. Ein weiteres Moment kam hinzu: In der Umweltkrise wurde deutlich, daß der scheinbar von allen materiellen Fesseln befreite symbolisch kommunizierende Mensch letztlich doch ein Naturwesen bleibt. »Natur« konnte damit zu einem neuen Stichwort werden, und Ansätze wie Soziobiologie oder evolutionäre Erkenntnistheorie stießen nicht mehr auf eine solche totale Ablehnung, wie dies noch in den fünfziger und sechziger Jahren mit »biologistischen« Positionen der Fall war.[51]

Der Niedergang und die Relativierung des Kulturalismus ist wohl eine Voraussetzung dafür, daß man einen etwas nüchterneren Blick auf die älteren biologistischen Theorien werfen kann. Sie erscheinen nicht mehr einfach als absurd aus der Perspektive der »richtigen« Theorie, in deren Besitz man sich weiß, sondern Kulturalismus wie Biologismus erscheinen als zeitbedingte Versuche, eine Reihe von Phänomenen zu erklären, wobei beide über bestimmte Gewißheiten verfügen, die von der jeweilig anderen Position aus nur schwer nachvollziehbar sind. Der unbefangenere Blick auf die biologischen Gesellschaftstheorien macht es zugleich möglich, die inneren Differenzen zwischen ihnen zu erkennen. Es ist nicht länger nötig, sie als gegnerische Entwürfe zu »erledigen«, sondern man kann versuchen, sie in ihrer eigenen Logik zu verstehen.

Sozialdarwinismus und Soziallamarckismus interessieren hier als die ersten umfassenden Versuche einer »naturalistischen« Gesellschafts- und Geschichtstheorie. Der Prozeß der menschlichen Geschichte, der Entwicklung der Menschheit von ihren natürlichen Ursprüngen her, soll diesen Forschungsprogrammen zufolge als ein einheitlicher Prozeß der Natur erklärt werden können. »Natur« und »Kultur« bilden ein Kontinuum; beide funktionieren sie nach den gleichen Prinzipien und sind deshalb mit den gleichen Methoden und Theorien zu erklären. Beide Theorien sind »materialistisch« in dem Sinne, daß sie den Kulturprozeß aus seinen materiellen, seinen physiologischen Voraussetzungen ableiten möchten. Über- und außermaterielle, spirituelle oder teleologische Kräfte sollen daher aus den Erklärungsmodellen ausgeschlossen werden.

Vielleicht kann man den wissenschaftsgeschichtlichen Vorgang, der in der Bildung des »Sozialdarwinismus« kulminierte, so beschreiben: Die Naturwissenschaften des späten 18. und frühen 19. Jahrhunderts hatten im Rahmen des *oeconomia-naturae*-Modells den Interventionspunkt Gottes in die Natur immer weiter hinausgeschoben. Die ältere Naturtheorie hatte vor dem Problem gestanden, wie die Regularität einer harmonischen Welt mit dem Auftreten von Wundern zu vereinbaren war, wie sich also Determinismus und Voluntarismus Gottes zueinander verhielten. In der Praxis sah dies zunächst so aus, daß jeder sinnvoll geordnete funktionale Zusammenhang als direkter Ausdruck einer göttlichen Absicht und Providenz verstanden werden konnte. Der Gang der »Naturgeschichte« zielte nun darauf, immer mehr Regularitäten und funktionale Zusammenhänge aufzudecken, die zwar als Ausdruck göttlicher Intentionen gelten konnten, aber zunehmend als sich selbst regulierende und stabilisierende Zusammenhänge erschienen. Der Impetus der modernen Wissenschaft ging also dahin, zunehmend Kausalität an die Stelle von Teleologie zu setzen.

Dabei ergänzten sich zwei Erklärungstypen häufig: kausale Erklärung des Einsichtigen und teleologische Erklärung des Rätselhaften. Die Tendenz der Wissenschaftsentwicklung ging nun dahin, den Bereich des Unerklärlichen zu verringern, d. h., tendenziell vollständig Teleologie und göttliche Intervention durch kausalmechanische Immanenz der Welt zu ersetzen. Mitte des 19. Jahrhunderts hatte sich dieses szientistische Paradigma fast vollständig durchgesetzt. Alle Phänomene der Welt schienen grundsätzlich aus der Selbstorganisation einer einfach strukturierten Materie erklärbar. Der große Triumph Darwins lag darin, auch die Entwicklung und den Zusammenhang der belebten Welt bis hin zum Menschen aus einem einzigen kausalen, graduellen und aktuellen Prinzip zu erklären, dessen Elemente in der Realität identifiziert werden konnten.

Damit war der Mensch endgültig in die Reihe der Naturwesen eingerückt. Es gab keinen prinzipiellen Grund mehr, weshalb er eine »Sonderrolle« in der Natur spielen sollte. Sein Verhalten, sein Charakter, seine soziale Organisation, seine kulturellen Institutionen, seine Geschichte – alles sollte als Resultat eines elementaren Naturprozesses entschlüsselt werden können. Daher spielte die physische Organisation eine so große Rolle: Rasse, genetische Ausstattung, Begabung, Vererbung usw. Das Verhalten des Menschen als Naturwesen mußte aus natürlichen Faktoren erklärt werden können – darin liegt das naturwissenschaftliche Pathos des 19. Jahrhunderts. Rassentheorien, Eugenik, Sozialdarwinismus sind daher als eminent »moderne« Theorien zu verstehen, die sich gegen eine ältere »metaphysische« Tradition abgrenzen. Ihre Vertreter begreifen sich als vorurteilslos, avanciert, auf der Seite der Wissenschaft gegen den Aberglauben stehend – auch wenn dieser Aberglauben in Gestalt humanitär-universalistischer Werte auftritt.

Dieser Vorgang bildet nun andererseits die weltanschauliche Voraussetzung dafür, daß eine totale Krise der Natur überhaupt denkbar wurde. Eine Natur, die vollständig kausal oder funktional aus der evolutionären Selbstorganisation ihrer Elemente erklärt werden kann, braucht keine teleologische Instanz mehr, die den Zusammenhang der Elemente ordnet und ihre Harmonie garantiert. Dies hatte jedoch gravierende Konsequenzen: Wenn weder der Schöpfer noch eine zum Subjekt hypostasierte »Natur« dafür sorgte, daß sich die Welt zu einer für den Menschen gedeihlichen Ordnung formierte, trat die Möglichkeit einer fundamentalen und prinzipiellen Naturkrise der Geschichte hervor. Diese Krise erschien, wie zu zeigen sein wird, zunächst in Gestalt einer Krise der menschlichen Natur. Der kulturelle Prozeß der Zivilisation trat dieser Konzeption zufolge in Gegensatz zu seinem organischen Substrat. Jenseits aller Phantasmen konnte damit eine neuartige Denkfigur entwickelt werden, die formelle Ähnlichkeit mit der aktuellen Diagnose einer fundamentalen Umweltkrise besitzt, auch wenn die politisch-ideologischen Folgerungen und die sozial-polemischen Kontexte, innerhalb deren die Positionen artikuliert werden, nicht miteinander verglichen werden können.

III. Die Naturkrise des Fortschritts

1. Selektion für den Fortschritt

Die erste »sozialdarwinistische« Anwendung der Evolutionstheorie durch A. R. Wallace zielte darauf, die Herkunft des Menschen zu *erklären* und Prognosen über seine künftige Höherentwicklung zu geben. Es handelte sich um eine *Theorie* des Fortschritts, die erläuterte, wie durch den Kampf der Völker und Rassen, die Vernichtung der Unterlegenen und die Vermehrung der Starken die Menschheit auf die Höhen der Zivilisation geführt wird. Die Zivilisation als Werk der weißen Rasse wird letztlich mit deren Vorherrschaft, wenn nicht mit deren alleiniger Existenz auf der Erde verbunden sein. Die empirische Tatsache, daß Naturvölker bei Kontakt mit den Weißen ausstarben und daß alte Kulturen in Konfrontation mit der westlichen Zivilisation zerfielen, bot den Erfahrungshintergrund, der das allgemeine Konzept des Fortschritts durch Selektion von Rassen plausibel machte.

In dieser ersten Form tritt die soziale Anwendung der Selektionstheorie als ein Erklärungsprinzip auf: Selektion ist ein Mittel, dessen sich der Naturprozeß des Fortschritts bedient. Die *Tatsache* der westlichen Überlegenheit läßt sich mit dem Selektionskonzept erklären; dieses Konzept ist hier also nicht auf die Begründung einer bestimmten Politik gerichtet, sondern es liefert ein Modell, mit dessen Hilfe Elemente der Realität erfaßt werden sollten. Der *Fortschritt*, von dem in diesem Zusammenhang die Rede ist, kann ebenfalls als ein Konzept verstanden werden, auf dessen Grundlage eine sich rapide ändernde Wirklichkeit erklärt werden konnte. Fortschritt bildet hier keine Forderung, mit deren Hilfe eine als erstarrt scheinende Welt mobilisiert werden soll, sondern Fortschritt ist der Modus der Welt selbst. Fortschritt durch Selektion ist ein objektiver Vorgang der Natur, ein Selbstvollzug ihrer Gesetzmäßigkeit und insofern auch außerhalb der Disposition der Handelnden. Sie vollziehen nur das Gesetz des Fortschritts, wenn sie die Welt für die westliche Zivilisation erobern – so wie sie das Gesetz der Schwerkraft vollziehen, wenn sie aus dem Fenster fallen.

Gegenstand dieser Form des kollektiven Sozialdarwinismus waren Völker und Rassen, also überindividuelle Einheiten, zwischen denen der Kampf ums Dasein ausgefochten wurde. Es lag nun aber auch nahe, dieses Konzept auf den Prozeß der innergesellschaftlichen Entwicklung zu übertragen, d. h. Individuen als Einheiten des Daseinskampfes zu sehen. Einer der ersten, der die Selektionstheorie in diesem Sinn auffaßte, war Francis Galton. Er stellte die Vererbung bestimmter zivilisationsrelevanter Eigenschaften in den Mittelpunkt seiner Überlegungen und leitete damit einen fundamentalen Bruch mit bestimmten vom 18. Jahrhundert überkommenen Denkgewohnheiten der Aufklärung ein.

Seit Locke und Condillac war die Ansicht zum Allgemeingut der gebildeten Welt geworden, individuelle Eigenschaften wie der Intellekt, Charakter oder die Willensstärke würden wesentlich von dem Milieu geprägt, in dem das Individuum aufwächst. Es ist dies die Auffassung vom Menschen als ein essentielles, typisches Potential, das unter konkreten Lebensumständen aktualisiert wird, wobei (im Rahmen des Typus) eine hohe Plastizität unterstellt wird. Im 19. Jahrhundert hatte sich, wie gezeigt wurde, diese Auffassung mit dem lamarckistischen Gedanken verbunden, daß bestimmte Eigenschaften und Gewohnheiten der Eltern progressiv auf ihre Nachkommen vererbt werden können.

Im Gegensatz zum verbreiteten Soziallamarckismus nahm nun der »Sozialdarwinist« Francis Galton an, die Vererbung sei die alleinige Determinante der »geistigen« Eigenschaften, ohne daß die individuellen Schicksale der Vorfahren einen direkten Einfluß auf die Qualitäten hatten, die sie vererbten. Diese Ansicht, mit der Galton bereits Positionen des strikt selektionistischen Neodarwinismus des ausgehenden 19. Jahrhunderts antizipierte, wurde von ihm selbst noch rein spekulativ eingeführt. Er zog nur die radikale Konsequenz aus dem Selektionsprinzip, das der Darwinschen Theorie zugrunde liegt; er war darin radikaler als Darwin selbst. Galtons Frage lautete:

Werden unsere Kinder mit höherwertigen Anlagen geboren werden, wenn wir selbst höherwertige Eigenschaften gewonnen haben? Oder sind wir nichts als passive Vermittler der Naturanlagen, die wir selbst durch Erbschaft erworben haben und deren Veränderung außerhalb unserer Möglichkeiten liegt? (Galton 1865, 322)

August Weismann sollte in den achtziger Jahren des 19. Jahrhunderts versuchen, diese Frage auf der Grundlage zytologischer Experimente zu beantworten. Galton dagegen entscheidet sich rein spekulativ für die Antwort, die auch Weismann geben wird:

Wir vermuten, daß wir selbst als Embryo direkt aus den Embryos entstanden sind, aus denen sich unsere Eltern entwickelt haben, und diese wieder aus den Embryos ihrer Eltern und so fort für alle Zeiten. (Galton 1865, 322)

Ohne dies explizit zu machen, greift Galton damit auf die ältere Präformationstheorie zurück, die die Kontinuität des Typus seit der Schöpfung auf ähnliche Weise erklärt hatte. Diese Position hatte nun gravierende Implikationen, die er auch deutlich aussprach, denn er hatte sich wohl letztlich nur deshalb für diese Theorie entschieden, weil aus ihr die erwünschten Schlüsse zu ziehen waren. Wenn das vererbbare Material ein für allemal gegeben ist, spielt das Schicksal der Individuen für die organische Ausstattung der Nachkommenschaft nur insofern eine Rolle, als es darauf ankam, ob und wie häufig bestimmte Individuen sich vermehrten. Ungünstige Lebensbedingungen verschlechtern also die Erbsubstanz nicht, sie können nur bewirken, daß ein Mensch, der unter ihnen lebt, weniger Kinder aufziehen kann als jemand, dessen Lebensumstände besser sind. Die Umwelt wirkt also rein selektorisch, indem sie die Fortpflanzungschancen der Individuen bestimmt. Sie hat jedoch keinen Einfluß darauf, welche Eigenschaften sich überhaupt in dem Fundus dessen befinden, was vererbt werden kann.

Galtons Position ist somit dem Soziallamarckismus diametral entgegengesetzt. Umwelt und Erbsubstanz sind strikt voneinander getrennt; die eine hat keinen direkten Zugriff auf die andere. Dies bedeutet, daß mehr oder weniger erfolgreiche Vermehrung bestimmter Teile einer menschlichen Population der allein ausschlaggebende Faktor für die Zusammensetzung der Folgepopulation ist. In jeder Generation werden nur die Karten neu gemischt und verteilt, deren Wertigkeiten bereits seit sehr langer Zeit festgesetzt sind. Der zivilisatorische Prozeß fügt dem vererbbaren Fundus nichts hinzu; Elend, Krankheit und Krieg nehmen ihm nichts weg, jedenfalls nicht auf dem Weg einer direkten Einwirkung auf das Erbgut. Der Fortschritt scheint damit zunächst kein organisches Korrelat zu haben.

Galton beabsichtigte jedoch durchaus, dem Zivilisationsprozeß eine genetisch-organische Grundlage zu geben, nur sollte diese völlig anders funktionieren, als dies der Lamarckismus unterstellte. Wenn es darauf ankommt, daß bestimmte Eigenschaften wie z. B. Intelligenz in einer Gesellschaft stärker verbreitet werden sollen, so kann dies nicht durch Hebung des Lebensstandards, Verbesserung der Hygiene, Bekämpfung des Alkoholismus, Bau gesunder Wohnungen und Ausdehnung langfristiger Schulungs- und Erziehungsprogramme geschehen, sondern allein dadurch, daß sich diejenigen stärker vermehren, zu deren Erbgut die Disposition zu höherer Intelligenz gehört. Die genetische Struktur der Bevölkerung muß sich dadurch ändern, daß minder Intelligente unter einen verschärften Selektionsdruck gesetzt werden, d. h., daß sie sich weniger stark vermehren als die Intelligenteren. Nur auf diesem Weg kann der Intelligenzdurchschnitt der Gesamtpopulation erhöht werden.

Wallace hatte einen ähnlichen funktionalen Zusammenhang zur *Erklärung* des realen Fortschritts menschlicher Intelligenz postuliert; Galton kommt es dagegen darauf an, ein *Programm* künftiger Intelligenzsteigerung zu entwerfen. Sein explizites Ziel ist die Züchtung menschlicher Intelligenz dadurch, daß die Mechanismen natürlicher Selektion durch bewußte Maßnahmen ergänzt werden. Diese können prinzipiell in zwei unterschiedliche Richtungen gehen. Einmal kann man versuchen, die Intelligenteren dahin zu bringen, daß sie mehr Nachwuchs erzeugen als der Durchschnitt; eine andere Methode besteht aber darin, daß die weniger Intelligenten sich unterdurchschnittlich vermehren. Die erste Strategie würde eine Förderung der Spitzen bewirken, die zweite dagegen den Durchschnitt dadurch heben, daß der untere Bereich verkleinert wird. Da es Galton auf eine Steigerung des Fortschritts ankommt, zielen seine Forderungen auf die erste Alternative, also auf gezielte Förderung des Eliteanteils innerhalb der Bevölkerung.

Wenn wir Personen auswählen würden, die mit Charaktermerkmalen geboren werden, die wir verstärken möchten – nehmen wir an, es seien Merkmale, die sich bestimmten idealen Perfektionsstandards nähern – und wenn wir die Eheschließung über Generationen hinweg auf den so ausgewählten Personenkreis beschränkten, dann würde dies zweifellos dahin führen, daß die Nachkommenschaft mit den erwünschten Eigenschaften geboren würde, nicht anders, als wenn wir auf physische Merkmale und nicht auf Intelligenz und andere Veranlagungen hin gezüchtet hätten. (Galton 1865, 321)

Es ging also darum, die unvollkommene Naturzüchtung durch bewußte Züchtung zu ergänzen, um dem gewünschten Prozeß des zivilisatorischen Fortschritts eine organische Grundlage zu verleihen. Auch der Soziallamarckismus versprach, eine solche Basis zu schaffen und zu verstärken, indem die Ursachen der Degeneration durch Hygiene, Bildung und Wohlstand beseitigt würden. Galton zeigte nun, daß auf der Grundlage der Selektionstheorie durch solche Methoden kein Fortschritt der physischen Konstitution des Menschen erzielt werden kann, sondern daß hierfür eine aktive Politik der Zuchtwahl erforderlich ist – die *positive* Eugenik.

Rassenkampf im Sinne von Wallace und positive Eugenik im Sinne Galtons sind also beides selektionistische Fortschrittstheorien. Beide zielen sie darauf ab, entweder den Prozeß des zivilisatorischen Fortschritts dadurch zu *erklären*, daß sie ihm eine natürlich-organische Grundlage geben, oder darauf, diesen zu *beschleunigen*, indem das organische Fundament gefördert wird. Beide Ansätze sind im wesentlichen optimistisch, zukunftsorientiert, da sich beide vom Fortgang eines bereits in der Gegenwart wirkenden Mechanismus eine Verbesserung als Steigerung menschlicher Potenzen erhoffen, die in die Zukunft verlängert werden kann. Beide sehen sie kein Problem darin, den *Inhalt* dieses Fortschrittsprozesses zu bestimmen. Er war identisch mit dem, was ohnehin geschah – der Ausbreitung westlicher Zivilisation, dem Erwerb technisch-industrieller Kompetenzen, der Steigerung von Intelligenz, Selbstkontrolle und moralisch verantwortungsvollem Verhalten.

Das Wettbewerbsmodell der Politischen Ökonomie konnte so auf die gesamte Natur übertragen werden. Nutzenmaximierende, ihre Selbsterhaltungsinteressen verfolgende Elemente konstituieren durch die Kollisionen ihrer Einzelbewegungen hindurch ein Muster, das sich selbst zu einem harmonischen und fortschreitenden Ganzen optimiert. Die Konkurrenz der Individuen um Vermehrungschancen wie auch die Konkurrenz der Rassen um Lebensräume und Existenzmöglichkeiten führen nicht in ein blutiges Chaos, in das Ordnung hineingetragen werden müßte, sondern sie ordnen sich zu einem harmonischen Gesamtprozeß, der nur aus der Perspektive derer, die in diesen Kämpfen unterliegen, unerfreuliche Aspekte hat. Bei Galton kommt im Programm einer positiven Eugenik der Gedanke hinzu, dieser Prozeß sei durch bewußte Maßnahmen zu steigern und zu beschleunigen. Insofern überschreitet Galton hier das Prinzip der automatischen Selbstperfektion, das zum fundamentalen Bestand der Politischen Ökonomie, der utilitaristischen Philosophie und des Liberalismus gehört. Seinem Programm zufolge ist ein sinnvolles Ganzes bewußt anzustreben; positive Eugenik ergibt sich nicht von selbst, sie muß politisch gewollt und geplant werden, womit sie den liberalen Grundannahmen widerspricht. Dennoch sieht Galton darin, daß er ein politisches Programm entwerfen muß, noch kein grundsätzliches Defizit des zivilisatorischen Systems, denn auf positive Eugenik kann ebensogut verzichtet werden. Sie ist ein Zusatz, ein Versprechen weiterer Perfektionierung, doch wird sie nicht zur zwingenden Notwendigkeit, um eine selbstzerstörerische Dynamik umzukehren, wie dies später mit der negativen Eugenik der Fall sein sollte.

Mit der Darwinschen Evolutions- und Selektionstheorie bahnte sich jedoch eine intellektuelle Entwicklung an, die die Denkvoraussetzungen des Prinzips automatischer Selbstperfektion nachhaltig erschüttern sollte. Die Politische Ökonomie hatte immer implizit vorausgesetzt, daß die Ordnung eines Gesamtzusammenhangs menschlicher Handlungen letztlich von einem göttlichen Plan garantiert wurde. Eine prinzipielle Disharmonie als Ergebnis spontaner Interaktion interessengeleiteter Individuen war damit ausgeschlossen. Die freie Marktwirtschaft ruhte auf dem Fundament einer göttlichen Planwirtschaft, der *oeconomia divina*, die den Haushalt der Natur in Ordnung hielt. Der Haushalt der menschlichen Gesellschaft, die *oeconomia politica*, war nur ein Teilsystem dieses größeren Haushalts, der von der Vorsehung eingerichtet und überwacht war. Das Wissenschaftsprogramm der Natur- wie der Sozialwissenschaften konnte darauf zielen, die Gesetze zu enthüllen, die Gott der Welt gegeben hatte. Kannte man diese Gesetze, so konnte man erfolgreicher in der Welt agieren. Die Natur gab bei peinlicher Befragung ihre Geheimnisse preis, deren Kenntnis dann technisch umgesetzt werden konnte. Zugleich ergab sich jedoch auch das Bild einer harmonisch geregelten Natur, eines großen fein abgestimmten und gegliederten Ganzen, dessen Betrachtung den Eindruck von Schönheit erweckte.

Der Gesamtprozeß wissenschaftlicher Forschung zielte dahin, die innere Mechanik dieses komplexen Weltgebäudes zu enthüllen, wobei es gelang, immer weitere Bereiche als nicht statisch und nicht der direkten Steuerung durch göttliche Providenz bedürftig darzustellen. Das Harmoniepostulat, das stillschweigend als Harmoniegarantie unterstellt wurde, brauchte damit jedoch nicht aufgegeben zu werden. Noch Darwins Selektionstheorie, so stark sie auch überkommene Aussagen der Offenbarung erschütterte und deshalb als Irritation vertrauter Weltanschauungen aufgefaßt werden konnte, gehorchte dem Prinzip, ein einfaches und elegantes Modell des Naturprozesses zu entwerfen. An die Stelle der göttlichen Providenz rückten zunächst die sekundären Ursachen Gottes und schließlich wurden sie von dem Konzept einer autonom-gleichgewichtigen *Natur* ersetzt.

Der wirkliche Umschwung, der mit der Selektionstheorie verbunden war, blieb jedoch den meisten Zeitgenossen, Darwin eingeschlossen, im Grunde verborgen. Indem die Selektionstheorie im Sinne der natürlichen Teleologie als eine Theorie verstanden wurde, die die Methoden historischer Selbstorganisation des organischen Naturprozesses enthüllte, welche ihrerseits in einen irreversiblen Vorgang der Perfektion und damit des »Fortschritts« oder der »Höherentwicklung« eingebunden war, gelang es, sie noch einmal in den überkommenen konzeptionellen Rahmen einzubinden. Das optimistische Meinungsklima der hochviktorianischen Epoche gestattete es offenbar noch nicht, die völlig unteleologischen, rein funktionalen Implikationen zu erkennen, die in der Selektionstheorie lagen. Erst die Entdeckung des Degenerationspotentials, das mit Hilfe dieser Theorie enthüllt werden konnte, lieferte den Schock, der das teleologische Weltbild nachhaltig zertrümmern sollte.[1] Dazu war es allerdings zunächst erforderlich, die »Degeneration« selbst noch im Kontext der Fortschrittserwartung als »Niedergang«, d. h. als Krise des vertrauten Progressionskonzepts zu erleben.

Die »Natur« hatte in der überkommenen Naturgeschichte und ganz wesentlich auch noch in der »darwinistischen« Theorie die Rolle eines stabilen Elementarzusammenhangs gespielt, der nicht in grundsätzliche Opposition zum angestrebten sozialen Zivilisationsprozeß und zum wirtschaftlichen Wachstum geraten konnte. Eine fundamentale »Krise der Natur« war, nachdem die älteren Vorstellungen einer mit menschlicher Schuld belasteten und durch sie verdorbenen *natura lapsa* mit der *new science* des 17. Jahrhunderts überwunden worden waren, außerhalb menschlicher Denkmöglichkeiten geraten. Indem Darwin aber die Natur zu einem maßstablosen Prozeß machte, der durch seine selektorischen Filterungen hindurch fluktuierte, wurde die Harmoniegarantie letztlich obsolet. Die Selbstorganisation des Artengefüges, der Fluß der Populationen, das komplexe System von selektierenden Umwelten, die ihrerseits von den Resultaten dieser Selektionen selektiert werden, all das sprengte im Grunde jede natürliche Teleologie in die Luft. Nimmt man Darwin ernst, so gibt es keine Fortschrittsgarantie, nicht einmal eine Bestandsgarantie für eine einzelne Art wie den Menschen. Seine Handlungen sind in ein unübersehbares, hochkomplexes, von keiner Providenz gelenktes und stabilisiertes Gefüge eingebunden, das zwar zu bestimmten Gleichgewichtszuständen gravitiert und in der Zeit bestimmte irreversible Phasen durchläuft, das jedoch in keiner Weise auf ein Telos wie den »Fortschritt der Menschheit« bezogen gedacht werden kann.

Die Darwinsche Theorie enthält daher in sich die Möglichkeit, auch das Verschwinden des Menschen zu postulieren. Für überhaupt keine Art besteht eine Bestandsgarantie, geschweige eine Perfektionsgarantie. Die natürlichen Rahmenbedingungen menschlichen Handelns sind – wenn man sie erst als Resultate eines komplexen Prozesses interspezifischer Selbststabilisierungen und historisch kontingenter Musterbildungen entschlüsselt hat – nicht mehr ein stabiles Faktum, auf dessen unbefragte Existenz man sich verlassen könnte. Mit Darwin wird daher auch zum erstenmal die Möglichkeit einer fundamentalen »Naturkrise« denkbar, da eine solche Denkmöglichkeit die Zerstörung der natürlichen Teleologie voraussetzt. Die Darwinsche Theorie hätte daher der Politischen Ökonomie ihr naives Urvertrauen in eine ewig spendende und unzerstörbare Natur nehmen können. Sie bildete letztlich nicht die höchste, naturfundierte Apotheose universellen Fortschritts, die Formulierung des Gesetzes einer unumstößlichen Entwicklung zum Höheren, Stärkeren und Besseren. Im Gegenteil: Denkt man sie zu Ende, so entzieht sie dem Fortschritt den Boden unter den Füßen, so stellt sie die Menschheit in eine Zone der Gefahr, der Richtungslosigkeit und der potentiellen Selbstzerstörung dadurch, daß sie sich selbst unbewußt und unkontrolliert zur kontraselektorischen Umwelt werden kann.

Es liegt daher eine merkwürdige Ironie in der Tatsache, daß die Evolutions- und Selektionstheorie von den Zeitgenossen noch einmal als fundamentale Fortschrittstheorie rezipiert werden konnte. Ihre Implikationen, die genau in die Gegenrichtung zielten, wurden zunächst von niemandem verstanden. Sie stieß auf emphatische Begeisterung oder auf Einwände, die von traditionalistischen Werthaltungen her gegen sie argumentierten, ohne ihren Kern zu begreifen. Die Theorie enthielt jedoch ein Potential, das über einen mühsamen, hoffnungs- und furchtgeladenen Umweg schließlich realisiert wurde. Im letzten Jahrzehnt des 19. Jahrhunderts ergriff eine tiefe Irritation diejenigen Zeitgenossen, die bestimmte Implikationen der Selektionstheorie begriffen, welche dem Fortschrittsvertrauen direkt entgegenstanden. Die Krise der menschlichen Natur war die erste prinzipielle und fundamental erfaßte Naturkrise; die radikale Selektionstheorie generierte Argumente, mit denen sich die Erschütterung eines einst tief verwurzelten Vertrauens ausdrücken ließ.

2. Der Rückschritt in der Natur

Darwin selbst war vor den letzten Konsequenzen einer radikalen Selektionstheorie, die auf alle lamarckistischen Elemente verzichtet und nur noch die Auslese einer Art durch die Umwelt zur Erklärung des Evolutionsprozesses heranzog, zurückgeschreckt. Er gestand dagegen den Einfluß des Gebrauchs oder Nichtgebrauchs von Organen auf die Vererbung zu, so daß also etwa ein Organ, das über Generationen hinweg nicht gebraucht wurde, allmählich verkümmerte. Darin kann eine rudimentäre Form der Vererbung erworbener Eigenschaften gesehen werden, also eine lamarckistische Denkfigur. Galton hatte dann spekulativ versucht, ein rein selektionistisches Modell zu entwerfen, doch gelang ihm keine experimentelle Bestätigung. Erst August Weismann konnte die »Allmacht der Naturzüchtung« plausibel machen, indem er die »Kontinuität des Keimplasma« nachwies, also die Tatsache, daß kein Wirkungszusammenhang von Körperzellen auf Keimzellen besteht, so daß deren Schicksale während des Lebensprozesses des Individuums nicht in den Keimzellen abgebildet werden können. Es besteht daher kein Weg, wie sich Gebrauch oder Nichtgebrauch von Organen im Keimplasma niederschlagen könnte; dieses repräsentiert seit der Geburt des Individuums das Erbgut, das es durch Rekombination des elterlichen genetischen Materials empfangen hatte.

Diese radikale Trennung von Soma und Keimbahn, deren prinzipielle Richtigkeit von der Molekulargenetik des 20. Jahrhunderts bestätigt wurde, ließ für Weismann nur die reine Selektion erbbedingt differierender Varianten als Evolutionsmechanismus übrig. Umwelt wirkte allein als siebende Instanz, sie hatte keinen direkten Zugriff auf die zu vererbenden Einheiten. Mit dieser experimentell gestützten Theorie war allererst ein reiner Selektionismus möglich. Was für Konsequenzen dies hatte, wird an Weismanns Modell eines »Rückschritts in der Natur« deutlich.

Ausgangspunkt war das Problem, wie sich die Rückbildung von Organen erklärt, die sich bei Arten findet, welche unter Umständen leben, in denen sie diese Organe nicht mehr benötigen. Als Beispiele werden die blinden Olme genannt; das sind Molche, welche in finsteren Höhlen leben und dort ihre Augen verloren haben, welche ihre engen systematischen Verwandten und phylogenetischen Vorfahren noch besessen hatten. Solche Fälle konnten traditionell-lamarckistisch als Illustrationen dafür gelten, daß Nichtgebrauch von Organen zu deren Verlust führt. Sie haben ihre Zweckmäßigkeit verloren, sind überflüssig geworden und verkümmern deshalb. Weismann will diesen Organverlust nun rein selektorisch erklären und führt zu diesem Zweck das Konzept der »Panmixie« ein.[2] Danach haben in den finsteren Höhlen Individuen, die zufällig schlecht sehen oder blind sind, die gleichen Überlebenschancen wie gut sehende Exemplare. Genetische Determinanten, die gutes Sehen produzieren, werden also nicht nur nicht positiv selektiert, indem ihre phänotypischen Träger bessere Vermehrungschancen haben, sondern auch solche Determinanten, die zur Blindheit führen und die in geringem Umfang in jeder Population vorhanden sind, können weitergegeben werden. Unterstellt ist damit zunächst, daß mangelndes Sehvermögen in der Population tendenziell und mehr oder weniger latent vorhanden ist, sich aber bei fehlender Kontraselektion ausbreiten kann. Das Panmixie-Konzept postuliert also, daß nicht nur die Ausbildung von Organen, sondern auch das Bewahren einer bestimmten »Höhe der Organisation« nur bei Existenz eines permanenten Selektionsdrucks möglich ist. Schließt man spontane Variationen aus, so ist dies im Grunde problematisch und scheint noch immer teleologische Annahmen zu unterstellen, wie ja auch der Begriff des »Rückschritts« in der Natur demonstriert.

Betrachten wir die Implikationen des Panmixie-Konzepts etwas näher. In Weismanns Beispiel wird eine Molchpopulation an einen dunklen Ort verschlagen, wo Augen für das Überleben überflüssig sind. Ihr Besitz wird von der Umwelt nicht prämiert. Aber weshalb sollte ihr Nichtbesitz prämiert werden? Bloße »Verkümmerung« durch Nichtgebrauch ist ja ausgeschlossen. Fraglos könnten in der Höhle auch blinde Varianten überleben, doch setzte dies voraus, daß es solche Varianten bereits gibt. Nach Weismanns Annahme müßte die Blindheit aber durch graduelle Verschlechterung des Sehvermögens entstanden sein, da die Annahme nur lautet, daß es unterschiedlich gutsehende Varianten gibt. Die schlecht sehenden Varianten müßten zahlreicher werden als die scharfsichtigen. Bildeten aber in der Ursprungspopulation die schlecht sehenden nur einen geringen Teil, so gibt es keinen Grund, weshalb ihr Anteil an der Gesamtpopulation wachsen sollte. Zu erwarten wäre lediglich eine Fluktuation zwischen mehr oder weniger guten Augen, nicht aber eine bestimmte Tendenz.

Das Panmixie-Konzept benötigt also einige Zusatzannahmen. So kann die Blindheit etwa bestimmte, proselektorische Vorzüge haben, indem sie etwa Augenkrankheiten unmöglich macht oder zur metabolischen »Einsparung« führt. Wirklich durchschlagend wird das Argument allerdings, wenn es sich mit dem Konzept spontaner Zufallsvariationen verbindet, welches sich in der zweiten Hälfte des 19. Jahrhunderts durchsetzte.[3] Grundsätzlich gilt nämlich, daß die Wahrscheinlichkeit ungünstiger Variationen weitaus größer ist als die günstiger, da es weit mehr Variationsmöglichkeiten gibt, die das Sehvermögen verschlechtern als solche, die es verbessern. Treten daher spontane, ungerichtete »Mutationen« bzw. abweichende Determinanten auf, so ist damit zu rechnen, daß sie gewöhnlich zum Kompetenzverlust eines bestimmten Organs führen.[4] In der Regel werden solche Variationen aus der Population ausgefiltert, indem angesichts eines bestimmten Umweltdrucks ihre Träger geringere Überlebens- und Fortpflanzungschancen besitzen als ihre besser ausgestatteten Konkurrenten. Umgekehrt bedeutet dies aber, daß bei Wegfall des Selektionsdrucks sich eine bestimmte genetische Struktur nicht mehr stabil halten kann, sondern gewissermaßen von einem Zufallsrauschen überlagert wird.

Weismanns Theorie vom »Rückschritt in der Natur« durch Panmixie enthielt daher zunächst noch insgeheim teleologische Elemente; der Bruch mit der Überlieferung war noch nicht so total, wie es den Anschein hatte. Die Schlußfolgerungen, die aus dieser radikalen Selektionstheorie gezogen werden konnten, waren dennoch von grundlegender Bedeutung. Selektion war jetzt nicht mehr nur oder auch bloß primär zur Steigerung des Typus erforderlich, sondern bereits zu dessen Erhaltung. Kurz gesagt lief der Gedanke darauf hinaus, daß bei fehlendem Selektionsdruck eine spontane Tendenz zur Degeneration besteht, also eine Neigung, einen einmal erreichten Organisationsgrad wieder zu verlieren. Diese Theorie konnte nun auch auf die zivilisatorische Entwicklung der Menschheit angewandt werden. Der alte Zyklus von Aufstieg und Verfall der Zivilisation war auf der Basis avanciertester naturwissenschaftlicher Theorie neu zu begründen.

Weismanns Panmixie-Regel sagt generell, daß immer dann, wenn ein bestimmter Selektionsdruck seitens der Umwelt, der »Lebensbedingungen«, wegfällt, sich Varianten erhalten und vermehren können, die einen bestimmten, vom Durchschnitt der Art bereits erreichten Organisationsgrad noch nicht (oder bei Annahme spontaner Variationen: nicht mehr) besitzen. Die weniger »fortgeschrittenen« Typen können daher innerhalb der Population zunehmen, so daß deren progressive Entwicklung gehemmt, wenn nicht umgekehrt wird (in solchen Formulierungen werden die evolutionsteleologischen Implikationen besonders deutlich!). Fällt der Selektionsdruck weg, so tritt automatisch Kontraselektion ein; es realisiert sich gewissermaßen eine spontane Entropie des genetischen Materials. Einen solchen Prozeß der Degeneration als »Organverkümmerung« demonstriert Weismann nun auch am Beispiel der zivilisierten Menschheit.

Die Erfahrung lehrt, daß die Sinnesorgane der »Naturvölker« weit schärfer sind als die der zivilisierten Völker. Man könnte dies rein milieutheoretisch-lamarckistisch für ein Resultat von Übung oder Gebrauch der Organe halten, doch muß es sich nach den Grundannahmen der Selektionstheorie um konstitutionelle, aufgrund von Umweltselektion vererbte Unterschiede handeln. Grund für die niedrigere organische Kompetenz ist für Weismann die Panmixie innerhalb zivilisierter Lebensumstände.[5]

Die Zivilisation geht mit dem Verlust organischer Kompetenzen einher, weil sie Überlebensmöglichkeiten für Individuen schafft, die unter nichtzivilisierten Bedingungen nur geringe Chancen im Leben hätten. Kurzsichtigkeit etwa wäre in einer Jägergesellschaft ein gravierender Nachteil; es ist zu erwarten, daß kurzsichtige Angehörige einer solchen Gesellschaft sich längerfristig weniger stark vermehren als Scharfsichtige. Modern gesprochen würden daher Gene, deren Besitz mit Kurzsichtigkeit korreliert sind, permanent durch Umweltselektion ausgesiebt, so daß ihr Anteil am

Genpool der Gesamtpopulation sehr gering gehalten würde. In einer zivilisierten Gesellschaft dagegen, in der es Brillen gibt, ist Kurzsichtigkeit kein Überlebens- bzw. Fortpflanzungsnachteil mehr. Hier können sich die betreffenden Gene daher ungehindert ausbreiten, so daß das Niveau an Scharfsichtigkeit, das in der Gesamtpopulation herrscht, allmählich sinkt. Es ist daher leicht zu erklären, daß in »mancherlei Beziehung die körperliche Beschaffenheit des civilisierten Menschen durch die Civilisation selbst verschlechtert worden ist und wohl auch noch weiter verschlechtert wird« (a. a. O., 22). Dem Fortschritt der Kultur korreliert also ein Rückschritt in der Natur, in der physischen Konstitution des Menschen.

Allerdings ist Weismann, im Gegensatz zu vielen seiner späteren Anhänger, doch so unteleologisch orientiert, daß er die vorbehaltlose Rede von »Fortschritt« und »Degeneration« wieder relativiert und die Frage nach dem Maßstab aufwirft:

In Beziehung auf das einzelne Organ, das schwindet, ist [eine solche Rückbildung] auch sicherlich ein Rückschritt, allein für das ganze Thier steht die Sache anders. Denn wenn von Ziel und Zweck bei lebenden Wesen gesprochen werden soll, so kann der Zweck immer nur das Dasein selbst sein; in welcher Form, in welcher Complicirtheit des Baues, in welcher absoluter Höhe der Leistungen der Organismus ausgeführt ist, das kommt dabei zunächst gar nicht in Betracht, vielmehr nur, wie die Art existenzfähig bleibt, denn weniger darf sie nicht sein, sonst geht sie unter und mehr kann sie nicht sein, weil ihr die Mittel dazu fehlen, sich höher emporzuschwingen als eben gerade zur Existenzfähigkeit.« (Weismann 1887, 30)

Damit wird die Rede von »Fortschritt« oder »Rückschritt« in der Natur eigentlich sinnlos.[6] Der blinde Olm ist gegenüber dem sehenden Molch zwar nach dem Maßstab der Sehfähigkeit primitiver oder »zurückgeschritten«; nach dem Maßstab der Existenzfähigkeit befindet er sich jedoch auf der gleichen Höhe wie dieser, und nach dem Maßstab der Veränderung in der Zeit ist er sogar weiter »fortgeschritten«, denn er hat sich gegenüber seinem Ausgangstypus ja verändert. Sofern das Panmixie-Konzept also einen spontanen Rückfall von einer erreichten Höhe der Organisation postuliert, argumentiert es noch teleologisch. Sobald aber dem Verlust einer bestimmten Kompetenz ein bestimmter anderer Vorteil entspricht (und sei es nur die Energieeinsparung beim »Verzicht« auf ein überflüssiges Organ), können die teleologischen Implikationen ganz aufgegeben werden. Weismann zielt selbst in die letztere Richtung, doch wurde das Panmixie-Konzept von seinen späteren Anwendern gewöhnlich teleomorph verstanden. Es war offenbar nicht einfach, einen so fundamentalen Mythos wie den des »Fortschritts« wieder aufzugeben; es fiel statt dessen viel leichter, den Fortschritt in die Degeneration umkippen zu lassen, d. h., den Fortschritt als negativen Prozeß, als Niedergang zu sehen; Fortschritt wie Niedergang orientieren auf eine qualitativ bewertete, gerichtete Entwicklung in der Zeit. »Niedergang« wechselt nur das Vorzeichen des Fortschritts; die Denkfigur als solche bleibt jedoch erhalten.

Weismanns Radikalisierung des Selektionsprinzips hatte nun wichtige ideologische Implikationen; sie bildete die wissenschaftliche Voraussetzung für den eigentlichen Sozialdarwinismus des ausgehenden 19. Jahrhunderts. Wir haben gesehen, daß der klassische »Darwinismus« als Fortschrittstheorie letztlich noch auf lamarckistischer Grundlage stand. Jede »Verbesserung« sollte sich danach selbst verstärken; der zivilisatorische Fortschritt wanderte in das Erbgut ab und verfestigte sich zu einem stärkeren und intelligenteren Menschentyp. Umgekehrt hatte das Massenelend, hatten schlechte Hygiene und dürftige Lebensverhältnisse die Tendenz, im Proletariat eine subhumane Rasse entstehen zu lassen, wie etwa Friedrich Albert Lange befürchtete.[7] Organische »Entwicklung« und sozialer »Fortschritt« waren eng gekoppelt. Zivilisatorisch-humane Verbesserungen versprachen, die Menschheit gerade auch im zoologischen Sinn auf ein höheres Niveau zu heben.

Mit Weismanns radikaler Selektionstheorie wurde diesem Argument der Boden unter den Füßen entzogen. Weder verdirbt jetzt Elend die Nachkommenschaft, noch züchten gesunde Lebensverhältnisse die Menschheit nach oben. Im Gegenteil: Wenn die Evolution allein durch Selektion vermittelt ist, nicht durch Vererbung erworbener Eigenschaften, haben Milieuveränderungen gerade eine umgekehrte Wirkung. Eine Umwelt, die das Leben leicht und angenehm macht, führt durch Panmixie zur Degeneration des Erbguts, während es harte Milieus nach oben treiben, kräftigere Charaktere züchten. Die kulturelle und zivilisatorische Entwicklung ist damit der organischen Evolution, sofern sie als Steigerung physischer Kompetenzen verstanden wird, genau entgegengesetzt.

Eine solche Schlußfolgerung aus der Selektionstheorie war,

wenn auch auf rein spekulativer Grundlage, bereits 1868 von William Greg gezogen worden. Im Anschluß an Wallace' Anwendung der Selektionstheorie auf die Entwicklung der Menschheit konstatierte er, daß die Fortführung des Daseinskampfes im Sinne von Höherzüchtung, wie sie in der Vernichtung der primitiven Rassen stattfindet, lediglich auf Rassenkollektive wirkt, nicht aber auf Individuen. Im Inneren der zivilisierten Gesellschaften wird das Gesetz der Selektion, das sich in einer solchen Überlegenheit gegenüber anderen Völkern geltend macht, jedoch »völlig aufgehoben und vielfach sogar in sein Gegenteil verkehrt« (Greg 1868, 356). Fortgeschrittene Hygiene und Sozialfürsorge haben hier die Wirkung natürlicher Auslese praktisch neutralisiert, »künstliche und konventionelle sind an die Stelle natürlicher Überlebensvorteile getreten«. Nicht der Mensch mit der besten physischen Ausstattung siegt im sozialen Konkurrenzkampf, sondern »fortune« statt »nature« gibt die Prämie für das Überleben und die soziale Position. Die Zivilisation schützt alles menschliche Leben wie auch jedes Eigentum; als Resultat werden die Erbkranken und Schwachen künstlich am Leben erhalten und pflanzen sich ungehindert fort. Zugleich können Eigentum und soziale Positionen nichtbiologisch vererbt werden, so daß Untüchtige in den Genuß von Vorzügen kommen, die unter »natürlichen« Umständen nur den Tüchtigen zur Verfügung stehen würden.

Greg führt aber vor allem ein Argument ein, das in der späteren Debatte um den Sozialdarwinismus eine große Rolle spielen sollte und das den Ausweg aus dem Übervölkerungsproblem, wie ihn Alison (1840) und andere gesehen hatten, als unter selektionistischem Gesichtspunkt äußerst schädlich darstellte. Alison hatte darauf gebaut, daß in einer Gesellschaft mit hoher Mobilität und durchgängiger sozialer Schichtung jeder versuchen würde, eine höhere soziale Position zu erreichen, die mit dem Besitz entsprechender, diesen Status signalisierender Konsumgüter verbunden war. Um sich diesen »respektablen« Lebensstil leisten zu können, müßten die Aufstiegswilligen auf Nachkommenschaft verzichten. Sollte sich ein solcher Verhaltenstyp in der gesamten Gesellschaft verbreiten, so wäre die Gefahr einer Übervölkerung gebannt. Greg leuchtete dieser Mechanismus der Selbstbeschränkung der Bevölkerungszahl zwar ein, doch wies er darauf hin, daß er unter selektionistischem Gesichtspunkt fatale Konsequenzen für die Bevölkerungsqualität haben mußte.

Die Beschränkung der Nachkommenschaft durch freiwillige Enthaltsamkeit ist bei den unteren Klassen kaum wirksam; je ärmer sie sind, desto rascher vermehren sie sich gewöhnlich, d. h., desto bedenkenloser vergrößern sie ihre Nachkommenschaft. Die Mittelschichten dagegen, also diejenigen, welche den energischsten, verläßlichsten und innovatorischsten Teil der Bevölkerung bilden, die sozial aufsteigen und nicht absteigen möchten, diejenigen also, welche die wahre Basis der Stärke, des Wohlstands und des Ansehens eines Landes bilden, – sie bleiben ehelos oder verschieben die Ehe. Dagegen haben die Unvernünftigen, die Unbesonnenen, die keine Hoffnung, keinen Ehrgeiz und keine Selbstüberwindung besitzen einerseits, und die verweichlichten Kinder der Reichen andererseits die meisten Nachkommen, zum Nachteil und auf Kosten der Klugen, der Tatkräftigen, der Ehrgeizigen und derer, die zur Selbstkontrolle fähig sind. (Greg 1868, 360)

Die konzeptionelle Lösung des Übervölkerungsproblems hatte in ihrem Kern darin bestanden, daß erwartet wurde, die Menschen aller Schichten würden ihr Vermehrungsverhalten rationalisieren. Sie sollten sich so lange der Erzeugung von Nachkommen enthalten, bis sie eine geeignete soziale Position erreicht hatten, die es ihnen ermöglichte, die Nachkommen auch standesgemäß zu erhalten und zu erziehen. Luxuskonsum, steigende Bedürfnisse und soziale Mobilität sollten ein Vermehrungsverhalten verallgemeinern, das in den aufstrebenden Mittelschichten und den um ihren Status besorgten Oberschichten schon in Geltung war.

Genau diese Lösung des Übervölkerungsproblems (die sich real bereits im beginnenden »demographischen Übergang« abzeichnete) drohte aber nun, die organische Basis der Zivilisation zu untergraben. Gregs Argument lautet, daß es immer die Tüchtigsten, die Intelligentesten, die Mobilsten und die »Moralischsten« sein werden, die eine bewußte Geburtenkontrolle betreiben, während die Untüchtigen, die Gedankenlosen, die Trägen und Gleichgültigen sich weiterhin ungehemmt vermehren werden. Im Kontext der überkommenen aufklärerisch-egalitären Anthropologie konnte dies auf das organische Substrat der menschlichen Gesellschaft keine Auswirkung haben, da der Mensch als prinzipiell homogenes Wesen, als sozial zu prägender Rohstoff dauerhafter und unerschöpflicher Qualität angesehen wurde. Für die selektionistisch-darwinistische Anthropologie bedeutete dieser Prozeß sozial differentieller Fortpflanzung jedoch, daß eine permanente scharfe Kontraselektion zuungunsten sozial wertvoller Eigenschaften stattfand.

Wenn die Tüchtigen aufgrund von freiwilliger Geburtenbeschränkung dauerhaft geringeren Nachwuchs hatten als die Untüchtigen, mußte das Kompetenzniveau der Gesellschaft allmählich sinken. Die Zivilisation bot der zivilisierten Menschheit eine künstliche technisch und sozial geprägte Umwelt, die gerade solche Eigenschaften prämierte, die mit der Aufrechterhaltung oder gar Steigerung der Zivilisation auf Dauer nicht zu vereinbaren waren. Die Träger der Zivilisation eliminieren sich selbst, indem sie sich weniger stark vermehren als diejenigen, die die Zivilisation passiv, widerstrebend und träge erfahren. Die Zivilisation war damit ein selbstdestruktiver Vorgang. Sie untergrub ihre eigenen menschlich-organischen Grundlagen und entzog sich damit ihre natürliche Basis. Sie jätete gerade diejenigen Fähigkeiten aus dem Genpool der sie tragenden Population aus, die für ihren dauerhaften Bestand, geschweige ihren künftigen Fortgang, von unumgänglicher Bedeutung waren.

Genau die Menschen, welche ein regierender Philosoph oder ein Führer, der einer überlegenen Rasse entstammt, als diejenigen auswählen würde, die am besten dazu befähigt sind, die Gattung fortzupflanzen, sind es, die sich am wenigsten vermehren. (Greg 1868, 361)

Man kann das Gewicht dieser Einsicht gar nicht hoch genug einschätzen. Der Naturprozeß natürlichen und menschlichen Fortschritts zeigt an dieser Stelle eine massive Dysfunktion. Der »Philosoph«, d. h., derjenige, der das Ganze des natürlichen und sozialen Prozesses überschaut, kommt zu dem Schluß, daß ein fehlerhafter Kreislauf vorliegt. Diejenige Funktion, die eine Übervölkerung der Erde zu verhindern und damit eine Basis für künftigen Fortschritt von Glück und Wohlstand zu schaffen versprach, steht in diametralem Gegensatz zu der Funktion, die eine organische Stabilisierung und Steigerung der beteiligten Naturfaktoren bewirkt. Der Zustand, der durch freies Zusammenwirken der sozialen Kräfte entsteht, optimiert sich nicht selbst; er ist nicht »vernünftig«, sondern instabil und selbstzerstörerisch. Die vernünftige Überlegung des »Philosophen« kommt zu anderen Ergebnissen als der natürliche Verlauf der Dinge. Der Zivilisation und der Natur ist die Harmoniegarantie abhanden gekommen.

Damit gesteht Greg indirekt ein, daß das liberale Paradigma harmonischer Selbstregulation gescheitert ist. Die totale Menschheitskrise als Naturkrise ist denkbar geworden, und Greg ist einer der ersten, der sie ausspricht. Er selbst zieht jedoch keine praktischen Konsequenzen aus seiner Einsicht. Zwar entwirft er, im Sinne Galtons, eine eugenische Utopie, derzufolge sich nur die Eliten unbehindert fortpflanzen sollen, doch gibt er einer solchen Politik keine Chance der Realisierung, da ihr drei Haupttendenzen der Gegenwart widersprechen: Freiheit des Individuums; Mitleid und Nachsicht; Demokratie, d. h. Herrschaft der ungebildeten Masse. Angesichts dessen kann Eugenik keine Chance haben:

Kein Volk würde heutzutage die notwendigen Einmischungen und Kontrollen dulden; und vielleicht wäre ja auch ein Ergebnis, das mit solchen Methoden erreicht würde, garnicht mehr erstrebenswert. ... In unserm komplizierten modernen Gesellschaften findet ein Wettlauf zwischen der moralischen und intellektuellen Aufklärung und der Verschlechterung der physischen Konstitution aufgrund der Aufhebung der natürlichen Selektion statt – und vom Ausgang dieses Wettlaufs hängt das Schicksal der Menschheit ab. (Greg 1868, 362)

Das von Greg eingeführte Argument beruht nun freilich auf der Grundlage des radikalen Selektionismus, der um 1868 noch keine wirklich experimentell gehärtete Theorie war. Auf lamarckistischer Grundlage konnte dagegen leicht eingewandt werden, daß der Zivilisationsprozeß selbst, indem er die Lebensbedingungen der Gesamtbevölkerung verbessert, auch das Erbgut der Zurückgebliebenen steigert, so daß die Menschheit ungehindert die Fortschrittshöhen erklimmen kann. Nachdem Weismann allerdings gezeigt hatte, daß es keinen direkten Weg von den äußeren Lebensbedingungen in die Variationen des Erbguts gibt, verlor dieses Gegenargument an Gewicht. In den neunziger Jahren des 19. Jahrhunderts, als der radikal selektionistische Neodarwinismus als fortgeschrittenste Lehre galt und noch nicht den neolamarckistischen Angriffen des frühen 20. Jahrhunderts ausgesetzt war, hatte diese Theorie daher eine enorme Plausibilität. Weismanns Panmixie-Befürchtung konnte sich jetzt mit Gregs Argument differentieller Kontraselektion verbinden, so daß ein recht zwingendes Argumentationsmuster entstand, das zur theoretischen Fundierung der entstehenden eugenischen Bewegung diente.

Es ist hierbei wichtig, das Konzept positiver Eugenik, wie es Francis Galton vertreten hatte, von dem negativer Eugenik zu unterscheiden, das im Zentrum entsprechender Überlegungen seit den späten neunziger Jahren lag. Positive Eugenik zielte auf die

Verbesserung menschlichen Erbguts im Sinne der Fortschrittssteigerung; negative Eugenik dagegen möchte in erster Linie eine *Verschlechterung* verhindern. Positive Eugenik möchte den Fortschritt steigern; negative Eugenik möchte die Degeneration verhindern. Beide stehen daher vor ganz unterschiedlichen Zeitperspektiven. Der positive Eugeniker könnte im Grunde die Welt so lassen, wie sie ist. Sie würde dann langsamer voranschreiten, als dies ohnehin der Fall ist, doch ist positive Eugenik nicht unbedingt notwendig, gibt man sich mit dem Tempo der Zivilisierung zufrieden, wie es bisher üblich war. Der negative Eugeniker dagegen befürchtet, daß eine Gesellschaft ohne Eugenik zwangsläufig ihre eigene organische Grundlage zerstört. Sie wird also nicht nur nicht voranschreiten, sondern sogar wieder zurückfallen. Die moderne Gesellschaft zehrt für ihn gewissermaßen von einem überlieferten Bestand hochwertigen Erbguts, das sich in Zeiten schärferer Konkurrenz gebildet hat und in einer Gegenwart des Wohlstands und des sozialen Ausgleichs allmählich verzehrt wird. Wie die Industriegesellschaft ihre Kohlenvorräte langsam verbrennt, bis sie wieder auf das Niveau einer stationären Energieversorgung schrumpfen muß, so vernichtet sie ihre genetische Naturbasis, weil ihre soziale Mechanik, die »capillarité sociale« (Dumont 1890) es mit sich bringt, daß sich die Tüchtigen kaum vermehren, während die Untüchtigen dies ungehemmt tun, und sich so das Erbgut der Kranken und Schwachen in der Gesamtpopulation verbreiten kann.

3. Der Gegensatz von Fortschritt und Humanität

William Greg hatte 1868 aus der Darwinschen Selektionstheorie, mit deren denkbaren sozialen Implikationen er über die Spekulationen von Alfred Russel Wallace und Francis Galton bekannt geworden war, eine radikal zivilisationspessimistische Konsequenz gezogen. Die technisch-industrielle Zivilisation strebte seiner Theorie zufolge dahin, durch Kontraselektion ihre eigene menschliche Naturbasis zu zerstören. Greg selbst war noch davor zurückgeschreckt, aus dieser Einsicht direkte politische Forderungen abzuleiten, die auf eine gesetzliche Regulierung des differentiellen Fortpflanzungsverhaltens hätten zielen müssen. Seit den achtziger Jahren des 19. Jahrhunderts verstärkten sich jedoch in ganz Europa und auch in Amerika die Befürchtungen, die moderne Zivilisation könne solche kontraselektorischen Auswirkungen haben, wie sie Greg beschrieben hatte. Eugenische Argumentationen fanden darüber hinaus Eingang in das Arsenal der Zivilisationskritik, da hier ein schlagender Beweis dafür vorzuliegen schien, daß die technisch-materialistische Welt gerade durch ihre Errungenschaften wie wachsenden Wohlstand und soziale Mobilisierung in Richtung auf Selbstzerstörung trieb. Allerdings muß betont werden, daß die eugenische Bewegung als solche nicht primär eine zivilisationskritisch-konservative Stoßrichtung besaß, sondern leicht mit fortschrittsorientierten Programmen zusammenging.

Die eugenische Bewegung verbreitete sich rasch in allen zivilisierten Ländern[8], mit besonderem Schwerpunkt in den USA[9], in England[10] und in Deutschland[11], aber auch in Frankreich[12] (wo der Lamarckismus seine starke Position bewahrte) und in Italien. Sie verband sich mit der »modernen« naturwissenschaftlich-materialistischen Weltanschauung, so daß es wenig wundert, daß ihre Vertreter eher auf der linken Seite des politischen Spektrums zu finden waren.[13] Häufig strebte sie gesetzgeberische Maßnahmen an, die auf Ausschluß genetisch Minderwertiger von der Fortpflanzung zielten.

Herausragender Vertreter der Eugenik in Deutschland war Alfred Ploetz.[14] In seiner 1895 erschienenen Schrift *Die Tüchtigkeit unserer Rasse und der Schutz der Schwachen* versammelte er alle zu seiner Zeit gängigen eugenischen Argumente und diskutierte die wesentlichen Lösungsmöglichkeiten, wobei er sich darum bemühte, Vor- und Nachteile sorgsam gegeneinander abzuwägen. Ploetz entspricht keineswegs dem Klischee des rabiaten Sozialdarwinisten, der vom »Kampf ums Dasein«, von »nature red in tooth & claw« oder gar von »blonder Bestie« und »Herrenmoral« schwadroniert. Seine vollständige und auf der Höhe der naturwissenschaftlichen Erkenntnis seiner Zeit befindliche Argumentation verdient eine ausführlichere Darstellung.

Ausgangspunkt von Ploetz' Überlegungen ist die Frage, ob der Fortschritt der Zivilisation, der eine Verbesserung der »Individualhygiene« gebracht hat, nicht um den Preis mangelnder »Rassenhygiene« erreicht worden ist. Es ist in diesem Zusammenhang wichtig, die Bedeutung des Ploetzschen Rassenbegriffs zu klären. Er versteht unter »Rasse« nicht eine systematische Subspezies oder anthropologische Varietät, sondern eine Fortpflanzungsgemeinschaft, die er auch als »Erhaltungseinheit des Lebens« (Ploetz 1904, 7) definiert. Zu derselben Rasse gehören danach, modern gesprochen, alle Individuen, die in aktivem Kontakt mit dem Genpool einer Population stehen, wobei sich im Laufe der Zeit der morphologische Charakter der Rasse ändern kann. »Rasse« in diesem Sinne, die er auch als »Vitalrasse« bezeichnet, ist für ihn daher mehr als Spezies, da sich im Laufe der Entwicklung die Merkmale einer und derselben Rasse so sehr wandeln können, daß der Systematiker von einer neuen Spezies reden würde. »Gute Rasse« bedeutet dann soviel wie »große Fähigkeiten« oder »Tüchtigkeit« einer Population – es ist damit also zunächst kein Urteil über Qualitäten menschlicher »Systemrassen« gemeint, wie sie die eigentliche Rassentheorie von Gobineau usw. im Visier hatte. Mit »Rassenhygiene« ist dann gemeint, daß Faktoren gefördert werden, die das Kompetenzniveau einer bestimmten Population, sofern es genetisch verankert und somit vererblich ist, positiv beeinflussen.

Eine Menschenpopulation oder »Vitalrasse« besteht aus einer Zahl ungleicher »Convarianten«, die bestimmten selektorischen Wirkungen sozialer und natürlicher Art ausgesetzt sind, welche ihre Fortpflanzungschancen beeinflussen. In diesem »Daseinskampf« unterscheidet er »Extralkampf«, also Einflüsse der äußeren Umwelt, und »Socialkampf«, also Überlebens- und Fortpflanzungsmöglichkeiten, die sozial vermittelt sind. »Tüchtigkeit« und »Stärke« können dann in Hinblick auf diese Faktoren bestimmt werden:

Starke Convarianten sind also diejenigen, deren Erhaltungs- und Fortpflanzungskraft genügend groß ist, um sich bei durchschnittlichen selectorischen Einwirkungen nicht nur selbst zu behaupten, sondern auch um Nachkommen zu erzeugen und bis zur Selbständigkeit zu bringen, die mit ebenso ausreichender potentieller Constitutionskraft ausgerüstet sind, Nachkommen, deren Zahl mindestens den Antheil an der Gesammtzahl der Rasse erreicht, den die Eltern von ihnen ausmachten. (Ploetz 1895, 47)

Das Umgekehrte gilt dann für die »schwachen« Convarianten. Man sieht, daß Ploetz darauf verzichtet, einen absoluten Maßstab für Tüchtigkeit im Sinne von bestimmten »technischen« Kompetenzen anzunehmen[15], sondern Tüchtigkeit allein auf den Fortpflanzungserfolg bezieht. Es ist daher grundsätzlich sehr schwierig, die starken und schwachen Convarianten bereits zu ihren Lebzeiten zu unterscheiden, da dann der nachhaltige Fortpflanzungserfolg noch nicht bekannt ist.[16] Allerdings gibt es Extreme von Stärke und Schwäche, die deutlich vor Augen liegen.[17] Wenn eine Politik der Eugenik jedoch auf Hebung des Kompetenzdurchschnitts einer Bevölkerung zielt – wie dies nach dem Konzept Galtons der Fall ist –, so steht sie grundsätzlich vor dem Problem, welche Eigenschaften sie eigentlich favorisieren soll, denn im Unterschied zur Viehzucht steht hier ja das Zuchtziel nicht von vornherein fest.

Dieses Problem scheint sich jedoch dann weniger stark zu stellen, wenn die Eugenik zur Verhinderung von Degeneration betrieben werden soll. In dem Moment besteht das Selektionsziel der Eugenik lediglich in der Bewahrung eines *gegebenen* Kompetenzniveaus, das durch zivilisationsbedingte Veränderung der Selektionsmechanismen vom Verfall bedroht ist. Dieses Niveau braucht also nicht extra als zu erreichendes Ziel definiert zu werden. Genau darauf zielt das Argument von Ploetz. Er nimmt nämlich ganz im Sinn von Weismanns Panmixie-Konzept an, daß es eine spontane Tendenz zur Degeneration gibt, die nur eben in der Regel durch Umweltselektion gebremst bzw. umgekehrt wird:

> Wir sehen bei fast allen Wesen, daß die Gesammtheit der Eltern die Tendenz hat, die Gesammtheit der Devarianten [= Nachkommen] schwächer werden zu lassen. Wir wollen das absteigendes Variiren der Art nennen. Die Ausjätung durch den Kampf ums Dasein strebt dann immer wieder, die schwächeren Devarianten von der Fortpflanzung auszuschließen und so bei den neuen Eltern das Verhältnis von Starken und Schwachen in der alten Weise wiederherzustellen, oder wenigstens nur in einem außerordentlich geringen Grade günstiger zu gestalten. (a. a. O., 100f.)

Die Gefahr der Zivilisation besteht nun darin, daß sie nicht nur diejenigen Selektionsbedingungen abbaut, die zur Aufrechterhaltung des gegebenen Standards der Menschheit erforderlich wären, sondern daß sie darüber hinaus durch ein auf Statuserhöhung orientiertes Vermehrungsverhalten einen neuen kontraselektorischen Faktor einführt. Es entfällt nicht nur der Selektionsdruck einer harten Umwelt, der die Tendenz zur Degeneration aufgrund von ungerichteter Mutation bremsen könnte; es entsteht vielmehr ein neuer Selektionsdruck, der gerade zur Ausmerzung der »besseren« Varianten führt, da sich jetzt nach absoluten Kompetenzmaßstäben »schlechtere« Varianten als »tüchtiger« erweisen in dem Sinn, daß sie sich erfolgreicher vermehren als andere. Luxuskonsumtion, Bedürfnissteigerung und Streben nach höherer sozialer Position, die als Auswege aus dem Bevölkerungsdilemma begrüßt worden waren, wirken auf die genetische Ausstattung der Menschheit katastrophal. Die zivilisierte soziale Umwelt selektiert letztlich auf Inkompetenz.

Für jedes Stück des ausjätenden Kampfes ums Dasein, das wir durch Hygiene, durch Therapeutik, durch socialen und wirthschaftlichen Schutz der Schwachen, durch socialistische Reformen im Allgemeinen beiseite schaffen, müssen wir nothgedrungen ein Äquivalent bieten in Form von entsprechender Verbesserung der Devarianten, sonst ist eine Entartung sicher. Das glänzende Ideal der Durchführung aller Forderungen der Humanität und Gerechtigkeit dagegen ist mit naturgesetzlicher Nothwendigkeit geknüpft an das volle Äquivalent, daß die Gesammtheit aller Devarianten einen vollkommeneren Durchschnittstyp darstellt als die Gesammtheit der Eltern. (Ploetz 1895, 231)

Ploetz nimmt nun an, daß auf der Ebene der »Social-Auslese« der Daseinskampf in der Weise weitergeht, daß die überlegenen Völker und Rassen die unterlegenen, primitiveren verdrängen. Damit ist jetzt weniger eine direkte Ausrottung und Vernichtung der »Naturvölker« gemeint, sondern die viel stärkere Vermehrung der Weißen gegenüber den übrigen Rassen. Mit Darwin vermutet er, daß die Engländer die höchstentwickelte Rasse auf der Erde sind, was sich in ihrer gewaltigen Ausbreitung und Vermehrung in Amerika und Australien zeigt. Diese Ausdehnung der Angelsachsen (oder allgemeiner der »Westarier«) über die gesamte Erde, die Vervielfältigung ihrer Zahl innerhalb weniger Jahrhunderte, ist unter selektionstheoretischem Gesichtspunkt gleichbedeutend damit, daß es sich bei ihnen um die »tüchtigere« Rasse handelt.[19] Diese Überlegenheit kann nun durch innergesellschaftliche Kontraselektion gefährdet werden.

Um zu demonstrieren, wie weit sich die reale Individualauslese in der zivilisierten Gesellschaft von den selektionistisch »günstigsten« Bedingungen entfernt hat, entwirft Ploetz eine »rassenhygienische Utopie«. Diese »Utopie« ist in der neueren Literatur zuweilen dahin mißverstanden worden, als malte Ploetz in ihr einen wünschbaren Zustand aus.[20] Das ist jedoch nicht der Fall. Die Utopie dient nur als Modell, mit dessen Hilfe demonstriert werden soll, wie Selektionsfaktoren beschaffen sein müßten, die zu einer Stärkung der Rasse führen. Ploetz fordert – um es noch einmal zu betonen – jedoch nicht eine Realisierung dieses Modells.

Es handelt sich um einen ganzen Katalog von Umständen, der hier kurz aufgelistet werden soll:
- Sorgfältige Planung von Geburten;
- Enthaltung von Tabak und Alkohol;
- Wahl des geeigneten Zeugungszeitpunkts;
- Ausmerzung mißgebildeter Neugeborener;
- Tötung von Zwillingen sowie von Kindern, deren Mütter über 45 und deren Väter über 50 Jahre alt sind oder die bereits fünf ältere Geschwister haben, da es bei solchen Kindern eine überdurchschnittliche Wahrscheinlichkeit von erblichen Mißbildungen gibt;
- nach Abschluß der Pubertät sollen die Individuen nach einem Punktesystem klassifiziert werden, woraus sich ihre Fortpflanzungsberechtigung ableiten läßt; offenkundig »Minderwertige« sollen von der Fortpflanzung ausgeschlossen werden;
- das optimale Fortpflanzungsalter des Mannes sollte bei 26, der Frau bei 24 Jahren liegen, da in diesem Alter die Wahrscheinlichkeit erbgesunden Nachwuchses am höchsten ist;
- jedes Erbrecht sollte abgeschafft werden, damit alle Individuen im Existenzkampf die gleichen Startchancen haben;
- Armenunterstützung sollte es nicht geben, oder jedenfalls nur solche Formen von Fürsorge, die Kinderaufzucht nicht begünstigten, um der Armut (die Indiz für Untüchtigkeit ist) nicht ihre ausjätende Funktion zu nehmen;
- Erbkranke und konstitutionell Schwache sollten nicht gepflegt werden, vor allem aber sollten sie sich nicht vermehren;
- Revolutionen und Kriege sollten unterbleiben, da in ihnen immer die wertvollsten Individuen zugrunde gehen. Wenn man schon Krieg führen muß, sollte man Söldnerheere anwerben, da sich für eine solche Aufgabe vorwiegend kriminelle, sozial schlecht angepaßte und aggressive Individuen bereit finden würden. Sollte der Krieg jedoch auf der Basis allgemeiner Wehrpflicht geführt werden, so wäre dafür zu sorgen, daß auch schwache Convarianten als Kanonenfutter dienen, daß also auch sie eine gewisse Sterblichkeit trifft, um die kontraselektorische Wirkung des Krieges zu vermindern.

Wenn alle diese Bedingungen erfüllt wären, hätten wir einen Zustand optimaler Rassenhygiene. Es wären so viele proselektorische Faktoren in Kraft, daß eine Bevölkerung, die diese Regeln befolgte, sich kontinuierlich auf ein höheres Niveau hinaufzüchten würde. Allerdings weiß Ploetz, daß es sich hierbei um ein Modell handelt, dessen Verwirklichung fundamentalen Werten jeder bestehenden Gesellschaft widerspräche:

Es gehört keine große Phantasie dazu, sich auszumalen, wieviel Unterdrückung und Jammer mit der Durchführung dieser Forderungen verknüpft sein würden; die Menschheit würde ewig auf Kosten der Gegenwart mit Schmerzen für die Zukunft sorgen. (Ploetz 1895, 196f.)

Es ist leicht einzusehen, daß die strikte eugenische Utopie ebensowenig wie der strikte Sozialdarwinismus (der in der Regel vergleichbare Vorschläge enthält) in der politischen Realität keine Richtung fand, die sich vorbehaltlos mit solchen Vorschlägen identifizieren konnte. Auch gab es keine soziale Gruppe oder Klasse, deren Interessen mit der Eugenik vereinbar gewesen wären. Es liegt auf der Hand, daß eine eugenische Politik weit von dem Weltbild wie auch von den sozialpolitischen Vorstellungen der Liberalen und der Konservativen entfernt war, implizierte sie doch eine weitgehende Abschaffung des Privateigentums (Erbrecht), eine Beschränkung individueller Freiheit und umfangreiche staatliche Kontrollen. Engere Affinitäten bestanden zu Vorstellungen des Sozialismus, da man auch hier auf umfassende Konzeptionalisierung, Planung und Kontrolle der sozialen Verhältnisse wie auch den produktiven Umgang mit der Natur setzte[21], doch weiß Ploetz, daß die Sozialdemokratie als Teil einer »gewaltig anwachsenden humanitären Culturbewegung« (a. a. O., 198) die mit einer radikalen Eugenik verbundenen harten Maßnahmen niemals tragen würde.

Gerade der Humanitarismus, zu dem die Sozialdemokratie, die christlichen Kirchen, aber auch eine Reihe sonstiger sozialreformerischen Richtungen zählen, steht in striktestem Gegensatz zu den Forderungen der Eugenik.[22] Ploetz gliedert die sozialpolitischen Forderungen der humanitären Richtungen in drei Gruppen, die alle einen kontraselektorischen Effekt haben:

1. Es sollen »angepaßte Summen« von Bevölkerung und Produktion bestehen, d. h., beide sollen deckungsgleich sein, was entweder durch Geburtenkontrolle oder durch Produktionssteigerung bzw. Umverteilung erreicht werden soll. Alle existierenden oder neu hinzukommenden Bevölkerungselemente sol-

len auf jeden Fall erhalten werden; *laissez-mourir* scheidet also aus.

2. Es soll »gleiches Nutzungsrecht« an der Natur bestehen, was etwa in der Forderung nach Sozialisierung oder Bodenreform zum Ausdruck kommt. Damit wird aber ein generelles menschliches »Recht auf Leben« postuliert, wie es die Natur in ihrem normalen Gang keinem einräumt.

3. Die »Versicherungsformel« lautet, daß die wesentlichen Bedürfnisse aller Menschen befriedigt werden sollen, auch wenn ihre Arbeitskraft nicht dazu ausreicht, sich die Mittel dafür zu beschaffen (Kranke, Alte, Kinder).

Die Verwirklichung dieser elementar humanitären Forderungen zielt jedoch auf Panmixie, denn sie gestattet es den eigentlich Untüchtigen, sich ungehemmt zu vermehren. Die Menschheit entfernt sich dadurch immer weiter vom eugenischen Ideal und steuert in eine fundamentale genetische Krise:

> Die nonselectorischen Forderungen werden von den Menschen vertreten werden, so lange sie vom Hunger nach Gütern und nach Gerechtigkeit getrieben werden, aber auch ohne ihre Erfüllung kann die Menschheit bestehen und hat ungezählte Jahrtausende bestanden. Wenn dagegen in einem Volk die Grundbedingungen seiner Erhaltung und seines Fortschritts dauernd geschädigt werden, verfällt es dem Niedergang und der Vernichtung, womit auch der Erfüllung der humanen Ideale die Grundlage entzogen wird. (Ploetz 1895, 207)

Ploetz hat damit den Kern des eugenischen Dilemmas berührt, den Wilhelm Bölsche kurze Zeit später auf die Formel eines »Gegensatzes von Fortschritt und Humanität« bringen sollte.[23] Dieses Dilemma besteht im wesentlichen darin, daß die nonselektorische Humanität das Weiterbestehen eben der organischen Struktur untergräbt, die Voraussetzung für die Verwirklichung dieser Humanität ist. Der Humanitarismus entfaltet somit eine selbstzerstörerische Dynamik, einen fundamentalen Selbstwiderspruch: Setzt sich die Humanität durch, so degeneriert ihre organische Basis; soll letztere gerettet werden, muß man die Humanität opfern. Beides zugleich scheint man nicht haben zu können, sobald die soziallamarckistische Position obsolet geworden ist, die eine so schöne Harmonie von zivilisatorischem Fortschritt, Sozialreform und organischer Höherentwicklung begründet hatte.

Ploetz schlägt sich nun nicht etwa vorbehaltlos auf eine der beiden Seiten dieses Dilemmas.[24] Der reine antiselektorische Humanismus kommt für ihn nicht in Frage, da er in ihm eine instabile und selbstzerstörerische Bewegung sieht. Eine Politik, die auf Realisierung der »eugenischen Utopie« zielt, ist aber ebenfalls ausgeschlossen. Vorschlägen von Eugenikern, die Humanität zugunsten der Selektion zurückzustellen, also die Fortpflanzung negativer Convarianten zu behindern, steht er skeptisch gegenüber. Vorschläge des Amerikaners H. Stanley, die in diese Richtung zielen, kommentiert er wie folgt:

Wirksam wäre das ja zweifellos, allein glaubt dieser Bürger der größten demokratischen Republik wirklich, daß moderne Menschen, die sich um ihr Wahlrecht die Köpfe blutig schlagen, je dahin kommen werden, sich das Recht auf die Familie weg zu decretiren? (Ploetz 1895, 217)

Auch von einem Lösungsvorschlag, den Alfred Russel Wallace 1894 in die Debatte eingebracht hatte, hält Ploetz wenig. Wallace hatte versucht, dem von ihm zugestandenen eugenischen Dilemma auf Wegen zu entgehen, die mit der Humanität und dem Sozialismus vereinbar waren. Zu diesem Zweck griff er auf das Konzept der sexuellen Selektion zurück. Darwin hatte unter »sexueller Selektion« einen Vorgang verstanden, bei dem die Fortpflanzungschancen eines Individuums von seiner Attraktivität gegenüber Mitgliedern des anderen Geschlechts abhängen. Die möglichen Sexualpartner bilden in dem Sinne eine selektierende Umwelt für das jeweilige Individuum, als sie darüber befinden, ob dieses zur Fortpflanzung tauglich ist. Eine Reihe von Merkmalen in der Tierwelt ist leicht durch die Dynamik der sexuellen Selektion zu erklären, wie etwa eine besondere Färbung des Federkleids von Vögeln oder Geweihe von Hirschen und dergleichen. Die langen Schwanzfedern des Pfaus etwa bieten sicher keinen besonderen Selektionsvorteil gegenüber der physischen Umwelt, in bezug auf Nahrungssuche oder zum Schutz vor Freßfeinden des Pfaus, im Gegenteil. Ihre Ausbildung wird daher über den Mechanismus sexueller Selektion erklärt: Wenn Weibchen (zufällig) immer solche Männchen attraktiver finden, die ein prächtiges Rad mit ihrem Schwanz schlagen können, dann werden sich solche Männchen bevorzugt vermehren, die lange und bunte Schwanzfedern besitzen. Zusammen mit der Disposition zu Schwanzfedern bei Pfauenmännchen vererbt sich aber auch die Vorliebe von Weibchen für solche Schwanzfedern, so daß sich eine positive Rückkoppelung herstellt, in der die Verlängerung von Schwanzfedern prämiert wird, bis schließlich andere Umweltfaktoren dem Trend eine Grenze setzen. Zur »Tüchtigkeit« des Pfaus gehört somit auch der Pfauenschwanz, denn er begünstigt Fortpflanzungschancen und kann sich daher in der Population stabilisieren.

In der menschlichen Gesellschaft wurde der Mechanismus sexueller Selektion nun dadurch modifiziert, daß sozial tradierte Eigenschaften, wie etwa ein bestimmter Rang oder geerbtes Vermögen die Heiratschancen erhöhen, wie physisch minderwertig das Individuum auch sonst sein mag. Der Eugeniker Grant Allen hatte daraus die Konsequenz gezogen, man müsse eben die Versorgungsehe aufheben. Dann würden sich die Frauen immer die kräftigsten und erfolgreichsten Männer aussuchen, die ihrerseits die schönsten und gesündesten Frauen bevorzugen würden, was unter eugenischen Gesichtspunkten sinnvoll sei.[25] Wallace lehnt zwar diesen Vorschlag als »abscheulich« ab, da er »Familienleben und Elternliebe« untergräbt, doch zielt seine eigene Lösung in die gleiche Richtung. Zunächst soll völlige Chancengleichheit dadurch hergestellt werden, daß soziale Positionen und Privateigentum nicht mehr vererbt werden können. Wenn dies der Fall ist, werden die Frauen nur noch solche Männer heiraten, die *selbst* im Existenzkampf Erfolg haben. Frauen dagegen, denen es nicht gelingt, einen solchen Mann zu finden, werden ledig bleiben.[26]

In einer Gesellschaft, in der alle Frauen in der Geldfrage unabhängig, alle mit ihren öffentlichen Pflichten und geistigen und sozialen Vergnügungen vollauf beschäftigt wären und durch die Ehe hinsichtlich materiellen Wohlseins nichts zu gewinnen hätten, würde die Zahl derer, die aus eigener Wahl unverheiratet bleiben, stark wachsen. (Wallace 1894, 21f)

Dies hätte nicht nur eine hemmende Wirkung auf das Bevölkerungswachstum, sondern auch positive eugenische Bedeutung:

Die Arbeitsscheuen und Selbstsüchtigen würden fast allgemein Körbe erhalten. Die mit einer Krankheit Behafteten oder geistig Schwachen würden eben so in der Regel ehelos bleiben. (Wallace 1894, 22)

Es ist dies ein merkwürdig viktorianisches Rezept, das Eheschließung, Geschlechtsverkehr und Erzeugung von Nachkommenschaft gleichsetzt[27] und zugleich unterstellt, Frauen »heirateten« nur der Versorgung wegen. Ploetz brachte dagegen drei naheliegende Einwände vor:

1. Wer selektiert die »minderwertigen« Frauen? Wie soll also

verhindert werden, daß sich gerade minderwertige Frauen mit minderwertigen Männern zusammentun, so daß am unteren Ende der Population eine genetische Unterschicht entsteht?[28]

2. Wer garantiert, daß nicht gerade die genetisch wertvollsten Frauen kinderlos bleiben, wenn ihnen die Gesellschaft so viele Chancen außerhalb der Familie bietet?

3. Wer garantiert schließlich, daß durch sexuelle Selektion gerade diejenigen Individuen prämiert werden, die auch auf anderen Feldern des Lebens tüchtig sind? Gerade bei Tieren ist ja bekannt, daß sexuelle Selektion in evolutionäre Sackgassen führen und Monstrositäten wie enorme Hirschgeweihe und dergleichen hervorbringen kann, die nur unter exzeptionellen Umweltbedingungen ein Überleben der Art ermöglichen.

Versuche, durch Appelle an die Frauen, solche Partner zu bevorzugen, die genetisch wertvoll sind, dem Problem zu begegnen, lehnt Ploetz als unrealistisch ab: »Das bewußte Weib lehnt sich heute schon gegen eine zu starke Inanspruchnahme im Dienste der Gattung auf.« (a.a.O., 217) Der vieldiskutierte Ausweg durch sexuelle Selektion scheint ihm daher eher unwahrscheinlich zu sein.

Wenn die lamarckistische Vererbung erworbener Eigenschaften ausscheidet, weil sie naturwissenschaftlich nicht haltbar ist; wenn die »eugenische Utopie« ausscheidet, weil sie in massivem Gegensatz zu den humanitären Werten steht; wenn die sexuelle Selektion ausscheidet, weil sie von unrealistischen Annahmen ausgeht, so bleibt laut Ploetz nur ein Weg übrig, wie man der Gefahr genetischer Verschlechterung entgehen kann: Die Selektion muß an den Keimzellen selbst ansetzen.[29] Wenn dies gelingt, kann auf nachträgliche Ausjätung der minderwertigen Phänotypen ebenso verzichtet werden wie auf eine strikte Auslese der Fortpflanzungsberechtigten. Eine Versöhnung von Fortschritt und Humanität ist dann wieder möglich.

Das eugenische Dilemma soll also auf dem folgenden Weg aufgelöst werden: Es muß gelingen, die Keimzellen nach dem Grad ihrer Qualität zu selektieren, bevor sie sich überhaupt somatisch umgesetzt haben. Dann sind all die Härten einer eugenischen Politik vermeidbar. Es handelt sich um »ein Verschieben der Auslese und Ausjäte von den Menschen auf die Zellen, aus denen sie hervorgehen, also eine künstliche Auslese der Keimzellen« (a.a.O., 231). Damit zielt er letztlich auf eine Gentechnologie ab, die es möglich machen soll, das Ziel genetischer Verbesserung bzw. der Vermeidung von Degeneration zu erreichen, ohne daß die Selektion an den Individuen ansetzen müßte. Die Forderungen von Fortschritt und Humanität wären dann wieder vollständig durchführbar und in Harmonie vereint. Die »eugenische Utopie« mit allen ihren Schrecken könnte aufgegeben werden.[30]

Ploetz äußerte die Hoffnung, »daß wir die Gesetze der Variabilität einmal so erforschen und beherrschen werden« (a. a. O., 297), daß es möglich sein wird, nur noch positive Devarianten zu erzeugen. Freilich war er sich darüber im klaren, daß die Verwirklichung dieses Programms technische Möglichkeiten unterstellte, die noch keineswegs realisiert waren. Er zielte also letztlich auf einen ungewissen technischen Fortschritt in der Zukunft, der das Problem lösen sollte. Wissenschaft und Technik treten hier, wie schon in bestimmten Argumentationen während der Pauperismuskrise[31], als kommende Retter aus der Not auf. In den vierziger Jahren des 19. Jahrhunderts hatte die Hoffnung auf einen technischen Durchbruch, der sich später als Agrarchemie realisieren sollte, aus der Zukunftsangst herausgeführt. Diese Agrarchemie, die das Gesetz vom abnehmenden Bodenertrag suspendieren sollte, war zu jener Zeit, als Friedrich Engels vom »grenzlosen Wachstum des Wissens« sprach, noch reine Zukunftsmusik. In vergleichbarer Weise gelang es Ploetz, den Widerspruch von Fortschritt und Humanität dadurch zu versöhnen, daß er eine künftige Technik entwarf, die diesen so unerfreulichen Gegensatz auflöste. Es handelte sich dabei freilich um eine Vision, eine technische Utopie, die manchen Zeitgenossen als unwahrscheinlicher und mit geringerer Aussicht realisierbar erschien als die eugenische Utopie, die zunehmend Anhänger fand, die darauf drängten, zumindest einzelne Elemente ihres Forderungskatalogs in die Wirklichkeit gesetzt zu sehen.

Ploetz' Studie war nach eher pamphletistischen Veröffentlichungen, wie der Broschüre Schallmayers (1891), die erste, die in Deutschland eugenische Argumentationen mit allen ihren Implikationen vortrug. Sie erregte daher auch beträchtliches Aufsehen und kann als Startsignal für den Durchbruch des pessimistischen Sozialdarwinismus gelten. Wilhelm Bölsche beschrieb, wie diese Thesen in das noch immer fortschrittsfreundliche Meinungsklima der neunziger Jahre hineinplatzten. Freilich war das Argument als solches älter und in einigen Aufsätzen und Broschüren bereits veröffentlicht, doch erst die ausführliche Darstellung von Ploetz demonstrierte seine Ernsthaftigkeit. Lange Zeit hatte »das Bild einer noch immer emporschreitenden, zu neuen Vervollkommnungen unaufhaltsam vordringenden Menschheit« (Bölsche 1896, 126) gegolten, und es hatte den Anschein gehabt, als sei es möglich, christliche Mitleidsmoral und sozialistische Humanität zu verbinden, um »den Kampf ums Dasein mit seinem grausigen Ausjäteprincip ... selbst einzuengen« (a.a.O., 127). All das war jetzt in Frage gestellt:

Die Menschheit als organische Art degeneriert anstatt voranzuschreiten, die Humanität macht in dem scheinbar harmlosen Bestreben, den vom Kampfe zerschlagenen Krüppeln beizustehen, die ganze Menschheit zum Krüppel. (ebd.)

Bölsche macht aber deutlich, daß keine sinnvolle Alternative darin liegen kann, die Humanität aufzugeben, um die eugenische Utopie zu verwirklichen. Würde man dies tun, so würde man nicht nur »die Menschheit ideell vernichten«; auf die Humanität kann man schon deshalb nicht verzichten, weil sie im Grunde keinen überflüssigen Luxus darstellt, den man im Notfall auch wieder abstreifen kann, sondern selbst einen zivilisatorischen Nutzen besitzt: »Sie ist die nöthigste Voraussetzung aller verfeinerten Kultur, die Bedingung wissenschaftlichen Forschens, auf dem wieder der ganze Fortschritt hinsichtlich unserer Naturbeherrschung nach außen hin beruht.« (a. a. O., 128) Auch für Bölsche bleibt also nur die Hoffnung, daß entweder eine technische Lösung des Problems gefunden wird, oder aber, daß der Lamarckismus mit seiner eingebauten Versöhnung von organischem und zivilisatorischem Fortschritt doch noch gegen Darwin und Weismann recht behält.

Betrachten wir die Struktur des eugenischen Arguments noch einmal etwas näher. Seine Grundlage ist die im Rahmen der Selektionstheorie gemachte Beobachtung, daß die Zivilisation die Zusammensetzung menschlichen Erbgutes dadurch verändert, daß sie Überlebens- und Fortpflanzungschancen modifiziert. Die Zivilisation bewirkt also eine Verschiebung der Selektionsfaktoren; unter ihren Bedingungen werden andere genetische Komplexe gefördert, als dies unter nichtzivilisatorischen Voraussetzungen der Fall ist. Im nächsten Schritt wird diese Veränderung der Selektionsfaktoren bewertet; es ergibt sich das Bild einer Verschlechterung. Es taucht hier natürlich die Frage nach dem Maßstab auf, vor dem diese Veränderung der genetischen Struktur einer Population als Verschlechterung qualifiziert werden kann. Die meisten Eugeniker bestimmten die Qualität der Phänotypen nach einem idealen Maßstab, der etwa dem Menschenideal der Antike oder der Renaissance entspricht: Kraft, Gesundheit, Intelligenz, Vitalität, Kreativität, Schönheit, Proportioniertheit usw. Dieses Ideal scheint dasjenige zu sein, auf das vorzivilisatorische Lebensverhältnisse die höchste Prämie setzten, zu dessen Gunsten also unter »natürlichen« Verhältnissen selektiert wird. Die Zivilisation dagegen setzt diese Selektion außer Kraft, so daß die Phänotypen sich von diesem Ideal immer weiter entfernen, d. h., daß sie vor seinem Maßstab degenerieren.

Es handelt sich hier offenbar um die gleiche teleologische Argumentationsfigur, die Weismann den blinden Olm gegenüber dem sehenden Molch als »zurückgeschritten« hatte bezeichnen lassen – obwohl der Olm in seiner Höhle ebenso gut und »tüchtig« überlebt wie der Molch in seinem Tümpel. Nun gibt es allerdings in der natürlichen Evolution durchaus so etwas wie Sackgassen, wie den Verlust an Flexibilität und Veränderungsvermögen bei zu enger Spezialisierung. Der sehende Molch mag ceteris paribus in einer Höhle ebenso gut überleben wie der blinde Olm, doch hat letzterer außerhalb seiner finsteren Höhle kaum eine Überlebenschance, während der Molch auch in der Höhle zurechtkommen kann.

Etwas Vergleichbares tritt im Verhältnis von extraspezifischer, d. h. umweltgesteuerter und intraspezifischer, also sexueller Selektion auf. Die extraspezifische Selektion kann offenbar große Spielräume für den Erwerb von Luxusorganen offenlassen, die intraspezifisch prämiert werden, wie etwa die großen Hirschgeweihe oder der Pfauenschwanz. Häufig ist auch ein extraspezifisch belohntes Merkmal mit einer Monstrosität gekoppelt, deren negative Auswirkungen geringer sind als der positive Gewinn durch den Besitz des betreffenden Merkmals. Die Monstrosität wird also mitgeschleppt, weil per saldo noch immer ein Überlebensvorteil gegenüber solchen Varianten besteht, die weder das neue Merkmal noch die Monstrosität besitzen. Die Selektion beläßt also Spielräume; sie tendiert nicht zu einem absolut scharf kalkulierten Optimum, sondern sie stabilisiert solche Muster, die unter den gegebenen Umständen weiterexistieren können. Analog dazu könnte die Zivilisation als ein Zustand gesehen werden, in dem die durch Technik erreichten extraspezifischen Vorteile so groß sind, daß die intraspezifischen Nachteile, also die »Verschlechterung« im Sinne eines organischen Kompetenzverlustes, überkompensiert werden. Trotz der mit ihr verbundenen organischen Degeneration bildete die Zivilisation dann rein selektionstheoretisch einen erfolgreichen und »fortschrittlichen« Prozeß.

Gegen diesen Einwand konnte nun von eugenischer Seite vorgebracht werden, daß die intraspezifische Degeneration sich mit der Zeit irreversibel so weit verstärken kann, daß sie schließlich auch extraspezifisch durchschlägt. Es handelt sich dann um eine zu große Spezialisierung, die bei Änderungen der Umweltbedingungen zum Untergang der entsprechenden Art führen kann. Es gibt Beispiele dafür, daß so etwas in der Tierwelt geschehen ist, wenn etwa die sexuelle Selektion die Ausbildung von Merkmalen begünstigte, die in Konflikt mit einem erfolgreichen Leben in der natürlichen Umwelt geraten, wenn also etwa die Hirschgeweihe so groß werden, daß der Hirsch bei einer geringfügigen Veränderung der Baumabstände bei der Flucht durch den Wald behindert wird. Analog dazu wurden für menschliche Populationen zwei Argumente formuliert:

1. Im Kampf zwischen den Völkern und Rassen werden die Zivilisierten so schwach werden, daß sie der Konkurrenz der Nicht-Zivilisierten nicht mehr gewachsen sind. Dies konnte einmal im Sinne des Rassenkampfes so verstanden werden, daß die degenerierten Völker Europas irgendwann (in Parallele zum Fall Roms) von »jungen« Barbarenvölkern überrannt werden, die noch immer den körperlichen und geistigen Elan besitzen, einen erfolgreichen und grausamen Eroberungskrieg durchzustehen. Es konnte aber auch nur einfach bedeuten, daß sich die zivilisierten Völker weniger stark vermehren als die unzivilisierten, so daß ihr Anteil an der menschlichen Gesamtpopulation abnimmt und sie schleichend verdrängt werden.[32]

2. Geht man von der Menschheit als Ganzes aus, dann kann man sie als im Kampf mit der Natur befindlich ansehen. Sie muß in der Lage sein, von ihrer natürlichen Umwelt so viel Energie und soviele Stoffe abzuzweigen, daß sie ihren eigenen Bestand aufrechterhalten kann. Für die Zivilisation bedeutet dies, daß sie ihre hochkomplexen technisch-industriellen Systeme auf einem Niveau stabilisieren muß, auf dem sie sich selbst erhalten kann. Eine solche Aufgabe stellt nun große und vermutlich sogar wachsende

Anforderungen an die intellektuellen, emotionalen und charakterlichen Fähigkeiten der Menschen. Wenn nun die zivilisatorische Kontraselektion dahin führt, daß diese erforderlichen Eigenschaften innerhalb der Gesamtpopulation abnehmen, so ist deren Bestand selbst gefährdet. Die intraspezifische Degeneration schlüge also in der Weise durch, daß das zivilisatorische System die Fähigkeit verliert, sich selbst aufrechtzuerhalten, weil seinen menschlichen Elementen sukzessive bestimmte Qualitäten wie Konzentrationsfähigkeit, Belastbarkeit usw. abhanden kommen. Wir hätten also einen Prozeß der Selbstzerstörung vor uns, der gerade durch spezifische Leistungen des Systems bewirkt wird. Zur Charakterisierung dieses Prozesses als »Degeneration« brauchte man daher keinen absoluten Maßstab, kein Ideal von Kraft und Schönheit, sondern das System enthält diesen Maßstab in sich selbst: Es ist die Aufrechterhaltung seiner Identität.[33]

Die Eugeniker versprachen nun, diesen Prozeß der Selbstzerstörung des zivilisatorischen Systems aufzuhalten, indem das Fortpflanzungsverhalten institutionell gesteuert wurde, durch Ausschluß der Schwachen (Sterilisation) und Förderung der Starken (z. B. durch Geburtenprämien). Hier trat nun das Problem auf, daß solche Lösungsvorschläge in massiven Konflikt mit den überkommenen humanitären und egalitären Wertmustern gerieten, die selbst zum normativen Kernbestand des zivilisatorischen Systems gehören. Jeder Versuch, ernsthafte eugenische Politik zu betreiben, setzte daher eine weitreichende Umdefinition der zivilisatorischen Basisideologie voraus.[34]

Es gab nun, wie zu zeigen sein wird, durchaus Versuche, die in eine solche Richtung zielten, doch sollte bereits ihre ansatzweise Realisierung vor allem im Nationalsozialismus zu so nachhaltigen Störungen führen, daß die moralischen Grundlagen des zivilisatorischen Systems von ihnen stärker bedroht wurden als durch die (eben nur antizipierte) genetische Entartung. Wenn Bölsche daher von einem Widerspruch von Fortschritt und Humanität sprach, so war dies durchaus ernst gemeint und wirft ein klares Licht auf das Dilemma, in dem sich diejenigen befanden, die das eugenische Argument ernst nahmen und sich nicht mit dem Rückzug auf ihre vertrauten traditionellen Vorurteile begnügten. Die Alternative, die Bölsche ansprach, lautete in ihrer schärfsten Form: Man hat nur die Wahl zwischen genetischer oder normativer Entartung, wenn es keinen fundamentalen technischen Durchbruch gibt.

Interessant ist dann aber die zeitliche Perspektive, in der das eugenische Dilemma stand. Die befürchtete genetische Entartung war ja ein Vorgang, der sich nur über längere Zeiträume hinweg realisierte und dessen fatale Konsequenzen erst in fernerer Zukunft wirklich werden konnten.[35] Man war sich allerdings noch nicht darüber im klaren, wie lang diese Zeiträume tatsächlich waren. Vor der Wiederentdeckung der Mendelschen Genetik war das Konzept der Rezessivität noch nicht bekannt. Statt dessen wurde vermutet, Eigenschaften, die in den genetischen Determinanten enthalten sind, manifestierten sich grundsätzlich in den Phänotypen.[36] Abweichende phänotypische Merkmale waren damit ein notwendiger und eindeutiger Indikator für einen genetischen Defekt. Die Zeiträume der Degeneration schienen damit ebenso kurz zu sein wie die wirkungsvoller Gegenmaßnahmen. Wenn es gelingen würde, sämtliche Individuen, die bestimmte erbliche Defekte besitzen, von der Fortpflanzung auszuschließen, könnten in einer Generation die entsprechenden genetischen Determinanten aus der entsprechenden Population ausgeschieden werden.

Die moderne Genetik demonstriert dagegen, daß ein Großteil dysgenischer Determinanten überhaupt nicht phänotypisch zutage tritt. Die Evolution durch Selektion ist durch die Rezessivität weitaus träger, als die Eugeniker vermuteten. Defekte breiten sich wesentlich langsamer aus; umgekehrt müßte eine strikt eugenische Politik sich über viele Generationen hinweg erstrecken. Damit erhält das Problem aber nach heutigem Wissensstand eine andere Struktur: Da die Gefahr der »Degeneration« durch zivilisatorische Kontraselektion nur in sehr langen Zeiträumen besteht, hätten die normativen Nachteile einer eugenischen Politik gegenüber ihrer praktischen Wirksamkeit ein ganz anderes Gewicht. Da Probleme der Ungewißheit hinzukommen, wäre es aus diesen Gründen eher unvernünftig, harte eugenische Maßnahmen durchzusetzen.

Die von den Eugenikern befürchtete Degenerationskrise war eine antizipierte Krise, sie wurde aus allgemeinen selektionstheoretischen Überlegungen hergeleitet, keineswegs aus empirisch konstatierbaren Befunden. Auch ihre technische Lösung durch Keimauslese, wie sie Ploetz imaginiert hatte, lag in einer ungewissen Zukunft. Die vorgeschlagenen eugenischen Maßnahmen dagegen waren durchaus gegenwärtig; der Preis für die Vermeidung einer in der Zukunft befürchteten Degeneration mußte bereits in der Gegenwart entrichtet werden. Es handelte sich bei den eugenischen Vorschlägen daher um eine Position der »Verantwortung für die Zukunft«; der gegenwärtigen Generation sollte ein normativer Verzicht zugemutet werden, um künftigen Generationen den Zivilisationszusammenbruch zu ersparen und ihnen dagegen eine glänzende Zukunft der Fortschrittssteigerung zu öffnen.[37] Es liegt hierin eine formelle Analogie zu Malthus Modell des *laissez-mourir*, wo ebenfalls die Gegenwart einen Preis zahlen sollte, während die Früchte ihrer Entbehrungen erst in der Zukunft zu ernten waren. Allerdings fällt auf, daß das Dilemma der Ungewißheit, das strukturell mit solchen Problemen der »Verantwortung für die Zukunft« verbunden ist, im Kontext der Eugenik-Debatte nicht angesprochen wurde. Die »Kosten« in Gestalt eugenischer Härten in der Gegenwart fallen ja auf jeden Fall an, während der »Nutzen« in Form von Degenerationsvermeidung ungewiß ist. Bei dem eugenischen Problem handelte es sich um autonome Schlußfolgerungen, die aus einem wissenschaftlichen Modell, der Selektionstheorie, gezogen wurden. Weder konnten bereits empirisch Degenerationen beobachtet werden[38], noch war die Vererbungstheorie soweit gesichert, daß weitreichende politische Maßnahmen auf einen innerwissenschaftlichen Konsens hätten begründet werden können.[39] In Anbetracht dieser Ungewißheit hätte man mit entsprechenden Maßnahmen jedenfalls sehr vorsichtig sein müssen, was angesichts der Dimensionen des möglichen Schadens bei Unterlassung aber auch wieder problematisch gewesen wäre – eine Schwierigkeit, die uns heute angesichts bestimmter Umweltprobleme durchaus vertraut ist.

Die vollen Implikationen des eugenischen Dilemmas wurden nicht von allen erkannt, die sich an der Debatte um die Eugenik beteiligten. Alexander Tille[40] war einer der wenigen, die sich nicht scheuten, solche radikalen ethisch-normativen Folgerungen zu ziehen, wie sie die Verwirklichung einer eugenischen Politik voraussetzten. Wenn überhaupt irgend jemand in Deutschland, dann kann Tille als strikter »Sozialdarwinist« bezeichnet werden. Er betrachtete die gesellschaftliche Entwicklung einzig unter dem Gesichtspunkt des Daseinskampfes, der Selektion und der Höherzüchtung, wobei er alle gesellschaftlichen Institutionen und Normen funktional auf diesen Naturprozeß bezog. Die Geschichte der Menschheit ist unmittelbare Fortsetzung der organischen Evolution. Völker und Rassen stehen in Analogie zu den natürlichen

Spezies, deren Angehörige sich über das Maß ihrer Subsistenzmöglichkeiten hinaus vermehren und sich daher im Kampf um knappe Ressourcen behaupten müssen. Diese Tendenz zur Übervölkerung (»Völkerspannung«) ist der Motor, der den Kampf der Rassen vorantreibt und sie nach oben züchtet.

> Allüberall in der Natur siegt das Höhere über das Niedere, und darum ist es nur das Recht der stärkeren Rasse, die niederen zu vernichten. Wenn diese nicht die Fähigkeit des Widerstandes haben, so haben sie auch kein Recht auf Dasein. Was sich nicht behaupten kann, muß sich gefallen lassen, daß es zu Grunde geht.[41]

Dies sind martialische Sätze, doch denkt Tille bei Daseinskampf eher an einen Verdrängungswettbewerb durch unterschiedliche Fortpflanzungsraten. Die Stärkeren vermehren sich, besetzen mehr Lebensraum, setzen sich auf Kosten der Schwachen durch, indem sie einen größeren Anteil natürlicher Ressourcen an sich ziehen. Als Paradebeispiel gilt auch hier die Ausbreitung der Angelsachsen über Amerika, Australien und Neuseeland, wo sie die Eingeborenen verdrängt, wenn nicht ausgerottet haben. Solche Expansionsbewegungen können zu kriegerischen Auseinandersetzungen führen, doch lehnt Tille wie fast alle Sozialdarwinisten den Krieg als kontraselektorischen Faktor ab, da in ihm die Besten zugrunde gehen. Wichtig ist nun, daß Tille die Argumentationen der Malthusdebatte mit denen des Sozialdarwinismus verbindet und vor diesem Hintergrund das eugenische Dilemma deutlich sieht.

Der Kern des Problems liegt in der natürlichen Ungleichheit aller Individuen. Wären alle Menschen gleich und alle Arten konstant, so stünde einer Verwirklichung von Humanitarismus und Sozialismus nichts im Wege. Da dies jedoch nicht der Fall ist, sondern – wie Weismann gezeigt hat – bei Wegfallen der Selektion Panmixie eintritt, befindet man sich in der folgenden Zwickmühle: Gemäß der malthusianischen Argumentation muß allgemeiner Wohlstand zur Übervölkerung führen, es sei denn, es findet Präventivverkehr statt. Letzterer ist aber mit Panmixie bzw. Kontraselektion identisch. Der Ausweg aus dem einen Problem erweist sich so als Wurzel eines neuen.

Das Ziel, allen Menschen Glück in Form eines recht auskömmlichen, behaglichen Daseins zu schaffen, ist schon darum auf Dauer unhaltbar, selbst wenn es in einem bestimmten Zeitpunkt erreichbar sein sollte, – weil alsdann sofort mindestens eine Vermehrung derselben bis an die Grenze des

Nahrungsspielraumes stattfinden müßte, im Falle von deren Verhinderung aber, etwa durch Vorbeugung der Befruchtung, numerischer und wesenhafter Rückgang, Vertierung, Unkultur, Verschwinden der Menschenrasse. (Tille 1893, 65)[42]

Tille schlägt sich in dem Konflikt von Fortschritt und Humanität vorbehaltlos auf die Seite des Fortschritts, weil er davon ausgeht, daß ohne Streben nach Fortschritt unweigerlich Degeneration eintreten muß, die ihrerseits zur Zerstörung der Humanität führt. Die Humanität ist also ein höchst instabiles Luxusphänomen, das sich bei seiner vollständigen Durchsetzung selbst abschaffen und darin die Rasse selbst mit in den Abgrund ziehen würde. Die Humanität steht somit in striktem Gegensatz zum Naturgesetz des Existenzkampfes.

Es ist nun mal Naturgesetz, daß allüberall das Beste überlebt. Wir alle wollen in diesen Wettbewerb eintreten und hoffen, daß uns der Sieg zufällt. Erhält ihn ein anderer Stamm und gehört ihm dann die Erde, dann werden wir zu Grunde gehen, aber mit dem Bewußtsein, für die Gattung und ihre Hebung gethan zu haben, was in unseren Kräften stand. (Tille 1893, 67)

Damit das eigene Volk in diesem Daseinskampf tüchtiger werde, entwirft Tille ein Programm, das er in Absetzung gegen die Sozialdemokratie »Sozialaristokratie« nennt. Die sozialaristokratische Gesellschaft ist nun keineswegs die Gesellschaft des Status quo, sondern ein Zustand, der erst durch weitgehende Reformen herbeigeführt werden soll. Es ist dies eine reine Leistungsgesellschaft mit totaler Chancengleichheit, in der sämtliche Geburtsprivilegien abgeschafft sind. Unterstellt ist, daß sich die fähigeren und tüchtigeren Menschen über alle soziale Klassen verteilt finden, so daß die gegebene Schichtung in Widerspruch zu der natürlichen Hierarchie der Tüchtigkeit steht.[43] Die gegebene Gesellschaftsstruktur muß daher zerschlagen werden.

Es gilt, den Erbbesitzenden von heute ihr Besitzprivileg zu nehmen, aber nicht, damit jeder gleich habe, sondern damit die Tüchtigen mehr haben, und die Untüchtigen, gleichviel ob sie Söhne von Armen oder Reichen sind, weniger. (Tille 1893, 112)

Es geht Tille also um die Abschaffung des »Erbkapitalismus« und des »Erbtitulismus«, eine Forderung, in der er mit der Sozialdemokratie konform geht, »aber nicht, damit dann der Tüchtige und Faule, der Rasseheber und Rasseschänder gleichviel bekomme, sondern damit es wie überall in der Natur ist, der Tüchtige mehr und der Untüchtige weniger erhalte, je nach seiner Leistung.« (Tille 1893, 115) Es wird in dieser Äußerung, die sich in vergleichbarer Form bei den meisten Sozialdarwinisten findet, deutlich, wie absurd es ist, den Sozialdarwinismus einfach als Rechtfertigungsideologie eines bourgeoisen Kapitalismus zu sehen.[44] Er ist gerade deshalb antikapitalistisch, weil er im Kapitalismus eine institutionelle Verfestigung sieht, die den Daseinskampf verzerrt.[45] Vermutlich ist es überhaupt unmöglich, eine solche Gedankenformation wie den Selektionismus direkt einem bestimmten sozialen Interessenstandpunkt zuzuordnen (auch nicht der sozialphilosophischen Residualkategorie »Kleinbürgertum«).[46] Es handelt sich um eine autonome Bewegung argumentativer Muster, die bis in die letzte Denkkonsequenzen hinein verfolgt werden.

Die meritokratische Position Tilles hat bestimmte Affinitäten mit dem protofaschistischen Programm, das in jenen Jahren von Schriftstellern wie Pareto oder Maurras formuliert wurde.[47] Im Gegensatz zur »plutokratischen« Demokratie wird hier die Herrschaft einer neuen Aristokratie gefordert. Dabei taucht jedoch das folgende ideologische Problem auf: Gegen den demokratischen Gedanken einer Gleichheit aller Menschen wird deren natürliche Ungleichheit gesetzt, woraus sich eine natürliche Hierarchie von Eliten und Massen ableiten läßt. Wie sollen sich aber die Eliten rekrutieren? Nach überkommener »konservativer« Auffassung war die soziale und damit auch die politische Position vererbbar. Nach »darwinistischer« Auffassung war die individuelle Fähigkeit zwar ebenfalls vererbt, doch bot der Status der Eltern keinen hinreichenden Indikator für den Begabungsstatus ihrer Nachkommen. Zwar mochte im Sinne Galtons die Wahrscheinlichkeit, daß Kinder hochbegabter Eltern ebenfalls überdurchschnittlich begabt sind, recht groß sein[48], doch war die Beziehung nicht eindeutig. Es handelte sich in der Tat nur um Wahrscheinlichkeiten, die sich erst in der Wirklichkeit realisieren mußten. Die neue »Sozialaristokratie« des Verdienstes wirkt der alten Herrschaft des Adels und der Plutokratie gegenüber daher als »revolutionär«, da jetzt in jeder Generation die Karten neu verteilt werden sollen. Dennoch wird gerade bei Chancengleichheit immer wieder eine Elite entstehen. Gegenüber dem demokratischen Egalitarismus wirkt diese Position daher als »reaktionär«, da sie von dessen anthropologischem Ideal abweicht. Die sozialdarwinistische Meritokratie bildet somit eine dritte »revolutionäre« Position zwischen Konservatismus und Egalitarismus, die schließlich zu einem ideologischen Fundament der nationalsozialistischen Bewegung werden konnte.

Auch Tille erkannte, daß sein Programm einer radikalen Leistungsgesellschaft zum Zweck der Steigerung des hochzüchtenden Daseinskampfes sich im Gegensatz zu der verbreiteten humanitären und christlichen Werthaltung befindet. Da ihm diese Werthaltungen als instabile, selbstdestruktive Luxusphänomene gelten, stehen sie letztlich zur Disposition. Man wird sie aufgeben müssen, soll die Gesellschaft den Forderungen der Naturgesetze entsprechend eingerichtet werden.

Wenn sich die ethischen Anschauungen der Gegenwart nicht mit dem gesicherten Wissen auf naturwissenschaftlichem Gebiete vereinen lassen, dann müssen *sie* geändert werden, aber nicht dieses. (Tille 1895, 30)

Der Gegensatz von Fortschritt und Humanität wird also aufgelöst, indem eine neue »Entwicklungsmoral« an die Stelle der überkommenen »Nächstenmoral des Christentums, der Humanität und der Demokratie« treten soll. Der humanistischen Nächstenmoral ist vorzuwerfen, daß sie zwar gut gemeint, doch kontraproduktiv ist, was die Erreichung ihrer eigenen Zwecke betrifft.

Weil sie ... die Daseinsbedingungen der Gesellschaft, in der sie arbeitet, nicht kennt, leistet sie trotz ihrer besten Absichten in Wirklichkeit genau das Gegenteil von dem, was sie will. Wie die therapeutische Medizin die Menge der Krankheiten dauernd vermehrt, wie die Armenpflege die Ausbreitung der Armut in hohem Maße fördert, Milde und Nachsicht zur Verschlimmerung von Faulheit und Dummheit dienen und das sorgsam Sichsperren vor jedem Luftzuge nur die Neigung zur Erkältung steigert, so vermehrt auch die Nächstenmoral durch grundsätzliche Fürsorge für die Kranken und Schwachen das Maß des Elends in der Welt ins Ungemessene und bringt durch annähernde Aufhebung der natürlichen Auslese und Schaffung einer annähernden Panmixie die menschliche Gattung herunter. (Tille 1895, 112)

Ideal der »Entwicklungsethik« oder »Gattungsmoral«, die Tille als Alternative einführen möchte, ist dagegen die »Hebung der menschlichen Gattung«, also eine unbedingte Fortschrittssteigerung. Im Gegensatz etwa zu Ploetz und Schallmayer[49] steht bei Tille im Mittelpunkt der Überlegungen nicht nur die befürchtete Degeneration, die abgewendet werden soll, sondern er zielt genauso wie Galton auf ein Vorantreiben des organischen Fortschritts.⁵⁰ Auf recht unproblematische Weise unterstellt er dabei einen technischen Tüchtigkeitsbegriff, also eine Steigerung bestimmter Kompetenzen. Im gewünschten Fortgang der Evolution soll ein »naturgegebenes Ideal der Kraftsteigerung der Menschengattung« (a. a. O., 131) verwirklicht werden, dessen einzelne Elemente aus »Körperkraft, Geschicklichkeit, geistiger Frische, reicherer Differenzierung und Lebensfreude« bestehen. Kulturelle Evolution, also extrasomatische Entwicklungsbeschleunigung durch kommunikative Weitergabe kultureller Muster und produktionsrelevanten Wissens scheint nicht vorgesehen zu sein. »Fortschritt« findet allein in den Bahnen der alten zähen organischen Evolution statt, in deren Dienst die Kultur gestellt werden muß.

In Nietzsche sieht Tille einen Anknüpfungspunkt für die Entwicklung einer vitalitätssteigernden Moral, die es möglich macht, die Widerstände der überkommenen Mitleidsmoral zu überwinden und die »grausamen« Maßnahmen der Eugenik, aber auch die sozialrevolutionäre Mobilisierung der Gesellschaft durchzuführen. Die neue »Entwicklungsmoral« soll in Analogie zu Nietzsches »Herrenmoral« konstruiert werden.⁵¹ Diese neue Moral bewertet nicht die Gesinnungen, d. h. die Motive des Handelns, sondern nur seine Folgen. Sie lehrt, daß gut sei, was das Leben steigert, also »Erweiterung, Bereicherung, Vermehrung der Lebensfunktionen, Gewinnung neuer Fähigkeiten, Erreichung neuer Mächtigkeiten, kurz, die Erklimmung einer noch höheren Stufe der Entwicklung, als der Mensch bisher auf der Leiter des Lebens erstiegen hat«. Eine solche neue Moral, die auf Erzeugung des Übermenschen zielt, ist die »letzte ethische Konsequenz aus dem Darwinismus« (a. a. O., 214). »Darum heißt es, gegen die Unterdurchschnittsmenschen hart zu werden, und in ihnen noch sein eigenes Mitgefühl zu überwinden«, nur so ist das selbstzerstörerische Dilemma der Zivilisation überwindbar.

Im Gegensatz zu Nietzsche wendet sich der Sozialdarwinist Tille jedoch nicht gegen die demokratische Bewegung oder die sozialistische Arbeiterbewegung. Im Gegenteil, er sieht in ihnen gerade Tendenzen am Werk, die in Richtung »Sozialaristokratie« weisen, da sie die überkommenen verkrusteten Verhältnisse aufbrechen und dem Tüchtigen freie Bahn schaffen wollen:

Es bedarf nur noch der Aufhebung des Erbrechtes, um die Bahn freizumachen für jeden, der als Herrenmensch geboren wird. Aber Nietzsche kann sich nicht entschließen, in der modernen demokratischen Bewegung die

Macht zu sehen, die die alten Erbherren entthront und damit neuen Entwicklungsmöglichkeiten Raum geschaffen hat. Anstelle der Söhne der Starken der Vergangenheit treten vielmehr die Starken von heute, die Starkgeborenen; anstelle der Erbaristokraten die Leistungsbesten, die Sozialaristokratie. (Tille 1895, 336 f.)

Mit Tille ist eine Debatte, die mit Malthus' Kritik am Utopismus begonnen hatte und sich durch verschiedene Themen und Gedankenfiguren hindurchgewunden hatte, an einem Ende angelangt. Hatte die Lösung des Übervölkerungsproblems in die Richtung gezielt, in den Individuen ein kalkulierendes Verhalten zu verankern, das zur Geburtenkontrolle aus Eigeninteresse führt, so zeigte sich nach Durchsetzung der Selektionstheorie, daß ein solcher Weg nur um den Preis genetischer Verschlechterung beschritten werden konnte. Die angestrebte Versöhnung von materiellem, ökonomischem Fortschritt und Entfaltung der Humanität war somit in ein Dilemma geraten, aus dem nur zwei Auswege denkbar schienen, akzeptierte man erst einmal die Ernsthaftigkeit des Problems: Ploetz' Vision der Gentechnologie und Tilles radikale Konkurrenzgesellschaft, die in manchen Zügen der älteren Vorstellung des *laissez-mourir* entsprach. Tille war sich jedoch darüber klar geworden, daß eine solche Gesellschaft einer neuen Ethik bedurfte.

Auch formell besteht eine enge strukturelle Beziehung zwischen der entfalteten Bevölkerungstheorie und der selektionistischen Evolutionstheorie. Die Basiserkenntnis der Eugeniker bestand darin, daß eine Population in der Regel unter solchem Umweltdruck steht, daß diejenigen Mitglieder, die phänotypisch weniger gut ausgestattet sind als andere, sich mit geringerer Wahrscheinlichkeit vermehren, so daß der Genbestand der Population permanent nach negativen Abweichungen durchgekämmt wird. Die Selektion trifft dann die Grenzpopulation: die Immunschwachen, Mißgebildeten, Erbkranken, die alle (unter nichtzivilisierten Umständen) entweder das fortpflanzungsfähige Alter nicht erreichen oder deren Fortpflanzungschancen auf andere Weise (etwa durch sexuelle Selektion oder durch Unfähigkeit zur erfolgreichen Brutpflege) behindert sind.

Die genetische Fitness der Gesamtpopulation erhält sich also normalerweise auf Kosten der Grenzpopulation. Wenn nun durch medizinische oder sozialfürsorgliche Maßnahmen oder aber durch soziale Institutionen wie vererbbares Privateigentum Angehörige der (genetischen) Grenzpopulation durchschnittliche Fortpflanzungschancen gewinnen, so sinkt der genetische Standard der Gesamtpopulation. Dies kann zu der generellen Aussage erweitert werden, daß jedes Bevölkerungswachstum, das auf eine verringerte (Kinder-)Sterblichkeit zurückgeht, identisch sein muß mit einer Verschlechterung der genetischen Konstitution, da ja selektierende Faktoren ausgeschaltet worden sind.[52] Es kann sich also, verursacht durch eine Erleichterung der Lebensumstände mit nachfolgender Panmixie eine neuartige Population mit eigentümlichem Kompetenzniveau bilden, ähnlich wie sich Weismanns blinde Olme in der Höhle stabilisiert hatten. Nach dem Maßstab der Perfektion und des Fortschritts ist ein solcher Vorgang mit einer Regression identisch. Vom Standpunkt der Systemidentität her handelt es sich hierbei um eine gegenläufige Bewegung von Zivilisation und organischer Konstitution, die in eine evolutionäre Sackgasse führen kann.[53]

Das Bevölkerungsgesetz formulierte einen ähnlichen funktionalen Zusammenhang, wenn die Subsistenzbasis der Gesamtpopulation eine Schranke setzte, die sich bei der armen Grenzpopulation in Gestalt von Elend, Krankheit und frühzeitigem Tod geltend machte. Maßnahmen, die darauf zielten, diesen Mechanismus außer Kraft zu setzen, mußten das System selbst zerstören. Eine Bevölkerung, die ihre Grenzpopulation auf das Niveau der Überlebens- und Vermehrungsfähigkeit hebt, produziert dadurch entweder Übervölkerung oder Degeneration, was sich dadurch rächt, daß sie langfristig entweder kollektiv verarmt oder physiologisch untüchtig wird.

Immanent problematisch an dem eugenischen Argument war seine häufig teleologisch formulierte Annahme einer idealen »gesunden« oder »tüchtigen« Bevölkerung. »Gesund«, »stark«, »tüchtig« könnte dagegen immer nur in Hinblick auf die innere soziale oder äußere natürliche Umwelt gelten, in der sich ein Individuum behaupten muß. Das antieugenische Standardargument lautete daher, daß »Tüchtigkeit« immer nur in Hinblick auf die *tatsächliche* Umwelt definiert werden kann, nicht aber in absoluten Begriffen. Wenn daher durch Medizin, Hygiene usw. die Lebensbedingungen geändert werden, so sind jetzt Individuen »tüchtig«, die dies unter anderen Umständen nicht wären. Der Eugenik wurde daher vorgeworfen, sie finalisiere bestimmte phänotypische Eigenschaften, die nur unter ganz bestimmten Umwelten tatsächlich erforderlich sind. Der kurzsichtige Jäger ist untüchtig, der kurzsichtige Beamte nicht.

Dennoch hat die Eugenik wie auch der Malthusianismus einen rationalen Kern, der darin besteht, daß als »Idealzustand« die Bedingungen langfristiger Systemerhaltungen angenommen werden können. Wenn also gezeigt werden kann, daß die Zivilisation ohne Eugenik langfristig Menschentypen erzeugt, die zur Aufrechterhaltung der Zivilisation nicht mehr fähig sind, gilt, daß eine Ethik, deren Realisierung zu solchen Ergebnissen führt, sich auf Dauer ihre eigene Basis entzieht. Wie der Malthusianismus eine soziale Schichtung braucht, weil es eine arme Grenzpopulation geben muß, an der die Subsistenzrestriktionen wirksam werden, benötigt der Sozialdarwinismus ein Gefälle der Lebensumstände, damit am unteren Ende der Population (das hier aber nicht mehr sozial bestimmt ist, sondern genetisch!) die »Grenzgene« ausgefiltert werden. Von daher wird deutlich, daß beide Theorien in strikten Gegensatz zur christlich-humanitären Egalitätsethik geraten müssen, da diese sich gerade nicht von objektiven Handlungsfolgen her begründet, sondern von den richtigen Gesinnungen. Beide argumentieren also von den »Tatsachen« gegen die unrealistischen und verantwortungslosen »Ideale«, und beide unterminieren das Vertrauen in die »von Natur aus« selbstregulierte Harmonie der Welt, das so lange scheinbar unerschütterlich bestanden hatte.

4. Politische Positionen des Sozialdarwinismus in Deutschland

Es ist nun möglich, einen Rückblick auf die unterschiedlichen politischen Facetten des Sozialdarwinismus in Deutschland vorzunehmen. Zunächst ist bemerkenswert, daß sich hier der »Darwinismus«, also eine nicht ganz konsistente Melange von Deszendenztheorie, Selektionstheorie und Lamarckismus, in der zweiten Hälfte des 19. Jahrhunderts recht rapide durchsetzte.[54] Polemischer Hintergrund dieser raschen Darwinrezeption war die Bemühung radikaler Intellektueller, durch Propagierung eines materialistischen Weltbildes die Hauptstützen der »Reaktion« zu untergraben.[55] Die Verbreitung der Ergebnisse avanciertester Naturwissenschaft zielte vor allem darauf, in das überkommene christlich-klerikale Deutungsmonopol einzubrechen und so das Bündnis von »Thron und Altar« an einer ideologischen Schwachstelle zu packen.[56] Es sollte gezeigt werden, daß die Welt »nichts als« eine Selbstbewegung der Materie ist. Der biblischen Schöpfungsgeschichte sollte die »natürliche Schöpfungsgeschichte« (Haeckel) entgegengehalten werden. Die Betonung der »Entwicklung« hatte dem konterrevolutionären Staat gegenüber die Bedeutung, darauf hinzuweisen, daß auch in der Natur nichts so bleibt, wie es ist, sondern daß alle Dinge in der Welt nach »oben« streben, besseren Zuständen entgegen. Die Deszendenztheorie bot somit eine naturwissenschaftliche Untermauerung des angestrebten sozialen und politischen Fortschritts.[57] Die eher philosophisch begründeten Fortschrittsprogramme, wie sie im Vormärz formuliert worden waren, konnten so in ein allgemeines positives Naturgesetz vom natürlich-technisch-industriell-politischen Fortschritt umformuliert werden. Der organische Fortschritt »vom Bazillus zum Affenmenschen« (Bölsche) bildete die Grundlage des historischen Fortschritts, vom Naturzustand bzw. der Urgesellschaft bis hin zur industriell-demokratischen (oder kommunistischen) Zukunft.

Der Darwinismus war daher in Deutschland zunächst eine Theorie, die gegen den ideologischen Status quo gerichtet war. Seine Vertreter verstanden sich als die Männer des Fortschritts[58], die sich in massivem Gegensatz zur Reaktion empfanden und von dieser auch verfolgt wurden, besonders an den Schulen.[59] Im christlich-konservativen Lager galt der Darwinismus als unmoralisch, unchristlich und subversiv. Umgekehrt hoben die Versuche, seine Verbreitung in einer größeren Öffentlichkeit zu unterdrücken, sein Renommé im progressiven Lager ganz beträchtlich.

Der Darwinismus bot daher nicht nur eine neue und plausible Erklärung für die Entstehung der Arten, sondern er hatte erhebliche ideologische Bedeutung, da er sich in ein Konzept einpassen ließ, das seit den frühen fünfziger Jahren des 19. Jahrhunderts von Autoren wie Ludwig Büchner, Carl Vogt oder Jakob Moleschott vertreten wurde. Der Gegensatz von »Köhlerglaube und Wissenschaft« (Vogt) war zugleich ein politischer Gegensatz; er konnte bruchlos in den Kampf zwischen Aufklärung und Obskurantismus, zwischen Fortschritt und Reaktion eingefügt werden. Nach den Worten von Arnold Dodel vertritt die eine Partei die

Position der Wissenschaft, die andere die des Dogmas. Es handelt sich um einen Kampf »zwischen Finsternis und Licht« (Dodel 1874, 3), zwischen trägem Beharren und dem Wunsch, rasch voranzuschreiten. Die Darwinsche Theorie schien zu demonstrieren, daß es auch in der Natur Fortschritt gegeben hatte und immer noch gibt. Fortschritt und Entwicklung waren daher keine abstrakten Postulate, sondern sie entsprachen dem Gang der Dinge und dem Aufbau der natürlichen Welt, ihren Bewegungsgesetzen selbst.[60]

Zu Beginn der siebziger Jahre des 19. Jahrhunderts hatte sich der Darwinismus in Deutschland im progressiv-liberalen Lager praktisch vollständig durchgesetzt. Zeitschriften wie *Das Ausland* oder *Kosmos* propagierten die Ergebnisse der Evolutionstheorie, und die Werke von Haeckel oder Büchner waren weit verbreitet.[61] Die Fortschrittspartei glaubte, aus Darwin die Lehre ziehen zu können, daß sie in der Natur einen mächtigen Verbündeten besitzt. Die Natur ist nicht von ewig und immer gleich vorhanden, sondern sie verändert sich, treibt der Vollendung entgegen. Von daher liegt der Schluß nahe, daß auch der Mensch als Teil der Natur an diesem Prozeß teilhaben muß.[62] Dies galt zunächst einmal für die Entwicklung der Völker und Rassen selbst. Alfred Russel Wallace' Vision einer Vereinheitlichung des Menschengeschlechts in der Zukunft, nicht durch (lamarckistische) Wirkung einheitlicher zivilisatorischer Lebensbedingungen, sondern durch Ausjätung der minderwertigen Rassen, konnte daher auch im deutschen progressiv-materialistischen Lager rezipiert werden.[63]

Für die Zukunft visierte Ludwig Büchner dann aber doch einen Zustand an, in dem das Selektionsprinzip »humanisiert« wird, d.h., in dem an die Stelle von Konkurrenz und Vernichtung eine bloße »Überbietung« treten wird, deren Resultate an die Unterlegenen weitergegeben werden können. Der zunehmende Weltverkehr soll dann eine »Gleichmäßigkeit der Bildung« bringen, ja eine »Vermischung der Rassen«, die alle »in die allgemeine Cultur-Bewegung hineingerissen werden und als besonderes charakterisierte Rassen mehr oder weniger darin untergehen«. Und er fügt optimistisch hinzu, daß ein solcher Weg der Vereinheitlichung der Menschheit durch Vermischung »nach den allgemeinen Principien der Humanität und Gerechtigkeit als der wünschenswerteste« erscheint (Büchner 1889, 186f.).

Die Selektionstheorie konnte also auf die eine oder andere

Weise, in mehr oder weniger humanitärer Wendung in das Programmgebäude des allgemeinen Fortschritts eingebaut werden. Sie half indirekt sogar, die »Opfer« des Fortschritts in der Weise zu rechtfertigen, daß sie als notwendiger Preis eines objektiven Naturprozesses erscheinen – als ein Preis jedoch, der bereitwillig entrichtet wird, führt der historische Prozeß doch auf lichte Höhen, auf denen es in Zukunft sogar möglich sein wird, Fortschritt und Humanität vollständig miteinander zu versöhnen. Die Grundstimmung, in der die Deszendenz- und Selektionstheorie in den Jahren 1860 bis etwa 1890 rezipiert wird, ist also, vor allem in Deutschland, durchweg optimistisch. Der Darwinismus verstärkte den aufkommenden technisch-industriellen Zukunftsglauben, schien er doch zu demonstrieren, daß die Niederlage von 1848/49 nur ein temporärer Rückfall auf der Zickzacklinie des Fortschritts war[64], der durch künftige (und nach 1870 auch wirklich sichtbare) Erfolge wieder wettgemacht werden kann.

Nach der praktisch vollständigen Durchsetzung des Darwinismus in den Biowissenschaften verlor er jedoch allmählich an polemischem Wert gegenüber der »Reaktion«. Die Entwicklungslehre als solche wurde zwar noch immer in der Öffentlichkeit diskutiert, und es gab noch immer »kreationistische« Gegenargumente, doch starben ihre wissenschaftlich ernster zu nehmenden Vertreter allmählich aus. Diese Durchsetzung des Darwinismus als weithin akzeptierte vereinheitlichende Basistheorie der Biowissenschaften bildete eine Voraussetzung dafür, daß sich ihre »sozialen« Implikationen differenzieren konnten. Für das ausgehende 19. Jahrhundert ist es daher sinnvoll, innerhalb des »Sozialdarwinismus« im engeren Sinne, also der Gesellschaftstheorien, die sich direkt auf die Darwinsche Selektionstheorie beziehen, unterschiedliche politische Orientierungen zu unterscheiden. Es ergeben sich dabei drei Positionen:

1. Der linke Sozialdarwinismus, der in der Tradition des materialistischen Liberalismus in der Evolutionstheorie ein allgemeines Naturgesetz des Fortschritts erblickt, für dessen sozialistische Variante die genuin menschliche Strategie im Überlebenskampf jedoch in der Vergesellschaftung der Kräfte besteht.

2. Der Sozialdarwinismus des Status quo, der eine naturwissenschaftliche Legitimation der bestehenden sozialen Verhältnisse beabsichtigte. Es ist dies der »Sozialdarwinismus«, wie er üblicherweise verstanden wird.

3. Der utopische Sozialdarwinismus, der sich auf keine reale gesellschaftliche Kraft bezog, sondern aus dem darwinistischen Argumentationskontext »autonome« radikale Folgerungen zog.

Diese unterschiedlichen sozialpolitischen Bedeutungen des Darwinismus schälten sich erst seit den siebziger Jahren des 19. Jahrhunderts heraus. Eine bedeutende Rolle für diesen Differenzierungsprozeß spielte die Trennung der sozialdemokratischen Arbeiterbewegung von der bürgerlichen Demokratie. Die Sozialdemokratie entwickelte eine eigentümliche materialistische Weltanschauung, die nicht nur politische und ökonomische Forderungen umfaßte, sondern auf eine allgemeine Welterklärung zielte. In diesen Zusammenhang konnte nun auch die neue, noch immer mit der Aura des Umstürzlerischen behaftete Darwinsche Evolutionstheorie gestellt werden.[65] In dem sozialdemokratischen Blatt *Der Volksstaat* konnte man 1873 lesen, Darwins Evolutionstheorie bilde »eine wichtige Stütze für den Socialismus«.[66] Von programmatischen Vertretern der Arbeiterbewegung wurde die Evolutionstheorie zunächst ganz im Sinne der materialistischen Demokraten als allgemeine Fortschrittstheorie[67], aber auch wegen der Betonung des Kampfes als Fortschrittsmotor als »naturwissenschaftliche Unterlage des geschichtlichen Klassenkampfes« (*MEW*, 30, 578) verstanden, wie Marx es in einem Brief an Lassalle formulierte.

Die Deszendenztheorie wurde – allerdings in der Regel eher in lamarckistischer Lesart – in der sozialdemokratischen Arbeiterbewegung über popularisierende Werke breit rezipiert.[68] Im Mittelpunkt stand dabei der »Entwicklungsgedanke«, der als Naturgesetz des Fortschritts verstanden wurde, während die Selektionstheorie im engeren Sinne kaum wahrgenommen wurde. Trotz dieser Ungenauigkeiten verbreitete sich der Eindruck, die Evolutionstheorie stehe mit dem Sozialismus in enger Verbindung – ein Grund dafür, daß ihre soziale Anwendung nicht nur im konservativen, sondern zunehmend auch im liberalen Lager in Deutschland auf wachsende Vorbehalte stieß.[69] Der Darwinismus war in eine polemisch strukturierte Zone geraten, innerhalb deren er sich selbst in polemisch einsetzbare Positionen differenzierte.

Die neue Debatte um die soziale Bedeutung des Darwinismus begann in Deutschland, als Rudolf Virchow 1877 auf der 50. Versammlung deutscher Naturforscher und Ärzte ein Koreferat zu einem Vortrag Ernst Haeckels über die Darwinsche Deszendenztheorie hielt, in dem er den Seitenhieb anbrachte, diese hätte »eine ungemein bedenkliche Seite«, wenn der Sozialismus mit ihr Fühlung aufnähme:

> Nun stellen Sie sich einmal vor, wie sich die Descendenztheorie heute schon im Kopfe eines Socialisten darstellt! (Heiterkeit.) Ja, meine Herren, das mag Manchem lächerlich erscheinen, aber es ist sehr ernst und ich will hoffen, dass die Descendenztheorie für uns nicht alle die Schrecken bringen möge, die ähnliche Theorien wirklich im Nachbarlande angerichtet haben. (50. Vers., 68 f.)

Seine Warnung bezog sich offenbar auf die Exzesse der Pariser Commune, doch bleibt schleierhaft, was diese mit der Deszendenztheorie zu tun haben sollen. Virchow führte diesen Gedanken auch nicht näher aus. Die naturwissenschaftlich-materialistischen Anhänger Darwins aus dem bürgerlichen Lager mußten sich jedoch in der Folgezeit gegen diese Verdächtigung wehren[70], indem sie zeigten, daß aus dem Darwinismus weniger eine demokratisch-egalitäre als eine »aristokratische« Folgerung zu ziehen sei. Charakteristisch für solche Versuche ist ein Vortrag des Zoologen Oskar Schmidt auf der 51. Versammlung deutscher Naturforscher und Ärzte im Jahre 1878, in dem es heißt:

> Das Princip der Entwickelung ist die Aufhebung des Princips der Gleichheit. Der Darwinismus geht in der Verneinung der Gleichheit so weit, daß er auch da, wo der Idee nach Gleichheit stattfinden sollte, die Realisierung derselben für eine Unmöglichkeit erklärt. Der Darwinismus ist die naturwissenschaftliche Begründung der Ungleichheit. (51. Vers., 1878, 184)

Da offenbar vermutet wurde, die Forderung nach »Gleichheit« bilde den zentralen Inhalt des sozialdemokratischen Programms[71], konnte auf die »Concurrenz« verwiesen werden, die ein »unveräusserliches Princip« des Darwinismus bilde (Schmidt, a. a. O.). Der »Darwinismus gegen die Sozialdemokratie« wurde seit den späten siebziger Jahren des 19. Jahrhunderts zu einem festen publizistischen Topos, gegen den von sozialdemokratischer Seite immer wieder behauptet wurde, aus der Evolutionstheorie lasse sich gerade umgekehrt die Naturgrundlage des gesellschaftlichen Fortschritts herleiten.[72] Besonders Ernst Haeckel spielte in diesen Auseinandersetzungen eine widerspruchsvolle Rolle. Einerseits galt er im sozialistischen Lager als derjenige, der endlich die »Welträtsel« im materialistisch-monistischen Sinn entschlüsselt hatte. Seine Bücher wurden in Arbeiterleihbüchereien häufig ausgeliehen und standen auf den empfohlenen Lektürelisten für sozialdemokratische Agitatoren.⁷³ Haeckel selbst lehnte aber jede Verbindung zur Sozialdemokratie ab und unterstrich, daß aus der Deszendenztheorie eher eine Tendenz zur Differenzierung abgeleitet werden müsse, nicht aber zur Egalisierung.⁷⁴

So zwiespältig die Stellung Haeckels in der Kontroverse um die soziale Bedeutung des Darwinismus war, so eindeutig ist Otto Ammon als Verteidiger des sozialen und politischen Status quo mit Hilfe darwinistischer Argumentationen aufgetreten. Er veröffentlichte 1890 im Feuilleton der Konstanzer Zeitung eine Artikelserie, die später als Broschüre mit dem Titel: *Der Darwinismus gegen die Sozialdemokratie* erschien. Hierin machte er es sich zur Aufgabe, nachzuweisen, daß sich die vorhandenen gesellschaftlichen Zustände vollständig auf der Grundlage der Darwinschen Theorie legitimieren ließen. Sein Argumentationsgang ist sehr einfach: Galton habe gezeigt, daß Begabung in hohem Maße vererblich ist. Die Bevölkerung gliedert sich daher in unterschiedliche »Begabungsschichten«, denen grob die soziale Schichtung entspricht. Im »vierten Stand« sammeln sich die Dummen und Untauglichen, während alle fähigeren Elemente sozial aufsteigen. Daher gilt ganz generell:

Die soziale Gliederung ist eine natürliche Gliederung, beruhend auf dem Darwinschen Satze von der ›natürlichen Auslese‹ im ›Kampf ums Dasein‹. (Ammon 1891, 74)⁷⁵

Die sozialistische Zukunftsgesellschaft, deren Beschreibung er Bebels weitverbreiteter Schrift *Die Frau und der Sozialismus* entnahm, würde gegen ein Naturgesetz verstoßen, wollte sie Ungleiche gleich behandeln. Da eine solche allgemeine Gleichheit naturwidrig ist, würde die sozialistische Gesellschaft sich rasch wieder sozial differenzieren, so daß sich der Kampf um sie letztlich als vergeblich herausstellen müßte. Ammon erwähnt Weismanns Panmixie-Konzept und folgert aus diesem Zusammenhang, daß es im Sozialismus zur generellen und beschleunigten Entartung kommen müßte, während der fortschrittssteigernde Kampf ums Dasein in der bestehenden Konkurrenzgesellschaft weitergeht.⁷⁶ Seine Kritik gilt also nicht, wie dies bei Schallmayer, Ploetz oder Tille der Fall ist, dem zivilisatorischen Status quo, sondern allein dem sozialistischen Projekt. Von daher erklärt sich auch seine Stellung zum eugenischen Problem, das zu jener Zeit von England kommend gerade diskutiert wurde.

Ammon wittert sogleich den sozialistisch-interventionistischen Pferdefuß der eugenischen Forderungen. So sehr er den Wunsch nach einer Ausmerzung der »Minderwertigen« teilt[77], so wenig ist er doch bereit, sich auf die radikalen Konsequenzen der »Entwicklungsethik« einzulassen. Er macht vielmehr moralische Bedenken geltend: Der Mensch dürfe nicht korrigierend in den Naturprozeß eingreifen, denn damit verstieße er gegen den »Instinkt der Nächstenliebe«, der als evolutionär gebildete »Naturanlage« zum »Grundstein jeder höheren Gesittung« geworden sei. Bölsches Gegensatz von Fortschritt und Humanität wird von Ammon also durchaus gesehen, doch entscheidet er sich für die Humanität.[78] Ammon, der Sozialdarwinist des Status quo, ist also nicht bereit – wie Alexander Tille, der utopische Sozialdarwinist – auf eine neue »Entwicklungsethik« zu setzen, wenn dies zur Förderung des »Fortschritts« bzw. zur Verhinderung des Niedergangs erforderlich scheint. Zwar nehmen durch humanitär motivierte Sozialreformen »Arbeitsscheu und Landstreicherthum, Verzweiflung und Verbrechen, Siechthum, Wahnsinn und Selbstmord« zu, allein: »Diese unliebsamen Erscheinungen müssen wir uns eben als unvermeidliche Folgen der Humanität gefallen lassen, ohne zu murren.« (1891, 106) Da die Humanität ein Element des gesellschaftlichen Status quo ist, sollen eher ihre Nachteile in Kauf genommen werden, statt daß man sich der utopischen »Entwicklungsethik« eines Alexander Tille zuwendet.

Ammon ist damit einer der wenigen Verteidiger der überkommenen Gesellschaftsordnung, der strikt darwinistisch argumentiert.[79] Er leugnet nicht etwa, wie dies sonst unter Verteidigern des Status quo üblich war, die Geltung der eugenischen Problematik als solcher unter Verweis auf lamarckistische Mechanismen oder göttliche Providenz, sondern er erkennt sie als Anhänger der Selektionstheorie durchaus an. Er weigert sich jedoch, aus dieser Einsicht irgendwelche sozialpolitischen Konsequenzen zu ziehen, sei es im Sinne von Tilles aktiver Eugenik, sei es im Sinne von Ploetz' Projekt einer »technischen« Keimselektion. Grund dafür ist, daß er die sozialrevolutionären Implikationen der Programme sieht, die auf Herstellung absoluter Chancengleichheit im Sinne der »Meritokratie« zielen. Aus diesem Grunde beharrt er darauf, daß der Automatismus der »natürlichen Mechanismen« trotz aller Kontraselektion letztlich eine wohltätige Wirkung hat. Der Darwinismus ist in seiner Perspektive keine sozialreformerische oder gar revolutionäre Theorie, sondern richtig verstanden folgt aus ihm, daß der aktuelle Weltzustand den Naturgesetzen entsprungen ist. Das Tüchtige gewinnt immer die Oberhand, d. h., was die Oberhand gewonnen hat, ist tüchtig, und zwar auch im Sinne von »sittlich gut«.[80]

Diese Form des Sozialdarwinismus wendet sich primär gegen die Sozialdemokratie und wurde auch zunächst als Abwehrposition gegen den sozialistischen Sozialdarwinismus (bzw. Soziallamarckismus) entwickelt. Mitte der neunziger Jahre des 19. Jahrhunderts begann sich jedoch, wie wir gesehen haben, die Position eines eher »utopischen« Sozialdarwinismus zu artikulieren, als deren herausragender Vertreter hier Alexander Tille genannt worden ist. Auch seine Position ist alles andere als sozialistisch, doch bezieht sie ihren Impetus aus der Einsicht, daß in der modernen Zivilisation eine fundamentale Fehlentwicklung eingetreten ist, die mit geeigneten politischen Maßnahmen korrigiert werden soll. Tille und die Eugeniker verteidigen ebenso wenig wie etwa der Rassentheoretiker Lapouge die gegebenen Gesellschaftsverhältnisse, im Gegenteil: Diese erscheinen als extrem selbstdestruktiv, als dem notwendigen Niedergang zusteuernd. Die Eugenik ist – selbst wenn sie postuliert, es sollten die Mechanismen natürlicher Selektion wieder in Gang gebracht werden – keine »liberale« Position. »Liberal« wäre das Vertrauen darauf, daß das freie Wirken der Kräfte sich von selbst zu einem harmonischen Resultat ordnet. Genau das bestreiten aber Eugeniker wie Ploetz, Schallmayer oder Tille. Noch weniger ist diese Position aber »konservativ«, denn der Konservatismus beruft sich ja gerade auf überkommene Werte, die der willkürlichen Veränderung gegenüber in Schutz genommen werden sollen.

Die utopisch-sozialdarwinistische Position reagiert vielmehr autonom auf eine von ihr konstatierte selbstdestruktive Tendenz der Zivilisation. Ihr zufolge führt die Selbstorganisation des Zivilisationsprozesses unbewußt zur Veränderung der natürlichen Selektionsbedingungen im Sinne der Kontraselektion. Eugenik bedeutet für sie, daß ein Bündel von Maßnahmen zur Behebung unerwünschter antizipierter zivilisationsbedingter Folgen entwickelt wird – sie soll gewissermaßen eine genetische Naturzerstörung aufhalten. Das freie Wirken der Kräfte hat unerwünschte Nebenwirkungen gezeigt; es hat sich ein fehlerhafter Kreislauf gebildet, mit gravierenden Dysfunktionen auf physisch-anthropologischem Niveau. Diese Fehlentwicklung soll nun durch geeignete politische Maßnahmen korrigiert werden, wobei rücksichtslos über alle gegebenen sozialen und moralischen Institutionen hinweggegangen werden soll. In diesem Sinne ist diese Position »revolutionär«; sie ist zugleich »utopisch«, da sie ihre Forderungen aus einer reinen autonomen Gedankenbewegung herleitet, ohne Bezug auf reale soziale und politische Kräfte.

Die Position Tilles ist also keineswegs »reaktionär« in dem Sinne, daß sie die gegebenen gesellschaftlichen Verhältnisse retten oder gar auf ein »früheres« Stadium zurückführen will, sondern sie sieht diese gerade in einem Prozeß der Selbstzerstörung begriffen, der nicht nur gebremst werden soll, sondern an dessen Stelle ein Mechanismus der Perfektionierung durch totale Mobilisierung einzurichten ist. Die inhaltliche ideologische Füllung dieses aktivistischen Programms war dabei zunächst relativ offen. Sie konnte im völkischen, im nationalistischen oder später gar »nationalsozialistischen« Sinne geschehen; ebenso gut konnte sie sich aber auch auf den Sozialismus beziehen.

Es ist damit kein Zufall, daß zahlreiche Eugeniker der sozialistischen Bewegung nahestanden, da sie ebenso wie diese auf eine »vernünftige« Behebung sozialer Fehlentwicklung setzten.[81] Schallmayer wies in der sozialdemokratischen *Neuen Zeit* ausdrücklich darauf hin, daß ihm gerade »nichts ferner liegt als die angebliche Anschauung, es bestehe zwischen sozialistischen und rassehygienischen Bestrebungen ein prinzipieller Gegensatz« (Schallmayer 1907, 732), während ihm von sozialdemokratischer Seite entgegengehalten wurde, in der Gegenwart habe immer noch der Klassenkampf Vorrang vor der Eugenik. Anders solle dies jedoch im Sozialismus der Zukunft sein:

Dann wird die Rassenhygiene zu einer praktischen Wissenschaft von überragender Bedeutung werden, der die neue Gesellschaft den neuen Kompaß für ihre Ethik entnehmen wird. Aus dem Gesagten erhellt, daß die Bestrebungen der Rassenhygieniker der Sympathie der Sozialisten sicher sind, wenn auch vorerst die rassenhygienischen Forderungen des Proletariats hauptsächlich die Form des Klassenkampfes annehmen. (Olberg 1906, 727)

Letzteres ist zwar im Sinne einer Verbesserung der Lebensumstände gemeint, aus der lamarckistisch eine Verbesserung der Rasse folgen soll, doch wird deutlich, daß in der deutschen Sozialdemokratie ebenso wenig wie in der englischen Linken grundsätzliche Bedenken gegen die Eugenik bestanden.[82] Formell jedenfalls war der Gegensatz zwischen Liberalismus als Politik des *laissez-faire* und rassen- wie sozialhygienischen Reformforderungen auf der anderen Seite entscheidend. Es war Ammon, der die Gemeinsamkeiten von Sozialismus und Eugenik aus der Position des Status-quo-Sozialdarwinismus deutlich aussprach und natürlich beide ablehnte, da seiner Auffassung zufolge die bestehenden Verhältnisse bereits optimale Selektionsbedingungen bildeten.

Die Unterscheidung eines linken, eines utopischen und eines Sozialdarwinismus des Status quo sollte nicht die Tatsache verdunkeln, daß es zwischen diesen Positionen eine Reihe von Übergängen gab. So bildet die rein legitimatorische Position Ammons eher eine Ausnahme. Positionen, die die »konservativ-aristokratischen« (Haeckel) Implikationen des Darwinismus unterstreichen, bestreiten gewöhnlich nicht, daß in einer Gesellschaft mit stabilen, starren Institutionen und sozialer Tradierung von Positionen Wettbewerbsverzerrungen üblich sind, die verhindern, daß grundsätzlich die »Fähigsten« in die höchsten sozialen Stellen gelangen. Fast jede Form des Sozialdarwinismus enthält daher Forderungen nach größerer Chancengleichheit, damit es begabten Kindern aus der Unterschicht möglich sein soll, sozial aufzusteigen. Man mußte schon wie Ammon die soziale Schichtung unmittelbar mit einer Schichtung der Begabungen identifizieren, um solche Forderungen abzuwehren. Einer solchen Behauptung stand jedoch der manifeste Augenschein entgegen, so daß der strikte Sozialdarwinismus des Status quo eher eine Außenseiterposition blieb.[83] Wenn es darauf ankam, die gegebene gesellschaftliche Wirklichkeit ideologisch zu rechtfertigen, so geschah dies in der Regel doch besser mit Hilfe der überkommenen Begriffe des Rechts, der Tradition oder der Religion.

Aus der Gegenüberstellung dieser Positionen wird die Ambivalenz des »Sozialdarwinismus« wie auch seine politische Vielseitigkeit deutlich: Er diente zur Begründung proletarischen Klassenkampfes ebenso wie zur Legitimation imperialistischen Ausgreifens; man konnte mit seiner Hilfe das Problemfeld von Biologie und Gesellschaft ebenso analysieren wie phantastische Projekte entwerfen. Es wird darin deutlich, wie schwierig es ist, den Sozialdarwinismus einfach als »Ideologie« zu sehen und nicht als einen umfassenden »materialistischen« Erklärungsversuch, der für zahlreiche ideologische Positionen offen war.

Wir haben gesehen, daß die Diagnose eines materiell-organischen Selbstwiderspruchs der modernen Zivilisation in der Regel Hand in Hand mit dem Ruf nach starken Gegenmaßnahmen gegangen war. Konnte demonstriert werden, daß der Naturprozeß der Gesellschaftsentwicklung einen Verlauf nahm, der den organischen Grunderfordernissen der Aufrechterhaltung (oder Steigerung) dieser Gesellschaftsentwicklung entgegenstand, so war diese Einsicht gleichbedeutend mit der, daß im Verhältnis von Natur und Gesellschaft etwas fundamental schiefgehen kann. Die formelle Voraussetzung für diese Einsicht war der Zusammenbruch der natürlichen Teleologie nach Durchsetzung des Selektionsprinzips, das die Natur zu einem rein funktionalen Zusammenhang gemacht hatte. Eine Natur ohne (durch den Schöpfer oder durch zweckgerichtete vitale Prinzipien) garantierte Harmonien konnte sich zu »Gleichgewichten« ordnen, doch gab es jetzt keinen Grund mehr, weshalb diese Naturzustände aus der Perspektive menschlicher Gesellschaften erfreulich sein sollten. Die unteleologisch-funktionale Natur brauchte nicht mehr automatisch auf den »Fortschritt« oder auch nur auf den Bestand der Menschheit ausgerichtet zu sein. Dies konnte »pessimistisch« bedeuten, daß eben alles dem Niedergang geweiht war; man konnte aus dieser Einsicht aber auch den Schluß ziehen, daß die Aufgaben, die keine Vorsehung und kein wohlwollendes Naturgesetz mehr von sich aus erfüllten, vom Menschen selbst in die Hand genommen werden mußten.

Die Eugeniker hatten aus der Beobachtung, daß der Mensch, ohne es zu wissen, durch seine zivilisierenden Anstrengungen die auf ihn wirkenden organischen Selektionsbedingungen dergestalt verändert hatte, daß ein allmählicher Niedergang seiner physischen und intellektuellen Kompetenzen zu befürchten war, den Schluß gezogen, er müsse also selbst technisch, gesetzgeberisch, und das heißt *bewußt*, die Selektionsbedingungen gestalten. Dem Menschen war es durch Hygiene und Sozialfürsorge ungewollt gelungen, in einen objektiven Naturzusammenhang einzugreifen. Das humanitäre Ziel, das er damit anstrebte, wurde jedoch mit dem Preis bezahlt, daß er die Naturgrundlage seiner eigenen Existenz gefährdete. Aus diesem Dilemma konnte nur eine Flucht nach vorn helfen: An die Stelle unbewußter, ungewollter und schädlicher Veränderung der Selektionsbedingungen sollte ihre bewußte, gewollte und damit günstige Gestaltung durch den Menschen treten. Was die Natur nicht mehr von sich aus leisten konnte, da der Mensch ihre lange eingespielten Wirkungszusammenhänge beeinträchtigt hatte, mußte er jetzt selbst in die Hand nehmen. Die Naturkrise, die durch gutgemeinte, aber objektiv schädliche Aktivitäten heraufbeschworen worden war, sollte durch eine Steigerung von Aktivitäten wieder überwunden werden.

Den eugenisch-selektionistischen Kritikern einer zivilisatorischen Fehlentwicklung war das elementare Vertrauen in die natürliche Selbstregulation der Welt abhanden gekommen. Ihre Forderungen standen damit in vollkommenem Gegensatz zum Credo der natürlichen Teleologie und des Liberalismus, deren Grundannahmen im wesentlichen identisch sind. Wenn die Welt (Natur und Gesellschaft) sich nicht mehr spontan, automatisch, unreglementiert im Gleichgewicht hält, wird es erforderlich, daß eine Instanz auftritt, die sich die Sorge um das Ganze zur Aufgabe macht. Im engeren gesellschaftlichen Bereich war etwas Vergleichbares bereits geschehen. Die sozialpolitischen Defizite einer vollständig freien, ungeregelten Marktwirtschaft hatten zum Auftritt sozialreformerischer Bewegungen sowie zur Staatsintervention geführt. Beide waren von der Einsicht ausgegangen, daß von der »Vernunft« geleitetes Handeln überall da in gesellschaftliche Prozesse intervenieren soll, wo sich systematische Defizite zeigen.

Sozialpolitisch war aus der Diagnose von Fehlentwicklungen der Schluß gezogen worden, diese Fehlentwicklungen seien durch politisches Handeln zu modifizieren, möglichst zu beheben. Wie dies geschehen sollte, war eine Frage sozialer Standorte und ideologischer Orientierungen. Die konservativ-sozialstaatliche wie die sozialistisch-revolutionäre Lösung standen beide gegen das fundamentale liberale Prinzip, wonach sich in der Welt von selbst eine harmonische Ordnung einspielt. Gerade aber solche »Sozialdarwinisten«, die eine Rechtfertigung des Status quo mit Hilfe einer struggle-for-life-orientierten Naturtheorie im Sinn hatten, durften die kontraselektorischen Vorgänge, die auf der Basis eben dieser Theorie postuliert werden konnten (und nach dem Stand des Wissens wohl auch mußten), nicht systematisch zur Kenntnis nehmen. Es wird hierin deutlich, wie problematisch die Konstruktion eines einheitlichen »Sozialdarwinismus« ist.

IV. Das Naturgesetz des Niedergangs

1. Gobineau und die Entropie der Rassen

Die wissenschaftliche Anthropologie des 18. Jahrhunderts hatte als Zweig der »Naturgeschichte« deren elementare Denkvoraussetzungen geteilt. Die Natur bildete ihr zufolge einen wohlgeordneten Haushalt, innerhalb dessen jede Art ihren festen Platz hatte. Nichts ist überflüssig, nichts darf fehlen – die Natur steht in einem Kontinuum, dessen Elemente funktional miteinander vernetzt sind. Ihre Ordnung ist Ausdruck des göttlichen Schöpfungsplans. Eine »Art« oder »Species« bildet einen festen, geschaffenen Typus, der immer nur seinesgleichen zeugt. Da jedoch bekannt war, daß sich in der Realität alle Individuen mehr oder weniger stark voneinander unterscheiden und Varietäten bzw. Rassen bilden, wurde die Art als ideelle Entität gedacht, die sich empirisch nirgendwo in reiner Form realisierte. Abweichungen von dem essentiellen Urtypus konnten, wie wir gesehen haben, aus unterschiedlichen Umwelteinflüssen erklärt werden – aus Klima, Nahrung, Krankheiten usw. Ob Monogenese oder Polygenese, die Anthropologie stand auf jeden Fall auf dem Fundament typologischen Denkens.

Dieses typologische Spezies-Konzept der Naturgeschichte blieb im wesentlichen innerhalb des Rahmens der Denkfigur des Nullsummenspiels. Auch Geschichtsmodelle, die auf dem typologischen Konzept der Naturgeschichte aufbauen, kennen keine unendlich fortschreitenden Transformationen. Für Montesquieu etwa spielt das Drama der Geschichte mit den immer gleichen Darstellern, wobei sich nur die Kulissen (die natürlichen Umwelteinflüsse) und die Kostüme (die Sitten und Institutionen) verändern. Der gesamte Prozeß hat jedoch keine Richtung, sondern die Gesellschaften oszillieren um einen Typus des Menschlichen, der fixiert ist. Diese Denkform operiert also mit zwei Elementen: dem festen Typus und der variierenden Umwelt, mit deren Hilfe reale Vielfalt innerhalb der Grenzen einer im wesentlichen statischen Welt erklärt werden kann. Die Plastizität der Natur ist recht groß, doch findet sie ihre Grenze im Wesen des Typus, das prinzipiell unüberschreitbar ist. Im Rahmen dieses naturgeschichtlichen Modells bedeutet »Fortschritt« daher nur, daß die Menschheit einem »natürlichen« Idealzustand zusteuert, innerhalb dessen das »Wesen des Menschen« verwirklicht wird. In ihm wird ein essentielles Potential vollständig ausgeschöpft, das virtuell schon immer vorhanden war. Die Geschichte ist daher eine Veranstaltung, die kein »offenes Ende« hat, sondern ein immanentes Telos verwirklicht, das in ihr bereits verborgen liegt.

Die physische Anthropologie der Naturgeschichte, die sich primär mit dem Problem der Klassifikation beschäftigte, verband sich seit dem frühen 19. Jahrhundert zunehmend mit der Geschichtsphilosophie in einer Weise, daß in den Rassen, also in physisch fixierten Varietäten der Menschheit, die realen Subjekte der Geschichte gesehen wurden. So wie die Rassen bestimmte, in historischen Zeiträumen invariante äußere Merkmale besitzen, so haben sie auch Merkmale, die sie zur Ausprägung bestimmter Kulturtypen prädestinieren. Diese Auffassung lag auch mehr oder weniger implizit den Klassifikationen der Naturgeschichte zugrunde, doch diente sie dort eher zur strengeren Definition der Unterschiede, weniger aber zur Erklärung historischer Prozesse. Genau das aber faßte die »geschichtsphilosophische« Rassentheorie ins Auge.[1] Die Existenz bestimmter fester rassischer Typen sollte das reale biologische Substrat der Geschichte bilden. Rasse versprach, den Grund zu definieren, von dem aus die Oberflächenbewegungen der historischen Wirklichkeit gesteuert wurden. In ihr faßten sich elementare Prinzipien zusammen. Der Konstanz und Invarianz der physischen Rassenmerkmale, die sich praktisch unverändert vererben, muß eine Reihe »geistiger« Eigenschaften entsprechen, die ebenfalls invariant und vererblich sind, also feste Typen bilden. Dieses rassentheoretische Programm der Geschichtserklärung gehört daher von Anfang an zu den Versuchen einer »harten«, wissenschaftlichen und materialistischen Erklärung gesellschaftlicher Abläufe und sollte den neuesten Stand der anthropologischen Naturerkenntnis reflektieren. Die Rassentheorien sind »naturalistische« Geschichtstheorien; es überrascht daher nicht, daß in ihrem Kontext eine fundamentale Naturkrise des Menschen denkbar wurde, sobald der Geschichtsprozeß selbst als ein Prozeß des Niedergangs aufgefaßt wurde.

Im Rahmen der Naturgeschichte gab es unterschiedliche Auffassungen vom Grad der Plastizität des Menschentypus und damit der Funktion der Rassen in der Geschichte. Je plastischer das menschliche Material gedacht war, desto größer konnte die Rolle der Umwelteinflüsse auf die Kultur sein. Von wenigen Außenseitern abgesehen, wurde jedoch kaum die Postition vertreten, es handle sich bei den Rassenmerkmalen um bloß physische Unterschiede und nicht zugleich um unterschiedliche Grade der Kulturfähigkeit. Die anthropologischen Klassifikationssysteme des 18. Jahrhunderts verzeichneten in der Regel neben physischen Merkmalen auch kulturelle und mentale Unterschiede, die untrennbar zu den jeweiligen Varietäten gehören sollten.

Dies kann am Beispiel von Linné demonstriert werden. Er gliedert die Spezies *homo sapiens* in sechs Varietäten oder Rassen: 1. *homo ferus*, 2. *homo americanus*, 3. *homo europaeus*, 4. *homo asiaticus*, 5. *homo afer* und 6. *homo monstrosus*. Diese sechs Menschenrassen werden nun anhand einer Reihe von Merkmalen unterschieden, die nicht nur physischer, sondern auch »kultureller« Natur sind. Für die Europäer und die Asiaten nennt er etwa die folgenden klassifikatorischen Unterschiede:

Homo europaeus: *Albus, sanguineus, torosus.*
  Pilis flavescentibus prolixis; oculis caerulis.
  Levis, argutus, inventor.
  Tegitur vestimentis arcitis.
  Regitur legibus.
Homo asiaticus: *Luridus, melancholicus, rigidus.*
  Pilis nigrandibus; oculis fuscis.
  Severus, fastuous, avarus.
  Tegitur indumentis laxis.
  Regitur opinionibus.

Entsprechend ist der *homo americanus* nicht nur »*rufus*«, »*cholericus*« etc., sondern es heißt auch »*regitur ritibus*«, während der *homo afer* »*niger*«, »*phlegmaticus*« ist, sowie »*regitur arbitrio*« (Linné 1758, zit. Scheidt 1925, 283 f.). Neben der Haut- und Haarfarbe, dem Konstitutionstypus und der Kleidung gehört also auch die Regierungsform, sei es durch Riten, Gesetze, Meinungen oder Willkür zu den Rassenmerkmalen, die in die naturgeschichtliche Klassifikation aufgenommen werden. Es scheint somit festzustehen, daß die unterschiedlichen Menschenrassen unterschiedliche Kulturtypen hervorbringen. In zahlreiche universalgeschichtliche Entwürfe des 18. und frühen 19. Jahrhunderts wanderten daher auch die Rassen als Geschichtssubjekte ein. Nicht mehr nur »geistige« Prozesse oder Umwelteinflüsse, sondern auch die unterschiedliche anthropologische Ausstattung der Völker avancierten zu möglichen Erklärungsprinzipien für historische Abläufe.[2]

Besonders im Frankreich des frühen 19. Jahrhunderts grassierten zahlreiche Versuche, eine physiologische Geschichtstheorie zu entwerfen, die ihre handelnden »Subjekte« in naturwissenschaftlich unterscheidbaren Menschenrassen findet. »Rasse« bedeutet in diesem Kontext, daß grundsätzlich neben den sichtbaren phänotypischen Unterschieden auch Differenzen der Intelligenz, der Vitalität, der Aktivitätsmuster usw. physiologisch verankert sind. Die neuesten Erkenntnisse der Naturwissenschaften schienen eindeutig in eine solche Richtung zu weisen.[3] Die objektiven Rassenmerkmale wurden zu den Triebkräften der Kultur und der Geschichte. Die zu beobachtenden Kulturunterschiede zwischen den Völkern, besonders das Qualitätsgefälle zwischen der europäischen Zivilisation und dem Rest der Menschheit, konnten als Ausdruck solcher physischer Unterschiede begriffen werden.

Herausragender Vertreter einer solchen rassentheoretischen Geschichtserklärung war der Graf Gobineau[4], dessen *Essai sur l'inégalité des races humaines* 1853/55 erschien. Gobineau ist formell Monogenist, akzeptiert also den biblischen Schöpfungsmythos. Seine Rassentheorie dagegen setzt fixe, invariante Rassenentitäten voraus, wie dies der Polygenismus tut. Er löst diesen Widerspruch durch einen (impliziten) Rückgriff auf Cuviers Katastrophentheorie. Der Monogenismus ging von einer einmaligen Schöpfung aller Arten aus. Bestehende Variationen, also etwa Menschenrassen, wurden aus Umwelteinflüssen erklärt, die jedoch innerhalb recht kurzer Zeit wirksam werden mußten. Diese Position unterstellte also ursprünglich eine sehr große Variabilität der menschlichen Natur, eine rasche und grundsätzlich reversible Ausbildung von Rassenmerkmalen unter bestimmten Einflüssen der äußeren Umwelt. Diese Annahme hatte sich nun zunehmend als unrealistisch erwiesen, so daß die biblische Schöpfungsgeschichte auf alle Fälle stark modifiziert, wenn nicht aufgegeben werden mußte.

Gobineau lehnte die beiden gängigen Auswege jedoch ab, die einerseits im Polygenismus, andererseits in einer Verlängerung des Evolutionszeitraums bestanden. Statt dessen griff er auf ein Modell zurück, das Cuvier bereits zuvor erfolgreich gegen Lamarck ins Feld geführt hatte. Danach gibt es erdgeschichtlich Perioden unterschiedlicher Plastizität, d. h. Zeiten, in denen das biologische (und geologische) Material enorm formbar ist, während es unter normalen Umständen stabil bleibt. Es ist dies eine Auffassung, die an frühere theoretische Kniffe der Providenzlehre erinnert, wonach Zeiten der »Wunder« von Zeiten der Normalität und Regularität göttlicher Naturgesetze abgelöst werden, was den Vorzug hatte, daß damit ungewöhnliche Ereignisse ebenso erklärt werden können wie die Konstanz der Natur. Auf die Rassentheorie angewandt, folgte aus dieser Argumentationsfigur, daß sich aus Adam und Eva bzw. aus Noah in kürzester Zeit die bestehenden Rassen ausdifferenziert hatten, um danach jedoch als solche stabil zu bleiben und ihre Eigenschaften nur noch durch Mischung zu verändern.

Gobineaus rassengeschichtliches Modell funktioniert dann nach einer einfachen Mechanik. Kurz nach Erschaffung der Welt war die Natur generell noch kräftiger, unruhiger, schöpferischer als heute, wovon auch die geologischen Veränderungen zeugen. Der Mensch »zeigte noch unsichere Formen« (I, 186), war plastischer als in der Gegenwart. Adams Nachkommen entfernten sich strahlenförmig von dem Urtypus, daher entspricht ihm keine der existierenden Rassen. Alle haben sie bestimmte Züge miteinander gemein, so daß (im Gegensatz zur polygenetischen Lehre) von einer einheitlichen menschlichen Gattung gesprochen werden kann, doch sind die Unterschiede beträchtlich. Die entstandenen Merkmale der Rassen sind so stabil, daß diese zu Pseudospezies geworden sind. Sie weisen eine »konsequente, unzerstörbare Dauerhaftigkeit der Züge und Formen« auf, und das bedeutet, daß die »Trennung der Racen auf ewig« besteht (I, 187). Aus dem einheitlichen Primärtypus differenzierten sich drei elementare »Sekundärtypen« heraus, von denen die gegenwärtigen Rassen abstammen. Es sind dies die weiße (kaukasische, semitische, japhetitische), schwarze (hamitische) und gelbe (altaische, mongolische, finnische, tatarische) Rasse. Diese Grundtypen sind in sich elementar und stabil, so daß ihre Eigenschaften nicht mehr durch »Anpassung« an unterschiedliche Umwelten, sondern nur noch durch Mischung verändert werden können.

Aus frühen Kreuzungen der drei Grundtypen gehen die sogenannten Tertiärtypen hervor, homogene Mischungen, die selbst konstante Merkmale besitzen. In ihnen findet man die realen Rassen, die in der überlieferten Geschichte wirksam waren, sofern sie nicht bereits aus Mischungen höheren Grades bestehen, aus denen sich die Quartärrassen bilden. Letztere sind die eigentlichen

Mischlinge, während unterhalb von ihnen das nackte Chaos einsetzt. Es gibt also fünf Stufen der Rassenbildung:
1. Der einheitliche Typus Adams/Noahs;
2. die reinen Sekundärrassen ferner Vorzeiten;
3. die realen Tertiärrassen, durch deren Kollision die Geschichte vorangetrieben wurde;
4. die gemischten Quartärrassen minderer Qualität;
5. das Rassenchaos.

Der allgemeine Gang der Geschichte ist damit vorgezeichnet.[5] Er verläuft von einer ursprünglichen, sehr kurzfristigen Einheit über stabile und reine Typen bis zum »Racenwirrwarr«, in dem keine Spuren der elementaren Qualitäten mehr sichtbar sind. Den Gedanken des einheitlichen Ursprungstypus muß Gobineau aufrechterhalten, will er nicht gegen den biblischen Schöpfungsmythos vertoßen, was sich ihm als gläubigem Christen verbietet. Sieht man von dieser Annahme eines einheitlichen Ursprungs in Adam aber ab, so ist Gobineaus Modell vom Polygenismus nicht zu unterscheiden. Eine »Rückkehr« zum Ursprungstypus ist ausgeschlossen. Eine totale Mischung der Rassen führt nicht etwa (wie bei Buffon) zu einer neuen Einheit, sondern zum totalen Chaos. Die reinen Sekundär- und Tertiärtypen bilden qualitativ geschlossene und einheitliche Figuren, zwischen denen ein absolutes Gefälle existiert, welches die Kultur antreibt.

Ganz unten stehen – wie in den zeitgenössischen Rassenklassifikationen üblich – die Schwarzen, die als sinnlich, grob und grausam qualifiziert werden. Die mittlere gelbe Rasse ist gemäßigter als die Neger, praktisch, pragmatisch, mittelmäßig. An der Spitze stehen die Weißen, die Kraft, Beharrlichkeit, Ordnungssinn, Humanität und Ehrgefühl miteinander vereinen. Diese reinen Sekundärrassen sind jedoch nirgends mehr in der Wirklichkeit zu finden. Die heute existierenden Rassen setzen sich aus Mischungen mit unterschiedlichen Anteilen der verschiedenen Elemente zusammen, wobei sich der Rang einer bestehenden Rasse nach dem Grad ihrer Homogenität bestimmt. Mischungen als solche sind nicht prinzipiell schädlich, denn es können aus ihnen Eigenschaften entstehen, die die Sekundärtypen nicht besitzen. In der Regel gilt jedoch, daß der Mischling von geringerem Wert ist als der reinere Ausgangstypus.[6]

Die Zeit der Rassenreinheit liegt jedoch im fernen Dunkel der Vorgeschichte. Seitdem haben die Mischungen immer weiter zugenommen, wodurch die Vorzüge, aber auch die Fehler der einzelnen Rassen abgemildert worden sind. Die Geschichte der Menschheit ist eine der Rassenkreuzungen, und damit ist sie auch eine Geschichte der Schwächung. Zwar wurden die Schwachen und Grausamen auf ein Niveau der Mittelmäßigkeit gehoben, doch war der Preis dessen, daß auch die Starken und Edlen zum Mittelmaß herabgedrückt worden sind. Der künftige Verlauf der Geschichte ist durch diese Mechanik irreversibel vorausprogrammiert. Die Zukunft der Menschheit liegt in der allgemeinen Verwirrung, die »gleich der zu Babel mit der vollkommensten Ohnmacht endet, und die Gesellschaften zur Nichtswürdigkeit führt, wider die es keine Abhilfe gibt« (I, 285).

An der Spitze der Tertiärrassen stehen die Arier, eine Rassenmischung, in der der weiße Anteil am höchsten ist. Alle zehn Zivilisationen, die in der Weltgeschichte unterschieden werden können, sind auf die Initiative der Arier zurückzuführen; dies gilt für Indien, Ägypten, Assur, Griechenland, China, Rom, Germanien, Alleghanien, Mexiko und Peru. Eine wirkliche Geschichte, die sich aufzuzeichnen lohnt, besitzen nur die weißen Rassen, und zwar dann, wenn die Völker, die sie dominieren, miteinander zusammenstoßen. Die Schwarzen und Gelben dagegen bleiben geschichtslos; sie treten nur dann in die Geschichte ein, wenn sie von Weißen beherrscht werden. Der idealtypische Verlauf einer Hochkultur sieht dann so aus, daß ein Zweig der weißen Rasse sich über eine andere Rasse schiebt, indem sie diese durch Eroberung unterwirft. Aus der Spannung der Rassen kann dann Kultur entstehen. Voraussetzung der Kultur ist also ein Qualitätsgefälle relativ reiner Rassenbestandteile. Rassen dürfen sich nicht vermischen, sondern sie müssen sich (als Herren und Knechte) überlagern, wobei der Grad der Kulturfähigkeit sich direkt aus der Höhe des Potentialgefälles zwischen den beteiligten Rassen ergibt. Es ist jedoch unvermeidlich, daß im Laufe der Entwicklung einer Hochkultur Rassenkreuzungen auftreten. Da die Herrenrasse nur eine Minderheit der Bevölkerung darstellt, führt dieser Mischungsprozeß zu einer zunehmenden »Verdünnung« ihres Blutes. Die Arier gehen mit der Zeit in der Mehrheit der Unterworfenen unter. Damit verliert die jeweilige Kultur aber auch ihren Impetus, sie erstarrt, es sei denn, daß eine neue barbarische Invasion relativ reiner Arier eine schöpferische Verjüngung bringt.

Es gibt nur ein einziges historisches Beispiel dafür, wie es einer herrschenden Rasse gelungen ist, sich über einen längeren Zeitraum hinweg zu behaupten, wenn auch unter Einbuße wesentlicher Qualitäten: die Arier in Indien. Als die Arier, ein Unterzweig der weißen Sekundärrassen, in grauer Vorzeit in Indien einwanderten, trafen sie dort auf eine eingeborene schwarze Bevölkerung, die sie unterwarfen. Weitblickende Gesetzgeber erkannten jedoch, daß Rassenmischung zum Untergang der indisch-arischen Kultur führen mußte. »Von dem Wunsche geleitet, der weißen Race die höchste Gewalt zu erhalten, ersannen sie eine Gesellschaftsverfassung, die nach dem Grade der geistigen Höhe abgestuft war« (II, 208) – das Kastenwesen. Eine Kaste bildete eine endogame Gruppe, so daß sich bei strenger Kastenscheidung ein bestimmtes Rassengefälle zwischen den Kasten aufrechterhalten ließ. Die höchte Kaste der Brahmanen stand dem arischen Urvolk am nächsten, wenn sie auch mit diesem nicht identisch war, da es bereits vor Einrichtung des Kastenwesens Rassenmischungen gegeben hatte.[7]

Die Arier in Indien bildeten einen separaten Stamm der weißen Rasse, einen Typus, der sich gegenüber den übrigen Kasten/Rassen als »wahrhaft erhaben« zeigte. Auch in Indien konnte jedoch der Prozeß der Rassenmischung zwar stark verzögert, nicht aber aufgehalten werden. Besonders die Einflüsse der universalistischen Lehren des Buddhismus und des Islam führten zu einer Unterminierung des alten Apartheid-Systems. Heute ist die Reinheit der Brahmanen »nur ein Echo, und dieses Echo wird immer schwächer und schwächer werden, in dem Maße, wie die Auflösung der Gesellschaft in Indien zunimmt« (II, 221).

Dennoch ist Indien für Gobineau die große Ausnahme unter den Hochkulturen. Die relativ gut gelungene Konservierung der Arier führte dazu, daß sich die indische Kultur über Jahrtausende hinweg fortsetzen konnte, im Gegensatz zu Persien, Babylonien, Assur, Ägypten, Griechenland, Rom usw. Das Kastenwesen hatte die kulturschaffende Spannung zwischen den Rassen erhalten und damit deren höchste Potenz, die Arier, vor dem Untergang im Rassenchaos bewahrt, wenn sie auch nicht makellos geblieben sind. Indien hatte so eine »fast unsterbliche Gesellschaft« (II, 226) entwickelt, der nur zwei Gefahren drohten: eine Aufweichung des Kastenwesens mit nachfolgender Vermischung oder eine Eroberung durch Völker, die einen höheren weißen Anteil besaßen – also letztlich durch die Engländer.[8]

Indien bildet somit einen universalgeschichtlichen Ausnahmefall; die einzige Hochkultur, die aufgrund institutionalisierter Rassentrennung dauerhaften Erfolg haben konnte. Für den Geschichtspessimisten Gobineau steht Indien daher für die einzige Möglichkeit, wie der historische Niedergang gebremst, wenn auch nicht völlig aufgehalten werden kann. Indien ist zugleich ein Gegenbild zu Europa, denn das demokratische und revolutionäre Westeuropa, besonders das Frankreich des 19. Jahrhunderts, geht durch Aufhebung der Standesschranken einer allgemeinen Nivellierung und Bastardisierung entgegen. Die Französische Revolution, die Vernichtung der (fränkisch-arischen) Aristokratie, hat den Weg in den Untergang geebnet. Eine indische Alternative ist für Europa nicht in Sicht.[9]

Die universalgeschichtliche Problematik besteht also darin, daß die in der Frühzeit hoher Plastizität aufgezogene Rassenuhr allmählich abläuft. Die Arier bilden eine einzigartige Kultur-Ressource, die im Prozeß der Kulturbildung verschlissen wird. Die Menschheitsgeschichte zehrt von dem einmaligen Bestand einer hochwertigen Rasse, die im Vollzug dieser Geschichte verbraucht wird. Zwar kann durch Kastenbildung und Apartheid diese Ressource geschont werden, kann die Zeit gestreckt werden, während derer sie genutzt werden kann, doch ist das Ende unausweichlich. Wie einst sämtliche Vorräte fossiler Energie verbraucht sein werden, wird das arische Blut im Meer minderwertiger Rassen bis zur Unkenntlichkeit verdünnt sein. Wenn der Restbestand reiner Rasse verzehrt ist, ist die Geschichte an ihrem Ende angelangt.

Das letzte Zeugnis dieser Geschichtsmechanik wird Amerika sein. Dort bilden die Angelsachsen das arische Ferment, das zum Aufbau einer Hochkultur dienen kann. »Die Angelsachsen betragen sich als Herren gegen die geringeren oder auch nur ihnen fremden Völkern.« (IV, 279) In dieser Haltung kommt noch einmal das elementare Überlegenheitsgefühl der arischen Rasse zur Geltung, der Instinkt einer Herrenrasse, die sich ganz selbstverständlich zur Führung berufen fühlt und nicht zögert, Neger als Sklaven zu halten oder Indianer zu verdrängen und auszurotten:

Die angelsächsischen Reste in Nordamerika bilden eine Menschengruppe, die nicht einen einzigen Augenblick an ihrer angeborenen Überlegenheit über das übrige Menschengeschlecht und an den Rechten der Geburt, welche diese Überlegenheit ihnen verleiht, zweifelt. ... [Die amerikanische Zivilisation] ist die einzige, die ohne Zorn, ohne Aufregung, im Gegentheil in dem Wahne, über alle Maßen mild und mitleidig zu sein und unter Verkündung der unbegrenztesten Sanftmut unaufhörlich daran arbeitet, sich mit einem Horizonte von Gräbern zu umgeben. (IV, 279, 281)

In der Landnahme der angelsächsischen Einwanderer in Nordamerika kann noch einmal, zu einem letzten Mal, das historische Drama der Errichtung einer Herrschaftsordnung, die zur Hochkultur prädestiniert ist, beobachtet werden. Die Nordamerikaner bilden in diesem Sinne ein junges Volk, sie sind »Kandidaten für Königtum und Adel«. Der Amerikaner ist der »Germane, der Franke, der Langobarde unserer Tage« (IV, 286), während er aus der Perspektive der (spanischen) Mexikaner als Barbar erscheint, der eine alte Kultur zertrümmert. So kann also in der Gegenwart noch einmal beobachtet werden, mit welcher grausamen Unbekümmertheit ein vitales, junges arisches Volk sich über alle Konventionen und Rechtsordnungen hinwegsetzt und mit bestem Gewissen daran geht, seine eigenen Herrschaftsinteressen durchzusetzen und sich als Herrenrasse zu etablieren.

Es ist jedoch schon jetzt abzusehen, daß auch die neue amerikanische Hochkultur, die jetzt noch voller jugendlichen Elans ist, ihrem Ende nicht entgehen kann. Die angelsächsisch-arische Substanz der USA wird durch die Einwanderung entarteter Elemente geschwächt, mit denen sie sich bedenkenlos vermischt. Diese Einwanderer »sind die Produkte der Trümmer aller Zeiten: Irländer, Deutsche, so und so vielfache Mischlinge, einige Franzosen, um die es nicht besser steht, und Italiener, die sie alle darin übertreffen.« (IV, 287) Es wird also auch in Amerika zu einem großen »Racendurcheinander« kommen, wie dies schon auf dem alten Kontinent der Fall ist. Das jetzt noch jugendliche Amerika wird daher das Schicksal Karthagos oder Konstantinopels teilen.

Die amerikanische Kultur, die so wenig auf die Reinheit ihrer Rassenbasis achtet und die von vornherein aus so heterogenen Elementen zusammengesetzt ist, wird daher keine lange Dauer haben. Sie wird das Schicksal aller übrigen Hochkulturen erleiden und in Unfruchtbarkeit ersticken. Es gibt dann keinen reinen Quell einer kräftigen arischen Rasse mehr, die auf die Bedingungen ihrer Selbstbehauptung achten würde. Der Prozeß der Nivellierung und der Pöbelherrschaft, wie er in Europa immer deutlicher wird, kann daher nicht mehr umgekehrt werden. Es handelt sich um ein historisches Naturgesetz, das seinen Lauf nimmt und dessen Resultat unabwendbar ist: der rassische Wärmetod der Kultur.

Die innere Mechanik von Gobineaus rassentheoretischem Geschichtsmodell kann besser verstanden werden, wenn man es mit der Argumentationsfigur des zweiten Hauptsatzes der Thermodynamik vergleicht, der zur gleichen Zeit formuliert worden ist[10], obwohl man nicht annehmen kann, daß Gobineau ihn gekannt hat. Aus diesem Entropiesatz konnten die folgenden kosmologischen Schlüsse gezogen werden: Es gibt in der Zeit eine irreversible gerichtete Bewegung, die davon angetrieben wird, daß zunächst ein sehr hohes Energiegefälle besteht, also etwa sehr warme neben sehr kalten Regionen. Beim Kontakt dieser Potentiale kommt ein Energiefluß zustande – Wärme fließt vom heißen zum kalten Pol. Im Verlauf dessen kann Arbeit geleistet und können hohe Ordnungszustände aufgebaut werden, doch nimmt insgesamt die Entropie innerhalb des Gesamtsystems zu. Die unterschiedlichen Energiezustände gleichen sich allmählich aus. Am Ende des Prozesses steht ein Zustand, den man den »Wärmetod des Universums« genannt hat. Die Temperaturen haben sich nivelliert. Aus heiß und kalt ist ein gleichmäßig warmer Zustand geworden. Die Spannung ist verschwunden, Ordnungen versinken im Chaos, schöpferische Tätigkeit wird unmöglich: wir stehen am Ende der Geschichte.

Die Geschichtsphilosophie Gobineaus postuliert analog dazu einen Prozeß rassischer Entropievermehrung. Sie gehört damit in den Umkreis des konservativen Geschichtspessimismus des 19. Jahrhunderts und ist strukturell mit der Geschichtsphilosophie von Vollgraff oder Lasaulx verwandt.[11] Diese Geschichtsphilosophie operiert generell nach dem entropischen Muster: Die Geschichte nimmt ihren Ausgang von einem Ursprungszutand, an dem reine Urtypen existieren, deren Spannung und Kollision die Geschichte antreibt, wobei sie jedoch in eben diesem Prozeß ihre Qualitäten verlieren, alt und kraftlos werden und schließlich in Geschichtslosigkeit versinken. Solange noch irgendwo »junge Völker« existieren, die als »Barbaren« neue Prinzipien, neue Vitalität (oder eben frisches Blut) in eine vergreisende und degenerierende Kultur bringen, kann die Geschichte immer wieder einen neuen Anlauf nehmen. Der Untergang Roms in Luxus, Weichlichkeit und Prinzipienlosigkeit, die germanische Invasion, aus der schließlich die christlichen Hochkulturen des Mittelalters und der Neuzeit entstanden, bildet die große welthistorische Parallele für diesen Vorgang, der in ähnlicher Weise auch in anderen Hochkulturen gesehen wird, die entweder (wie China) dauerhaft sind, weil sie permanent von Barbaren aufgefrischt werden, oder aber, wegen Mangels an Barbaren wie Ägypten, Mexiko oder Peru beim leichtesten Anstoß zusammenbrechen.

> Jedes große Volk, wenn es in seiner Gesammtheit nicht mehr eine gewisse Masse unverbrauchter Naturkräfte in sich trägt, aus denen es sich erfrischen und verjüngen kann, ist seinem Untergang nahe; so daß es dann nicht anders regenerirt werden kann als durch eine barbarische Überfluthung. (Lasaulx 1856, 93)[12]

Für diesen Typus von Geschichtsphilosophie stand jedoch grundsätzlich fest, daß es in der Welt immer ein Potential von Barbaren gibt, die eine niedergehende Kultur auffrischen können. Kandidaten für neue Barbaren sah man im frühen 19. Jahrhundert in hinreichender Menge: Im Umkreis der Junghegelianer dachte man an Rußland[13] und Amerika[14], oder aber an das Proletariat[15], eine Klasse innerer Barbaren, die der Geschichte einen neuen Schub verleihen sollten. Gobineau führt dieses Modell insofern zu Ende, als er fragt, was geschehen wird, wenn der Welt einst das barbarische Rohmaterial ausgehen wird. Seine Antwort: Dann mündet der Fluß der Geschichte in einen stillen See oder einen trüben Sumpf, das Wasser stagniert, die Kultur verfault.[16]

Gobineau sieht nicht Völker, Klassen oder Prinzipien als Subjekte dieses Degenerationsprozesses, sondern physische Rassen. Auch deren Gefälle muß notwendig durch Mischung verschwinden, und es ist kaum ein Weg vorstellbar, wie dieser Vorgang aufgehalten, geschweige umgekehrt werden könnte. Die Kreuzung der Rassen ist unausweichlich, und die Revolutionen des 19. Jahrhunderts, die Egalisierung der Stände, beschleunigen einen Prozeß, dessen Ende unausweichlich droht. Die geschichtliche Entwicklung befindet sich auf einer abschüssigen Bahn; es existiert eine unvermeidliche Tendenz von der Reinheit zur Durchmischung, von der Schöpfungskraft zur Sterilität.

Gobineaus »thermodynamische« und essentialistische Rassentheorie wurde von seinen Zeitgenossen kaum rezipiert. Auf ein gewisses Echo stieß dagegen sein Geschichtspessimismus bei antidemokratisch-legitimistischen Konservativen, die darin eine universelle Erklärung für den notwendigen Niedergang der europäischen Kultur durch die moderne Egalisierung und »Ständeverwirrung« fanden. Seine Rassentheorie in engerem Sinne stieß dagegen kaum auf Resonanz, da sie einerseits naturwissenschaftlich auf recht schwachen Beinen stand und sich andererseits das konservative Lager mit dergleichen materialistischen Geschichtsmodellen nicht anfreunden konnte.

Die meisten Rassentheorien des späten 19. und frühen 20. Jahrhunderts konnten mit Gobineaus Lehre nicht sonderlich viel anfangen. Dies galt besonders dann, wenn sie sich als strikt naturwissenschaftliche, auf dem Boden der avanciertesten anthropologischen Erkenntnisse stehende Geschichtstheorien verstanden, die der »harten« Erklärung historischer Prozesse durch geographische, klimatische und sozialökonomische Verhältnisse einen tiefer reichenden physiologischen Unterbau geben wollten.[17] Gobineaus Theorie enthielt zu viele Elemente, die schon auf den ersten Blick als reine Phantasmen erkennbar waren, als daß hier ein brauchbares Vorbild für eine solche materialistische Geschichtstheorie gesehen werden konnte. Dennoch gilt er als »Vater der rassistischen Ideologie«[18], da er einen der umfassendsten konjekturalgeschichtlichen Entwürfe publiziert hatte, der sich vollständig auf die Interaktion von Rassenqualitäten beschränkt. Es muß jedoch betont werden, daß die Rassentheorien des ausgehenden 19. Jahrhunderts auf einer anderen theoretischen Grundlage als der Gobineaus beruhen: An die Stelle der naturgeschichtlichen Typologie trat bei ihnen eine selektorische Dynamik.

2. Der Untergang der arischen Rasse

Von entscheidender Bedeutung für die Rassentheorien des ausgehenden 19. und frühen 20. Jahrhunderts wurde Darwins Deszendenz- und Selektionstheorie, die – wie wir gesehen haben – den essentialistischen Speziesbegriff der Naturgeschichte tendenziell in den Populationsbegriff auflöste. Eine Art bildet jetzt nicht mehr einen festen (Ur-)Typus, von dem einzelne Individuen oder Varietäten durch »Degeneration« abweichen, sondern sie wird als Fortpflanzungsgemeinschaft gesehen, deren morphologische Stabilität bzw. Variabilität nur noch eine Frage des Zeithorizonts ist. Für Arten wie Rassen gilt daher, daß sie nicht etwa in der Vergangenheit (etwa zum Zeitpunkt der Schöpfung) »entstanden« und in der Gegenwart »fixiert« sind; sie ändern sich immer noch, doch geschieht dies (nach den verbreiteten Vorstellungen des Gradualismus) so langsam und unmerklich, daß sie historisch als unveränderlich erscheinen. Diese Einführung unterschiedlicher Zeithorizonte und Veränderungsgeschwindigkeiten machte es der Rassenanthropologie möglich, die Rassen als feste Typen zu behandeln und zugleich an ihrer Plastizität in längeren evolutionären Zeiträumen festzuhalten.

Arten und Rassen bilden jetzt nicht länger invariante systematische Einheiten, sondern sie fluktuieren und evolvieren in dem Maße, wie sie unter Selektionsdruck stehen. Eine Gobineausche Rassentheorie, der zufolge reine Rassensubstanzen im Raum der Geschichte agieren und durch Mischung ihr bewegendes Qualitätsgefälle verlieren, ist im Kontext der Selektionstheorie unmöglich. Die Rassentheorie mußte nach Darwin dynamisch werden, d. h., sie mußte »Rasse« als eine menschliche Teilpopulation begreifen, die (aus geographischen oder kulturellen Gründen) von anderen Teilpopulationen längerfristig getrennt ist und unter dem spezifischen Selektionsdruck einer bestimmten (natürlichen und sozialen) Umwelt bestimmte (physische und psychisch-konstitutionelle) Eigenschaften gewonnen hat.

Im Unterschied zur Milieutheorie oder zum Lamarckismus sieht die Selektionstheorie die Zeiträume, innerhalb deren sich der Rassencharakter bildet oder verändert, als sehr lang an. Es dauert einige hundert Generationen, bis sich ein anthropologischer Typus wirklich merkbar wandelt. Im Unterschied zum klassischen Polygenismus und zur Typologie Gobineaus sind die Rassen, mehr noch als die Arten, jedoch variabel, bilden sie keine essentiellen invarianten Typen mehr. Das bedeutet, daß in historischen Zeiträumen mit den Rassenmerkmalen als einem festen Bestand gerechnet werden muß, der kurz- und mittelfristig nur durch Mischung verändert werden kann, während in sehr langen Zeiträumen auch dieser Bestand selbst der evolutionären Veränderung unterliegt.

Hinzu kommt, daß das Darwinsche Prinzip der evolutionären Verzweigung im Grunde jede Hierarchiebildung der Rassen hinfällig macht. Eine einzelne Rasse konnte jetzt nicht »höher« als eine andere stehen, wie dies in der temporalisierten Lehre von der *scala naturae* üblich war und in Theorien der Artentransformation geradezu eine Denknotwendigkeit bildete. Im Kontext der selektionistischen Deszendenztheorie gibt es keine Sukzession der Varietäten, sondern diese bilden gleichzeitige (und damit gleich

»hoch« entwickelte) Anpassungsformen an unterschiedliche Lebensbedingungen.[19] Wie das Beispiel von Alfred Russel Wallace gezeigt hat, wurde diese Implikation der Darwinschen Theorie allerdings auch von seinen nächsten Anhängern nicht vollständig realisiert, sondern es spielten immer noch teleologische Vorverständnisse eine Rolle.

Die Darwinsche Selektionstheorie definierte also die Kategorien, mit deren Hilfe die Rassenanthropologie operierte, auf neue Weise. Das Schwergewicht mußte nun auf dem dynamischen Prozeß der Rassenbildung und Rassenumformung liegen, wobei in sehr langen, in die Prähistorie zurückreichenden Dimensionen gedacht werden mußte. Zugleich spielte jetzt die Umwelt als selektierende Instanz die entscheidende Rolle für die Rassenbildung: Rasse und ihre spezifische Umwelt werden zu einer in langen Zeithorizonten veränderlichen funktionellen Einheit. Die entscheidenden Annahmen der Rassentheorie mußten jedoch nicht aufgegeben werden; im Gegenteil, sie wurden erst jetzt wirklich naturwissenschaftlich untermauert und gewannen somit an heuristischer Plausibilität. Im wesentlichen handelte es sich dabei um die Annahme unterschiedlicher intellektueller und psychischer Eigenschaften der einzelnen Rassen. Die unterschiedlichen Rassenmerkmale mußten dadurch entstanden sein, daß menschliche Teilpopulationen sich von anderen Populationen weitgehend (geographisch) isolierten und längere Zeit unter einem bestimmten Selektionsdruck seitens ihrer natürlichen Umwelt standen. So galt es bald als etablierte Tatsache, daß die weiße, depigmentierte Rasse nördlichen Klima- und Lichtverhältnissen am besten angepaßt ist. Was lag näher als der Schluß, daß in unbestimmter Vorzeit eine Bevölkerungsgruppe in nördlichem Klima isoliert worden war und daß dort unter härtesten Umweltbedingungen nur diejenigen überlebt hatten, die diesen Bedingungen nicht nur physisch, sondern auch psychisch gewachsen waren? Unter dem scharfen Selektionsdruck einer eiszeitlichen Umwelt war somit ein Bündel von Eigenschaften gezüchtet worden, welches den Nachkommen der »nordischen« oder »arischen« Rasse Überlegenheit gegenüber denjenigen verlieh, deren Vorfahren in milderem südlichem Klima gelebt hatten.

Die Rassentheorie konnte daher auch nach Verabschiedung des typologischen Modells ihre alten Klassifikationen aufrechterhalten, die von der historischen und aktuell-politischen Anschauung gestützt wurden. Eine ihrer zentralen Annahmen hatte gelautet, daß die Befähigung zur Kultur von den Weißen über die Gelben bis zu den Schwarzen abnahm. Damit konnte zunächst einmal die so offensichtliche wirtschaftliche, zivilisatorische und militärische Überlegenheit Europas erklärt werden. *Begründen* mußte man diese Überlegenheit nicht; sie war eine manifeste Tatsache. Die Rassentheorie bot jedoch eine plausible *Erklärung* dieses Sachverhalts, die den Vorzug hatte, nach dem zeitgenössischen Stand naturwissenschaftlich erhärtet zu sein. Eine weitere Stütze fand diese Erklärung in der Tatsache, daß es in Schwarzafrika keine Hochkultur gegeben hatte, die sich mit den europäischen und asiatischen Hochkulturen vergleichen ließ. Da die »primitiven« Gesellschaften als kulturell sehr einfach galten und man von ihren oft hochkomplexen Ausdrucksformen und Institutionen nichts wußte, lag die Annahme nahe, es handele sich hier um Rassen, die geistig-intellektuell nicht zur höheren Kultur befähigt waren, sondern bestenfalls Fragmente fremder Kulturen imitieren und parodieren konnten, wofür immer wieder Haiti, die Republik ehemaliger Negersklaven, als besonders abschreckendes Beispiel genannt wurde.

In unserem Zusammenhang interessiert jedoch die Rassentheorie weniger, sofern sie sich auf das Verhältnis zwischen den globalen Großrassen bezog. Studien und Überlegungen zu den unterschiedlichen Qualitäten der Großrassen wurden aus naheliegenden Gründen besonders in Ländern angestellt, die Kolonien besaßen oder direkt mit Rassenproblemen konfrontiert waren, vor allem also in England und den USA. In Mitteleuropa dagegen entstand gegen Ende des 19. Jahrhunderts ein Typus von Rassentheorie, der sich mit der rassischen Zusammensetzung der europäischen Völker selbst beschäftigte. In diesem Kontext wurde eine Argumentationsfigur entwickelt, die bestimmte Elemente von Gobineaus Modell der Rassenentropie fortführte, jedoch zunächst anthropologisch auf weit solideren Beinen stand, bis schließlich auch sie in reine Phantastik umkippte. Diese Theorien stehen in enger Beziehung zum »Sozialdarwinismus« und zur negativen Eugenik, doch wäre es falsch, sie mit diesen Erklärungsmodellen gleichzusetzen. Dafür sind die Unterschiede zwischen beiden zu groß, was schon daraus sichtbar wird, daß zwischen Vertretern beider Richtungen erbittert geführte Kontroversen ausgetragen wurden.

Als wichtige Voraussetzungen der neueren Rassentheorie müssen zunächst die Phrenologie und Craniologie des 19. Jahrhunderts genannt werden.[20] Die auf J. F. Gall, J. G. Spurzheim und G. Combe zurückgehende Phrenologie will eine eindeutige Beziehung zwischen Kopfform und geistigen Fähigkeiten demonstrieren. Da das Gehirn das Organ der Geistestätigkeit ist, soll seine Struktur Aufschluß über die geistigen Kompetenzen geben. Die Form des Schädels als des Behälters des Gehirns ist dann ein wichtiger Indikator für dessen Beschaffenheit. Von daher läßt sich heuristisch das Programm ableiten, daß Schädelmessungen Hinweise auf die Gehirnorganisation und damit die intellektuellen, moralischen und charakterlichen Eigenschaften des jeweiligen Menschen zulassen sollen. Das Versprechen der Phrenologie lag also darin, durch Schädelmessung einen objektiven, quantifizierbaren Zugang zur Bestimmung menschlicher Eigenschaften zu gewinnen. Unterstellt war die »materialistische« Annahme, daß menschliches Verhalten letztlich das Resultat von Strukturen und Funktionen des Nervenapparats ist und somit erblicher Fixierung unterliegt. Die Phrenologie scheiterte schließlich daran, daß es ihr nicht gelang, eine eindeutige Korrelation von Gehirnaufbau und intellektuellen Fähigkeiten zu demonstrieren. Dies mag daran liegen, daß sie mit viel zu groben Indikatoren wie Gehirngewicht und dergleichen operierte. Wie auch immer – festzuhalten ist, daß die Phrenologie im 19. Jahrhundert ein ernstzunehmendes naturwissenschaftliches Programm formuliert hatte, das seinen idealistisch-konventionellen Einwänden gegenüber als »modern« und »fortgeschritten« erschien.

Der phrenologische Ansatz versprach, der physischen Anthropologie das Instrumentarium für eine eindeutige Klassifikation der Menschenrassen zu bieten. Die vergleichende Anatomie der Menschheit griff bald auf Schädelmessungen als Instrument der Rassenbestimmung zurück. Dies hatte mehrere Vorteile, die zunächst pragmatischer Natur waren. Schädel waren leicht transportierbar, leicht meßbar, einfach vergleichbar. In vorgeschichtlichen Gräbern waren Schädel oft gut erhalten, während Merkmale wie Haut- und Haarfarbe, Muskelaufbau und dergleichen nur schwer und oft überhaupt nicht rekonstruiert werden konnten. Zudem hatte man mit dem Schädel als dem Sitz des Gehirns einen Gegenstand, dessen Struktur am ehesten Aufschluß auf Differenzen einer Spezies geben konnte, deren Varietäten sich am deutlichsten in ihren »geistigen« und kulturellen Eigenschaften unterschieden. Wenn die Evolution des Menschen nach Konstituierung des *homo sapiens* nur noch eine mentale war, so mußte sich diese am ehesten in der Gehirnstruktur und damit in der Schädelform und Schädelgröße dokumentieren. Dies folgte jedenfalls aus den Annahmen der Phrenologie.

Es gab seit dem späten 18. Jahrhundert eine Vielzahl von Klassifikationssystemen für den menschlichen Schädel, doch bildete sich eine einheitliche Methode erst in der Mitte des 19. Jahrhunderts heraus. Die später gebräuchliche Klassifikation ging auf den schwedischen Anatomen Anders Retzius zurück. Er benutzte die Proportion zwischen der Schädellänge (von der Stirn bis zum Hinterkopf) und der Schädelbreite. Der Quotient beider ergab den sogenannten Schädelindex. Liegt er unter 75, so haben wir einen Langschädel, den dolichocephalen Typus; über 75 liegt der Kurzschädel oder brachycephale Typus. Diese Nomenklatur setzte sich nach der Jahrhundertmitte in der gesamten physischen Anthropologie durch. Es folgte eine Vielzahl großangelegter Schädelmessungen, besonders in Frankreich und in Deutschland, mit deren Hilfe die Rassenbestandteile der entsprechenden Völker genauer bestimmt werden sollten.

Wichtig an den mitteleuropäischen Rassentheorien des ausgehenden 19. Jahrhunderts ist, daß sie auf die Unterscheidung der Rassenbestandteile der europäischen Völker selbst orientiert sind, sich also weniger für die globalen Großrassen interessieren. Ihren Ausgang nahm diese Art von Rassenforschung in Frankreich, wo seit alters die Ansicht verbreitet war, das französische Volk setze sich aus (mindestens) zwei unterschiedlichen Rassen zusammen: den keltischen Galliern, die das Volk, und den germanischen Franken, die die Aristokratie bildeten. Arbeiten der physischen Anthropologie zielten nun darauf, den Anteil dieser Rassenbestandteile zu bestimmen sowie ihre »idealen« Typen zu definieren.[21] Es handelte sich hierbei zum größten Teil um seriöse anthropologische Forschung und nicht um phantastische Spekulationen, doch waren sie mit so vielen unbewiesenen (und wie sich zeigen sollte unbeweisbaren) Annahmen verbunden, daß die Grenze zur Phantastik immer wieder leicht überschritten werden konnte.

Einen umfassenden Versuch einer Sozialgeschichte und Gesellschaftstheorie auf der Basis von Rassendifferenzen unternahm der französische Anthropologe George Vacher de Lapouge in einer

Vortragsreihe, die er 1887 an der Universität von Montpellier hielt und gleichzeitig in der *Revue d'Anthropologie* veröffentlichte. Lapouge entwarf eine Rassentheorie, die sich prinzipiell an das Modell Gobineaus anlehnte, jedoch im Gegensatz zu diesem auf der Höhe der zeitgenössischen Anthropologie stand. Seine Grundannahme lautet, daß den Ausgangspunkt der sozialen und historischen Bewegungen unterschiedliche Rassen bilden, die unterschiedliche Eigenschaften besitzen, aus deren Kollision und Proportion sich der Gang der Geschichte ergibt. Dieses Modell ist jedoch nicht universalgeschichtlich angelegt, sondern es bezieht sich allein auf die Geschichte und Gegenwart Europas, besonders Frankreichs.

Lapouge schreibt inmitten eines Klimas des kulturellen Niedergangs und der Dekadenz, das sich in Frankreich nach dem verlorenen Krieg von 1870/71 ausbreitete. Nicht nur die militärische Niederlage, auch andere Symptome des Niedergangs beunruhigten die Öffentlichkeit. Hatte man sich während der Französischen Revolution mit dem spätrepublikanischen Rom verglichen, hatte die napoleonische und bonapartistische Zeit sich in einer Lage gefühlt, die in Parallele zum postrepublikanischen, cäsaristischen Stadium des Römischen Reichs stand, so fühlte man sich jetzt im Stadium der Spätantike – kurz vor dem Untergang, vor der Überschwemmung durch barbarische Nachbarn. Alle die Elemente, die gewöhnlich zur Erklärung des Niedergangs des Römischen Reiches dienten, konnten auch im zeitgenössischen Frankreich ausgemacht werden: Luxus, Verweichlichung, Materialismus, Geburtenrückgang, Verstädterung. Zwar befand man sich wirtschaftlich und technisch noch in einem Zeitalter der Blüte, doch waren schon die kulturellen und demographischen Fundamente morsch, drohte der Bau bald einzustürzen. Die Kultur des *fin de siècle* bildete den späten Gipfelpunkt einer untergehenden Welt.

Es handelte sich bei dieser Stimmung nicht bloß um ein rein »kulturelles« Phänomen, um eine ideologische Mode, sondern es gab durchaus reale Anzeichen für den aktuellen oder drohenden Niedergang. Zunächst ist in diesem Zusammenhang die demographische Krise zu nennen. Zwischen 1872 und 1911 stieg die Bevölkerung Frankreichs nur von 36,1 Millionen auf 39,6 Millionen, während Deutschland im gleichen Zeitraum mit der sechsfachen Rate wuchs. Es stand daher zu befürchten, daß Deutschland demographisch und folglich auch wirtschaftlich, militärisch und politisch immer stärker würde, so daß der Traum einer französischen Hegemonie über den europäischen Kontinent endgültig aufgegeben werden mußte. Eine erfolgreiche Revanche für 1871, eine Rückeroberung der verlorenen Ostgebiete, wurde immer unwahrscheinlicher, je mehr die Bevölkerung Frankreichs hinter der anderer Länder zurückblieb. Auch die koloniale Expansion Frankreichs mußte erlahmen, ja ein relativ entvölkertes Frankreich müßte zum Einwanderungsland werden und damit seine kulturelle Identität verlieren.[22]

Im Mittelpunkt all dieser Befürchtungen stand das Problem des demographischen Niedergangs. Ein Vergleich der Zuwächse der Bevölkerung zwischen 1872 und 1911 ergibt in der Tat ein beunruhigendes Bild:[23]

Frankreich	10%
Deutschland	58%
Spanien	20%
Italien	30%
Österr./Ungarn	38%
Großbritannien	43%
Rußland	78%

Zwischen 1891 und 1895 überstieg in Frankreich die Zahl der Todesfälle sogar die der Geburten. Die Fruchtbarkeit der Ehen war sensationell niedrig: Sie lag um 1900 bei 2,2, um 1914 bei 2,0 Kindern. Besonders in den Städten war die Sterberate höher als die Geburtenrate. Weitere Problemfelder kamen hinzu[24]:

- Der Pro-Kopf-Verbrauch an Alkoholika war der höchste in Europa;
- die Zahl der Insassen von Irrenanstalten wuchs schneller als die Gesamtbevölkerung (1871: etwa 50000; 1911: etwa 100000);
- der Zuwachs der Selbstmorde war der höchste in Europa (385 % zwischen 1826 und 1888);
- die Kriminalität stieg rascher als die Bevölkerung;
- die Bevölkerung war stark mit Geschlechtskrankheiten durchseucht. So sollen 13–15% der männlichen Einwohner von Paris mit der Syphilis infiziert gewesen sein.

Diese Beobachtungen bewegten zahlreiche Zeitgenossen zu dem Schluß, daß die Bevölkerung Frankreichs an Quantität und Qualität zurückging. In diesem Zusammenhang entstand nun ein enormer Erklärungsbedarf, der unter Rückgriff auf eine Reihe von älteren Theorien gedeckt werden konnte, zum Teil aber auch neue Theorien hervorbrachte, zu denen Lapouges Rassentheorie gehört. Fast allen diesen Erklärungen gemein war die Auffassung, daß der Bevölkerungsrückgang etwas mit Geburtenkontrolle, mit »selfrestraint« zu tun habe. Wir hatten oben gesehen, daß als Ausweg aus der Übervölkerungsfurcht des frühen 19. Jahrhunderts die Entbindung einer Dynamik des sozialen Aufstiegs proklamiert worden war, da der Wille und die Möglichkeit zur Verbesserung der sozialen Position die Individuen dazu motivieren sollte, die Zahl ihrer Nachkommen freiwillig zu beschränken. Auf der Suche nach plausiblen Erklärungen für den Geburtenrückgang stieß man nun bald auf diesen Zusammenhang von Reproduktionsverhalten und sozialer Mobilität, der vor allem von Arsène Dumont zu einer allgemeinen Theorie ausgebaut wurde. Diese Theorie soll kurz vorgestellt werden, da ihr Argumentationsgang eine verbreitete Alternative zu Lapouges Rassentheorie darstellte und zugleich illustriert, in welcher Dringlichkeit diese Probleme gesehen wurden.

Nach Dumont ist die »capillarité sociale«, die »attraction capillaire« derjenige Mechanismus, der zum Geburtenrückgang führt. »Jeder Mensch versucht, innerhalb der Gesellschaft von einer untergeordneten in eine höhere Position aufzusteigen.« (Dumont 1890, 106) Wer aber sozial aufsteigen kann (und will), wird dies auf Kosten der Kinderzahl tun. Eine Kombination von sozialer Ungleichheit und Mobilität führt also zum Geburtenrückgang.[25] Das befürchtete Übel einer »Oliganthropie« Frankreichs ist daher auf eine zu starke soziale Mobilisierung zurückzuführen. Traditionelle Bindungen sind aufgebrochen, die Individuen streben nach Selbstverwirklichung, rechtliche und politische Barrieren des sozialen Aufstiegs sind gefallen. Diese Entfaltung von Individualismus führt nun in einen direkten Gegensatz zur Sorge für das Gemeinwohl, die sich in einer reichen Nachkommenschaft niederschlagen müßte.[26]

Es ist dies also genau derselbe funktionale Zusammenhang, den Alison (1840) und Chalmers (1832) zur Lösung des Übervölkerungsproblems in Aussicht gestellt hatten, den Dumont hier zur Erklärung des Bevölkerungsrückgangs heranzieht, wobei er allerdings diese Autoren nicht nennt, sondern vermutet, er habe dies alles selbständig herausgefunden. Der funktionale Zusammenhang von sozialer Statusmobilisierung und Geburtenrückgang wird nur völlig gegensätzlich bewertet. Für Alison lag in ihm das Mittel einer wohltätigen Natur, ein neues Gleichgewicht zwischen Bevölkerung und Subsistenz zu etablieren. Dumont glaubt dagegen nicht an eine solche Harmoniegarantie: Der statusbedingte Bevölkerungsrückgang muß keineswegs auf dem Niveau eines Gleichgewichts Halt machen – es kann ebenso gut ein Prozeß des absoluten Bevölkerungsrückgangs eingeleitet werden.

In Dumonts Perspektive ist die individualistische, demokratische Zivilisation selbstzerstörerisch, da sie ihre eigene demographische Grundlage unterminiert. Die moderne Zivilisation enthält ein »*principe toxique*« (342), an dem diejenigen zugrunde gehen, die ihr am nächsten stehen. Dieses schädliche Prinzip nennt er »*l'idéalisme individuel*«, d. h. »das Prinzip, demzufolge das Individuum sich selbst verwirklichen möchte, sich als eine vollständige Ganzheit ansieht und daher von den Interessen der Familie, des Vaterlandes und der Rasse absieht.« (Dumont 1890, 343) Zivilisation und Bevölkerungswachstum sind einander diametral entgegengesetzt.

Armut, Unwissenheit, kulturelle Rückständigkeit, Ungeschliffenheit und Leichtgläubigkeit gehen fast immer, zumindest in Frankreich, mit hohen Geburtenzahlen einher. Der Geburtenrückgang dagegen wird von Reichtum, Bildung, Pflege der Künste, der Wissenschaft und eines urbanen Lebensstils, von der Ausrottung des Aberglaubens – kurz von all dem begleitet, was die Zivilisation ausmacht. (Dumont 1890, 339f.)

Aus der Perspektive der Übervölkerungsfurcht des frühen 19. Jahrhunderts wären dies glänzende Aussichten gewesen, der Vision eines Godwin oder Condorcet würdig, wurde damit doch bescheinigt, daß eine Hebung des Lebensniveaus nicht immer wieder von einer wachsenden Bevölkerungslawine erstickt würde. Für die Franzosen (und bald auch für andere Europäer des späten 19. Jahrhunderts) handelte es sich dabei jedoch um eine Schreckensvision. Die eigene Nation drohte, im internationalen Wettkampf der Völker und Rassen zu unterliegen, wenn sie nicht mindestens im gleichen Umfang wuchs wie ihre Konkurrenten. Im Kampf ums Dasein, in der Behauptung des Lebensraums müssen diejenigen scheitern, denen es nicht gelingt, mit anderen Völkern demographisch Schritt zu halten.

Jede Rasse möchte selbst die Erde anfüllen, jedes Volk möchte zur ganzen Menschheit werden. Das größte Übel besteht für ein Volk darin unterzugehen; es ist aber schon schlimm genug, wenn es stagniert. (Dumont 1890, 14)

Lapouge ist nun einer der ersten, der zur Erklärung dieses beunruhigenden Bevölkerungsrückgangs die Rassentheorie anwendet; zugleich wird die erfolgreiche Verwendung der Rassentheorie für eine solche Erklärung zum Prüfstein für deren generelle Gültigkeit. Bei der Formulierung seiner Rassentheorie konnte er auf Ergebnisse einer Debatte zurückgreifen, in der es um die Einheit, den Ursprung und die »Urheimat« der indogermanischen Völker ging und innerhalb deren Argumente der physischen Anthropologie zunehmend an Gewicht gewonnen hatten.[27] Ausgangsproblem dieser Debatte war die sich seit dem späten 18. Jahrhundert erhärtende Erkenntnis, daß es eine innere Verwandtschaft der »indogermanischen« Sprachen gibt. Der Schluß lag nun nahe, daß diese Verwandtschaft auf eine gemeinsame »Ursprache« zurückzuführen war, die ein »Urvolk« gesprochen hatte, das in einer »Urheimat« lebte. Es fragte sich nur, welches dieses Urvolk war und wo sich seine Urheimat befand. Die erste (und nächstliegende)[28] Vermutung lautete, das Urvolk seien die Sanskrit sprechenden »Arier« gewesen, die von ihrem Ursitz im zentralasiatischen Hochland nach Süden und Westen gewandert waren und sich in unterschiedliche Völker differenziert hatten, die Sprachen entwickelten, welche auf einen gemeinsamen Stamm zurückgingen. Es wurde nun jedoch bald deutlich, daß eine Reihe von linguistischen und ethnologischen Argumenten gegen diese »Asien-Theorie« sprach; auch belegten frühgeschichtliche Funde, vor allem die Entdeckung von Höhlenmalereien, daß die Besiedlung Europas weit älter sein mußte, als bislang vermutet.[29] Die überkommene Lehre, der Ursprung der Menschheitskultur liege im Osten, wurde zunehmend aufgegeben, und es bildete sich seit der Mitte des 19. Jahrhunderts eine konkurrierende »Europa-Theorie«, die sich rasch durchsetzte.

Diese Europatheorie wurde im wesentlichen von Theodor Pösche (1878), Karl Penka (1883; 1886) und Ludwig Wilser (1885) entwickelt und bald von Lapouge aufgenommen. Ihre Kernthese lautete, daß die indogermanische Sprachenfamilie auf ein ursprüngliches Volk zurückzuführen war, das in Nordeuropa gelebt hatte, von wo es sich in einzelnen Wanderzügen über den europäisch-asiatischen Raum verbreitet hatte und dabei vielfache Mischungen mit anderen Völkern eingegangen war. Die Debatte um diese Fragen wurde mit sprachwissenschaftlichen, archäologischen, ethnologischen und rassenanthropologischen Ansätzen geführt. Das Kernproblem stellte sich so dar: Es existierte eine allgemein akzeptierte sprachwissenschaftliche Klassifikation, derzufolge es eine indogermanische Sprachenfamilie gab; zu dieser Sprachenfamilie mußte eine Sprechergemeinschaft gehören, also eine indogermanische Völkerfamilie, wobei man sich jedoch darüber im klaren war, daß Sprachen von einem Volk auf ein anderes übertragen werden können. Welches war nun das »eigentlich« indogermanische Urvolk, von dem die anderen ihre Sprache übernommen hatten? Vielfach hoffte man, die physische Anthropologie könne hierauf Auskunft geben, da sie über eine Reihe von Klassifikationssystemen der menschlichen Rassen verfügte. Man ging also daran, die Sprachenklassifikationen mit den Rassenklassifikationen zu verbinden.

Es fiel auf, daß es innerhalb der indogermanischen Völkerfamilie rassisch sehr unterschiedliche Typen gab. Allein in Europa existieren nebeneinander der germanisch-skandinavische, der slawische und der keltische Typ und in Asien der iranische und indische, so daß gefolgert werden mußte, daß die indogermanischen Völker rassisch heterogen sind, also aus unterschiedlichen Rassenelementen bestehen. Es fragte sich nun, welches dieser Elemente das »eigentlich arische« war, von dem die übrigen ihre Sprache übernommen hatten. Man akzeptierte also die alte Annahme, es habe ein arisches »Urvolk« mit einer »Urheimat« und einer »Ursprache« gegeben, ein »einheitliches, aus lauter homogenen Elementen bestehendes Volk« (Penka 1883, 8), das sich später mit anderen Rassen vermischte.

Da zahlreiche linguistische Argumente für die Europa-Theorie sprachen, also dafür, daß der indogermanische Sprachstamm ursprünglich in Europa entstanden war, reduzierte sich die Suche nach dem arischen Urtypus auf die beiden folgenden Kandidaten: auf den dolichocephalen germanisch-skandinavischen und den brachycephalen keltisch-slawischen Typ. Einer von beiden bildete das arische Urvolk, der andere hatte die arische Sprache übernommen. Die Frage lautete also: Waren diejenigen, die die ur-arische Sprache besaßen, blond, blauäugig, langschädlig und von großer Statur oder dunkelhaarig, dunkeläugig, kurzschädlig und klein? Nun wurde vermutet, daß ein Volk, das in der Vergangenheit eine fremde Sprache übernommen hatte, dies infolge von Eroberung durch ein anderes Volk tat. Im Gegensatz zu den Annahmen von Gumplowicz[30] gingen Pösche, Penka und andere also davon aus, daß den Knechten die Sprache ihrer Herren aufgedrungen wurde.

Die Pointe dieser Annahme lautete, daß der Arisierung Eroberung vorausgegangen sein mußte. Wer waren nun die Ur-Herren, wer die Ur-Knechte? Zur Beantwortung dieser Frage konnte auf einen alten Topos der europäischen Geschichte zurückgegriffen werden: In England haben germanische Einwanderer (Angeln, Sachsen und Normannen) einheimische Kelten unterworfen; in Frankreich germanische Franken keltische Gallier; in Südeuropa germanische Goten, Vandalen, Langobarden usw. einheimische Italiker oder Iberer; in Osteuropa germanische Waräger, Schweden und Deutsche einheimische Slawen. Auch hatte der Adel in ganz Europa einen eher germanischen Typus – was letztlich noch für die Brahmanen in Indien gilt.

Der Schluß lag also nahe, daß der Urtypus des Ariers »weißhäutige, blauäugige und blondhaarige Menschen mit üppigem Bartwuchs und von vorn nach hinten länglichen Köpfen« waren (Pösche 1878, 12). Dies ist der dolichocephale Typus nach der Klassifikation von Retzius, den der Archäologe Alexander Ecker 1863 in südwestdeutschen Reihengräbern nachgewiesen hatte und der in der Literatur gewöhnlich mit antiken Beschreibungen der Germanen (Tacitus, Procobius, Vitruvius) verbunden wurde. Die Frage nach der Urheimat dieser Arier wurde nun im Sinne der Darwinschen Selektionstheorie gleichbedeutend mit der, unter welchen Umweltbedingungen dieser rassische Typus am besten hatte entstehen können. Die Antwort war dann im Prinzip klar: Die depigmentierte weiße, blonde, blauäugige Rasse mußte im Norden Europas entstanden sein, denn deren Klima- und Lichtverhältnissen ist sie am besten angepaßt und dort findet sie sich auch heute noch in stärkster Konzentration.

Lapouge übernahm nun die Ergebnisse dieser Debatte und machte sie zur Grundlage einer allgemeinen Rassentheorie, die zugleich zur Erklärung des aktuellen Niedergangs Frankreichs diente. Diese Rassentheorie erklärte den Gegensatz, den Daseinskampf verschiedener Rassen zum Bewegungsprinzip der innereuropäischen Geschichte.[31] Dieser Typus der Rassentheorie, der in Frankreich und kurz darauf auch in Deutschland rasch Karriere machen sollte, interessiert sich also weniger für die exotischen Großrassen, und er ist auch nicht primär antisemitisch, da dem jüdischen Rasseneinfluß für den Verlauf der europäischen Geschichte in dieser Perspektive nur eine untergeordnete Rolle zukommen konnte. Im Zentrum solcher Überlegungen standen vielmehr zwei (in manchen späteren Varianten der Rassentheorie, etwa bei H. F. K. Günther[32] auch bis zu vier oder fünf) Rassen, die nirgends mehr in reiner Form vorkommen, sondern die vielfältige Mischungen eingegangen sind. Reale »Völker« werden daher als Amalgame unterschiedlicher Rassen verstanden, wobei es im Laufe der Geschichte aufgrund von unterschiedlicher Sterblichkeit und unterschiedlichem Vermehrungsverhalten der einzelnen Rassenelemente zu einer Verschiebung der Proportionen zwischen diesen Anteilen kommt. Der Ausgangspunkt Lapouges lautete nun: Die Ureinwohner Europas waren dolichocephale Arier, während die dunklen Brachycephalen im Quartär aus Asien eingewandert waren und sich mit den Ariern vermischten. Entscheidend wurde dann, daß beide Rassen neben physischen auch unterschiedliche geistige Eigenschaften besitzen, die Lapouge wie folgt charakterisiert:

Der Brachycephale ist anspruchslos, fleißig und sparsam. Er ist bemerkenswert vorsichtig und bemüht sich um klare Verhältnisse. Ohne feige zu sein, fehlt ihm doch der kriegerische Geist. Er liebt den Boden und die Heimat. Nicht unbegabt, bringt er es doch kaum zu wirklichem Talent. Der Horizont seiner Wünsche ist recht beschränkt und er arbeitet geduldig, sie zu erfüllen. Er ist mißtrauisch, doch leicht mit Phrasen zu täuschen, hinter deren verdeckte Absichten er in seiner Naivität nicht schaut; er hängt an der Tradition und an dem, was er den gesunden Menschenverstand nennt. Der Fortschritt scheint ihm nicht notwendig und er mißtraut ihm; er möchte, daß alles bleibt, wie es ist. Er schwärmt für die Anpassung. (Lapouge 1887 A, 79)

In dem so geschilderten kurzschädligen Typus kann man unschwer den französischen Kleinbürger und Bauern wiedererkennen, der geizig und mißtrauisch an seinem Kramladen oder an seiner Scholle klebt und keinerlei Sinn für das »Höhere« besitzt. Ihm wird der aristokratische Langschädel gegenübergestellt, der alle Tugenden des unternehmerischen Kriegers und Helden in sich vereint:

Der Dolichocephale hat hochfliegende Wünsche und er bemüht sich unablässig, sie zu erfüllen. Es fällt ihm leichter, Reichtümer zu erwerben als sie zu bewahren; mit leichter Hand sammelt er sie an und verliert er sie wieder. Vom Temperament her ist er Abenteurer, er wagt alles, und seine Kühnheit führt ihn oft zu unvergleichlichen Erfolgen. Er kämpft um des Kampfes willen, doch denkt er dabei auch immer an den Gewinn. Jedes Land gehört ihm und er fühlt sich auf der ganzen Erde zu Hause. Seine intellektuellen Fähigkeiten sind sehr unterschiedlich, sie reichen von der Dumpfheit bis zum Genie. Er wagt alles zu denken und zu wollen, und etwas wollen heißt für ihn, es in die Tat umzusetzen. Am meisten ist ihm der Fortschritt angelegen. Seine persönlichen Interessen wie auch die seines Landes und seiner Rasse achtet er eher gering; er blickt vielmehr nach höheren Zielen. Er ist davon überzeugt, daß er über kurz oder lang zum unangefochtenen Herrn der Welt werden wird, und seine grenzenlose Kühnheit, seine überragende Intelligenz und sein Wissen um die Solidarität seiner Rasse verleihen ihm in der Tat die größten Erfolgschancen. (Lapouge 1887 A, 79 f.)

Gerade dieser kriegerische Geist wurde den blonden Langschädeln jedoch immer wieder zum Verhängnis. Dies galt besonders für Frankreich, wo sie mit eingewanderten Kurzschädeln konfrontiert waren, denen ihre angeborene Zähigkeit und Geduld den längerfristigen Erfolg sicherten. Die arische Herrenrasse war in permanente Kriege verstrickt, die einen massiven Blutzoll forderten. Im Verlauf der römischen Eroberung Galliens wurden sie fast ausgerottet, während die unterwürfigen Kurzschädel unbehelligt blieben und sich vermehrten. Die fränkische Einwanderung frischte den arischen Anteil zwar wieder auf, doch verblutete er allmählich auf den Schlachtfeldern des Mittelalters, in den Kreuzzügen, der Reconquista, dem Hundertjährigen Krieg, den Religionskriegen, den Eroberungskriegen unter Ludwig XIV. und Napoleon, wozu noch Verfolgungen der Albingenser, der Hugenotten und der Aristokraten während der Französischen Revolution kamen. Heute ist der arische Bestandteil Frankreichs praktisch verschwunden.[33]

Die fleißigen unkriegerischen Brachycephalen dominieren mittlerweile das französische Volk.[34] Dies allein kann jedoch noch nicht den Niedergang und den Bevölkerungsrückgang erklären, im Gegenteil, haben sich doch die Kurzschädel in ihrer bisherigen Geschichte immer erfolgreich vermehrt. Die wirkliche Ursache des Bevölkerungsschwunds ist vielmehr die Rassenmischung zwischen Brachycephalen und Dolichocephalen. Ähnlich wie bei Gobineau tritt bei Lapouge die Mischung der Rassen in den Vordergrund der Argumentation, während die absoluten Qualitäten der »reinen« Rassen eine geringere Bedeutung besitzen. Es bestehen allerdings beträchtliche Unterschiede zur Gobineauschen Argumentation, die einen Wandel der pragmatischen Implikationen der Rassentheorie ermöglichten.

Im Gegensatz zu Gobineau argumentiert Lapouge auf der Grundlage der Theorie einer diskreten Vererbung einzelner Merkmale, die sich in der zweiten Hälfte des 19. Jahrhunderts zunehmend durchsetzte. In der älteren Vererbungstheorie hatte man sich Vererbung als vollständige und irreversible Mischung der Eigenschaften von Vater und Mutter vorgestellt. Die Nachkommen bildeten gewissermaßen einen Durchschnitt der Eigenschaften ihrer Eltern. War der Vater groß und die Mutter klein, so hatten die Kinder eine mittlere Größe. War ein Elternteil schwarz und das andere hell, so wurden die Nachkommen braun. Vererbung bewirkte somit eine Nivellierung von Eigenschaften; eine Verschmelzung von früher einmal unterschiedlichen Merkmalen.

Die neuere Theorie der diskreten Vererbung einzelner Merkmale ging dagegen von der Beobachtung aus, daß bestimmte Eigenschaften wie etwa die Augenfarbe in reiner Form auch nach Generationen wieder hervortreten können, also offenbar nicht der Vermischung und Durchschnittsbildung ausgesetzt waren. Gregor Mendel hatte bereits 1865 Regeln der diskreten Vererbung ermittelt, doch wurden seine Ergebnisse erst zu Beginn des 20. Jahrhunderts wiederentdeckt; sie bilden seitdem die Grundlage der Populationsgenetik. Dennoch war das Prinzip der diskreten Vererbung in mehr oder weniger spekulativer Form bereits vor seiner wissenschaftlichen Fundierung recht weit entwickelt und bildete etwa die Grundlage von Galtons Theorie der Erblichkeit des Genies.

Man kann die unterschiedliche Bedeutung dieser Theorien etwa so charakterisieren: Die Vermischungstheorie operiert nach dem thermodynamischen Modell. Wenn wir einen Eimer kochendes Wasser allmählich in ein Gefäß mit kaltem Wasser schütten, so entstehen zunächst heftige Turbulenzen. Die Strömungen innerhalb des Gefäßes lassen jedoch mit der Zeit nach. Es bilden sich zwar vorübergehend wärmere und kältere Zonen innerhalb des sich vermischenden Wassers, doch gleichen sich die Temperaturdifferenzen allmählich vollständig aus. Wenn nicht von außen immer wieder heißes (oder kälteres) Wasser nachgegossen wird, bildet sich eine gleichmäßige durchschnittliche Wassertemperatur, und es besteht prinzipiell keine Möglichkeit, wie von neuem eine Spannung von kälteren und wärmeren Zonen entstehen könnte, die eine Bewegung des Wassers ermöglichen würde.

Gobineaus Rassentheorie operiert prinzipiell nach diesem Modell. Die rassischen Urtypen bilden das Äquivalent zu dem kochenden und dem kalten Wasser; die Turbulenzen sind der Trieb zur Kulturbildung, der aus der Konfrontation der unterschiedlich gespannten Rassen entsteht. Die wärmeren und kälteren Zonen sind die Tertiärrassen, die sich allmählich vermischen. Die lauwarme Brühe, die übrig bleibt, ist das Rassenchaos, das am Ende der Geschichte steht. In der Rassenmischung – das ist hier (bei Gobineau implizit) vorausgesetzt – nivellieren sich die Qualitäten der beteiligten Rassen; die qualitativ unterschiedlichen Merkmale verschwinden in einem homogenisierten Durchschnitt.

Anders die Theorie einer diskreten Vererbung, die den Modellen von Galton (implizit) und Lapouge sowie Ammon (explizit) zugrunde liegt. Hier bilden die Merkmale eines Individuums (oder einer Rasse) Mosaiksteine, die mehr oder weniger harmonisch miteinander kombiniert sind. Es gibt dabei »bessere« oder »schlechtere« Steinchen, es gibt aber auch harmonischere oder disharmonischere Kombinationen dieser Steinchen. Bei der Vererbung werden Merkmale von Vater und Mutter zusammengewürfelt und nach dem Zufallsprinzip miteinander kombiniert. Je weiter daher die Eltern physisch, psychisch und charakterlich voneinander entfernt sind, desto geringer ist die Wahrscheinlichkeit, daß sich in ihren Nachkommen diese Eigenschaften zu einem harmonischen Gesamtbild ordnen. Dies ist zwar grundsätzlich möglich, und bei dem extremen Ausnahmefall des Auftretens eines Genies auch immer der Fall, doch in der Regel wird das Resultat um so günstiger sein, je näher die an der Kreuzung beteiligten Typen einander stehen. Eine totale und wahllose Vermischung ist nach diesem Modell deshalb schädlich, weil dadurch die Wahrscheinlichkeit ungünstiger Kombinationen steigt, so wertvoll auch einzelne beteiligte Merkmale sein mögen. Im Unterschied zum thermodynamischen Modell ist dieser Vorgang der Mischung jedoch nicht irreversibel. Es ist grundsätzlich möglich, durch geschickte Rekombination wieder »reine« Typen aus einem Merkmalgemisch herauszuzüchten bzw. bestimmte Eigenschaften zu optimieren – was die Voraussetzung für Galtons Projekt einer positiven Eugenik bildete.

Wendet man nun wie Lapouge diese Theorie auf das Verhältnis der Rassen an, so ergibt sich das folgende Bild: Die einzelnen Menschenrassen haben sich im Laufe der stammesgeschichtlichen Entwicklung zu Formenkreisen stabilisiert, innerhalb deren bestimmte Merkmale vorkommen, die diskret und stabil weitervererbt werden. Diese Merkmale sind physischer wie geistiger Natur, d. h., im Laufe des Evolutionsprozesses sind nicht nur bestimmte körperliche Eigenschaften wie Pigmentierung, Kopfform oder Proportionen der Glieder selektorisch stabilisiert worden, sondern auch geistige Eigenschaften wie Intelligenz, Vitalität, Initiative, Kreativität und dergleichen. Die physischen Unterschiede dokumentieren sich in der körperlichen Gestalt, die geistigen Unterschiede werden in den kulturellen Formationen sichtbar. Die Kultur ist also gewissermaßen phänotypischer Ausdruck eines bestimmten geistigen Habitus, der vererblich ist.

Die unterschiedlichen vererblichen Merkmalsqualitäten der einzelnen Rassen bilden nun innerhalb einer Rasse ein harmonisches Ganzes. Die jeweiligen körperlichen und geistigen Merkmale haben sich im Prozeß der Evolution fein aufeinander abgestimmt, so daß sich jeweils Rassentypen herauskristallisieren, die ihrer konkreten Umwelt genau angepaßt sind. Außerhalb dieser Umwelt haben sie dagegen Schwierigkeiten, sich dauerhaft zu behaupten (d. h. vor allem, erfolgreich Kinder aufzuziehen[35]). Rassenmischung bedeutet nun, daß Merkmale unterschiedlicher evolutionärer Provenienz miteinander kombiniert werden. Hierbei ist die Wahrscheinlichkeit sehr gering, daß sich eine harmonische »Mischung« ergibt, wenn die vererblichen Merkmale von Angehörigen zweier Populationen, die über Hunderte von Generationen hinweg fast vollständig voneinander isoliert waren, willkürlich durcheinander gewürfelt werden. Zumindest ist die Wahrscheinlichkeit, daß durch Rassenkreuzung eher ungünstige Kombinationen entstehen, größer, als daß sich »günstige« Eigenschaften zweier Rassen ergänzen oder steigern mit dem Resultat eines »höheren Typus«.

Um im obigen Bild zu bleiben: Die vererblichen Merkmale einer Rasse besitzen gewissermaßen eine bestimmte gemeinsame Farbe oder Form, die sie als genetisches Element derselben Fortpflanzungsgemeinschaft ausweist. Sind die (körperlichen und geistigen) Merkmale der einen Rasse blau, die der anderen aber gelb, so ergibt sich bei der »Mischung« nicht etwa ein neuer grüner Typus, sondern ein chaotisches Mosaik von gelben und blauen Zügen, welches den Mischling innerlich zerrissen und damit letztlich »untüchtig« erscheinen läßt.

Die Zerrissenheit (incohérence) der Bastarde betrifft nicht nur ihren Körper, sondern sie besteht auch in bezug auf ihre Intelligenz und ihren

Charakter. So entsteht ein bemerkenswerter Kontrast zwischen dem rassenreinen Menschen, der sein Leben lang gleiche Ideale und gleiche Neigungen hat und dessen Geist eine Einheit bildet, und dem Bastard, der zwischen den unterschiedlichsten Neigungen hin- und hergezerrt wird und an ein in sich gespaltnes Dasein gefesselt haltlos hin- und herschwankt, unter der Wirkung einer Vielfalt erblicher psychischer Einflüsse, die ihn einmal in die eine, dann in die andere Richtung ziehen. Die Überlegenheit des Yankees, des Engländers, des Holländers, des Skandinaviers über den Franzosen, den Italiener, den Spanier, den Lateinamerikaner resultiert nicht so sehr aus ihrer rassischen Überlegenheit, sondern vor allem aus der Reinheit ihres Blutes. (Lapouge 1896, 183 f.)

Die Theorie der diskreten Vererbung von Merkmalen, angewandt auf die Mischung einzelner Rassen, dient Lapouge nun als Schlüssel zur Erklärung des Bevölkerungsrückgangs in Frankreich. Da die Rassenmischung nicht einen nivellierten Durchschnitt der jeweiligen Eigenschaften erzeugt, resultiert im Mischling eine innere Disharmonie. Physische und geistige Eigenschaften, die innerhalb einer bestimmten Rasse ein in sich abgestimmtes und ausbalanciertes Ganzes bilden, treten in ihm schroff einander gegenüber. Nur selten steigt dadurch die Befähigung des Bastards; in der Regel wird er zu einem zerrissenen, psychisch instabilen Menschen. Diese Inkohärenzen werden um so größer, je weiter die beteiligten Rassen voneinander entfernt sind. Durch Mischung schwindet schließlich jedes angeborene Rassengefühl, jede Loyalität für eine größere Gruppe. Dem Mischling fehlt das instinktive Zugehörigkeitsgefühl zu einer bestimmten Rasse.

Er kann nicht eine betimmte Rasse lieben, sondern er müßte eine, zwei, drei, zehn lieben und verteidigen. Alle diese Kräfte neutralisieren einander und es bleibt nur ein Gefühl übrig: der Egoismus. (Lapouge 1888, 185)

Der Mischling hat die ästhetisch-moralischen Qualitäten eines Straßenköters.[36] Er kennt kein Rassengefühl, keine Opferbereitschaft, sondern er ist der nackte Egoist. Dies führt jedoch dazu, daß seine Linie auf längere Frist ausstirbt, da er nicht mehr bereit ist, auf Wohlleben zugunsten einer reichen Nachkommenschaft zu verzichten. Der aktuelle Bevölkerungsrückgang Frankreichs ist daher auf die Rassenmischung zurückzuführen, darauf, daß sich auf fatale Weise die Eigenschaften der Dolichocephalen und Brachycephalen kombinieren, wobei das Resultat der selbstsüchtige, kinderlose Bourgeois ist.[37]

Dieser Prozeß ist zwar prinzipiell umkehrbar, doch würde er eine enorme Willensanstrengung voraussetzen, mit der angesichts des verbreiteten Egoismus nicht zu rechnen ist. Der Niedergang Frankreichs ist daher unaufhaltsam. Längerfristig werden aus Deutschland und Belgien eingewanderte Langschädel die leeren Räume ausfüllen, die die unfruchtbaren Bastarde in Frankreich gelassen haben. Es wird sich damit ein Vorgang wiederholen, wie ihn die Geschichte Frankreichs schon öfter erlebt hat. Die kriegerischen, unternehmenslustigen Arier Nordwesteuropas werden eine neue Landnahme beginnen, der die bourgeoisen Kurzschädel Frankreichs nichts entgegensetzen können.[38] »Tausend Brachycephale sind keine tausend Arier wert, tausend Franzosen oder Österreicher keine tausend Angelsachsen, tausend Katholiken keine tausend Protestanten.« (Lapouge 1887 B, 531) Lapouges Appell richtet sich zuletzt an die langschädligen Arier, besonders die bewunderten Engländer[39], auf Reinheit ihrer Rasse und eugenische Ausmerzung aller schlechten Devarianten zu achten, weil ihnen nur so die Zukunft gehören wird. Frankreich dagegen muß auf eine Eroberung von außen warten. Die eigene Bevölkerung ist so minderwertig, daß sie allein als Material einer arischen Herrschaftsordnung dienen kann, selbst aber, sofern sie aus Kurzschädeln und »Mestizen« besteht, zur Herrschaft und zur Fortsetzung der Kultur nicht fähig ist.

Auch Dumont hatte ein Modell entwickelt, das mit einer Kombination von Rassentheorie und Selektionsvorgängen arbeitete. Im Unterschied zu Lapouge ging er allerdings davon aus, daß nicht Arier, sondern Kelten die Ureinwohner Westeuropas waren, die jedoch von germanischen Einwanderern unterworfen und stark dezimiert wurden. Die übriggebliebenen Kelten zogen sich in unzugängliche und relativ unfruchtbare Gebiete zurück, wo sie ein marginales Dasein führten, während die Einwanderer die fruchtbaren Landstriche bevölkerten. Hier hielt der Krieg eine reiche Ernte unter den Germanen, wobei sie jedoch die Verluste prinzipiell durch eine hohe Fruchtbarkeit kompensieren konnten. Fatal wurde jedoch der Übergang zur Zivilisation. Jetzt begannen sie, höhere Bedürfnisse zu entwickeln, ein städtisches Leben zu führen und den Lastern des Luxus und der Verweichlichung zu verfallen. Die »capillarité sociale« nahm gerade bei ihnen überhand. Die Zivilisationszentren bildeten Magneten, die die fähigsten Bevölkerungsteile anzogen, die dort zugrunde gingen. Die abgedrängten Kelten dagegen bewahrten ihre alten, einfachen Sitten, sie blieben in ihren primitiven Bauernsiedlungen und vermehrten sich dort ungehemmt. Durch einen schleichenden Prozeß verschoben sich so die Proportionen zwischen den Rassen.[40]

Die eingeborenen Kelten tendierten dazu, die blonden und dolichocephalen Eroberer von einst wieder zu verdrängen, ohne offenen Kampf, unbewußt, durch einen kontinuierlichen Naturprozeß[41] – ein Vorgang, den der französische Patriot Dumont im Gegensatz zu Lapouge, dessen Pessimismus er nicht teilt, durchaus begrüßt. Gerade in Dumonts Modell klingt aber ein Argument an, das später eine große Karriere machen sollte: Die germanischen Einwanderer wurden durch Luxus und Verstädterung, letztlich also durch den Prozeß der Zivilisation dezimiert. Die Zivilisation wirkte selektierend auf die Rassenbestandteile der Bevölkerung. Unter ihrem Einfluß verschoben sich die Proportionen zugunsten der Kelten, wobei jedoch nicht abzusehen ist, ob nicht auch die Kelten über den Mechanismus der »Oliganthropie« dem zivilisatorischen Untergang geweiht sind.

Gemäß der Theorie der diskreten Vererbung muß Rassenmischung als solche allerdings nicht grundsätzlich ein derart fataler Prozeß sein, wie dies nach dem thermodynamischen Modell der Fall ist. Ihr Ergebnis mag zwar als unerfreulich gelten, doch ist es nicht irreversibel, so daß aus dem Mischungsvorgang allein noch nicht – wie bei Gobineau – auf eine zwingende historische Tendenz geschlossen werden kann. Eine bestimmte Tendenz ergibt sich erst dann, wenn der Prozeß der Rassenmischung mit einer unterschiedlichen Selektion der einzelnen Rassenbestandteile gekoppelt ist. Das war allerdings nach Lapouges Modell des Rassenkampfes der Fall: Diejenigen, die einen höheren Anteil von »arischem« Erbgut hatten, besaßen damit einen aktiveren Unternehmungsgeist, sie zeigten den Willen zum Abenteuer und eine Bereitschaft, Kriegsdienst zu leisten und ihr Leben zu riskieren. Damit setzten sie sich aber weitaus stärker der Todesgefahr aus als ihre weniger mutigen, behäbigen Mitbürger, die lieber die Knechtschaft auf sich nahmen, als den bewaffneten Kampf zu wagen. Längerfristig mußte dies jedoch kontraselektorisch auf die Arier wirken, es sei denn, sie vermehrten sich wesentlich stärker als die brachycephalen Bauern und Kleinbürger.

Neben den Krieg als Mittel der Kontraselektion konnten nun sämtliche Faktoren treten, die eine sozial und genetisch differentielle Fortpflanzung bewirkten. Immer dann, wenn sich nicht sämtliche anthropologischen Bestandteile der Gesellschaft in gleichem Maße fortpflanzten, mußte es zwangsläufig zu Verschiebungen ihrer Proportionen kommen. Eine zivilisatorische Änderung der Selektionsbedingungen, wie sie im eugenischen Kontext bemerkt worden war, konnte daher auch im rassentheoretischen Kontext eine Bedeutung gewinnen, wenn nämlich die Bedingungen der Zivilisation das Vermehrungsverhalten unterschiedlicher Rassenbestandteile unterschiedlich affizierten oder wenn es zu unterschiedlicher Sterblichkeit einzelner Rassenelemente kam. Wie sich zeigen wird, konnte in einer Kombination von Rassenmischung und Rassenselektion ein zivilisationsbedingter Prozeß der Selbstzerstörung gesehen werden, der ähnlich funktionierte wie der Vorgang, den die Eugeniker im Sinn hatten. Das Resultat war in beiden Fällen das gleiche: Die Zivilisation zerstörte ihre eigene anthropologische Naturbasis.

3. Die Stadt als Rassengrab

Der Gedanke, daß die moderne Großstadt eine selektorische Wirkung auf die Zusammensetzung einer Bevölkerung haben könne, sollte im ausgehenden 19. Jahrhundert eine wichtige ideologische Bedeutung gewinnen. Zivilisatorische Kontraselektion, negative Eugenik und Rassentheorie flossen hier zu einem einheitlichen Gedankengebäude zusammen, in dem sich traditionalistische Modernitäts- und Zivilisationskritik mit avancierten naturwissenschaftlichen Argumenten verband. Das Motiv der »Stadt als Rassengrab« sollte in mehr und minder elaborierter Gestalt eine große ideologische Karriere machen.[42]

Ausgangspunkt war ein seit der Antike überlieferter Topos, wonach die Stadt auf einen permanenten Zuzug vom Land angewiesen ist, da sie ihre Bevölkerung nicht aus eigenen Kräften erhalten kann. Die Stadt bildete diesem Konzept zufolge ein »Massengrab« der Bevölkerung: Der gesunde und kräftige Bevölkerungsüberschuß wandert vom Land in die Stadt. Dort sind die Lebensverhältnisse ungünstiger als auf dem Land, da man dicht gedrängt wohnt, sich ungesund ernährt und wegen schlechter Luft und verdorbenem Wasser Seuchen aller Art grassieren. Die städtische Bevölkerung kann sich daher nicht aus eigener Kraft erhalten, sondern sie würde aussterben, lieferte das Land nicht permanent einen frischen Nachschub an Menschen. Nicht nur ist die Sterblichkeit in der Stadt höher als auf dem Land, auch die Geburtenrate ist dort niedriger, da Luxus, Ausschweifungen und Sittenlosigkeit aller Art ein gesundes Familienleben zerstören.

In den seit der Antike immer wieder diskutierten Gründen für den Untergang des Römischen Reichs spielte die Verstädterung eine große Rolle.[43] Die Stadt galt als Ort der Sittenverderbnis, des Luxus und der Verweichlichung, zugleich als Krankheitsherd, da sie periodisch von Seuchen heimgesucht wird. Je größer der städtische Anteil an der Gesamtbevölkerung, desto gravierender ihre zerstörerischen Auswirkungen. Wenn das Land nicht mehr in der Lage ist, der Stadt neue Rekruten zuzuführen, weil es selbst ausgeblutet ist, wird der demographische Niedergang unausweichlich. Rom ging in dieser Perspektive nicht zuletzt an der Verstädterung zugrunde. Diese Auffassung wurde von den Politischen Arithmetikern des 17. Jahrhunderts weitgehend geteilt, die versuchten, durch erste Ansätze einer Bevölkerungsstatistik diese überkommenen Theorien zu bestätigen. Auch sie konstatieren, daß die Stadt als Bevölkerungsgrab wirkt, im wesentlichen wegen der ungesunden Lebensverhältnisse. Im Rahmen einer populationistischen Politik war ein zu großer Anteil der städtischen an der Gesamtbevölkerung daher gefährlich.[44]

Die älteren Theorien bis ins 19. Jahrhundert hinein sehen also die Stadt als Massengrab, als Bevölkerungssenke, wodurch es zum Ausbluten des entsprechenden Landes kommen kann. Dieser Effekt der Stadt war jedoch rein quantitativ. Nach der verbreiteten typologischen Anthropologie, die das Fundament der »Naturgeschichte« bildete, bestand die Menschheit aus einem einheitlichen Material, das in gleichförmiger Qualität permanent nachwächst. Die Qualität dieses »Menschenmaterials« als solches wurde von Hunger, Seuchen und Kriegen nicht tangiert, so daß die hohe Sterblichkeit in der Stadt zwar einen Quantitätseffekt auf die Bevölkerung eines Landes hatte, dies jedoch qualitativ keine Rolle spielte.

Im soziallamarckistischen Kontext, unter der Annahme der Vererblichkeit erworbener Eigenschaften also, mußte der anhaltende Einfluß ungesunder Lebensverhältnisse in der Stadt dagegen zu vererblicher und progressiver Degeneration führen.[45] Ein Leben in Elend und ungesunden Wohnverhältnissen, bei schlechter

Luft und unter unhygienischen Arbeitsbedingungen mußte sich organisch in einer Verschlechterung des Typus niederschlagen. Setzen sich diese Einflüsse über Generationen hinweg fort, so kommt es zur »Entartung«, die sich bis zur Lebensunfähigkeit steigert.

Wichtig an dieser Position ist also, daß in ihr die Stadt als ungesunder Ort gilt, mit höherer umweltbedingter Sterblichkeit als auf dem Land, wobei sich unter dem Einfluß der schädlichen Umwelteinflüsse das organische Material verschlechtert. Wenn nun anzunehmen ist, daß es immer die fähigeren, vitaleren und intelligenteren Elemente sind, die in die Stadt ziehen, um dort ihr Glück zu versuchen, so werden gerade sie hoher Sterblichkeit und entartenden Einflüssen ausgesetzt. Die Stadt wirkt somit im soziallamarckistischen Kontext als Ort der genetischen Verderbnis und der Verschlechterung des Menschenmaterials, und zwar gerade wegen der in ihr herrschenden ungünstigen Umweltbedingungen.

Wie wir gesehen haben, sieht die Darwinsche Selektionstheorie eine Spezies nicht länger als typologisch invariant an, sondern begreift sie als Population, die aus Individuen mit unterschiedlichen (physischen und psychischen) vererblichen Eigenschaften besteht. Im Unterschied zum Lamarckismus schließt der Darwinismus im engeren Sinn aber die Vererbung erworbener Eigenschaften aus. Diese Umwelt wirkt auf die organische Struktur einer Population nur dadurch, daß sie ihren Mitgliedern unterschiedliche Fortpflanzungs- und Überlebenschancen einräumt. Jeder Einfluß, der nicht alle Mitglieder der Population völlig gleichmäßig betrifft, kann daher eine selektierende Wirkung haben und somit qualitativ die Zusammensetzung der Folgepopulation verändern. Unterschiedliche Chancen von Sterblichkeit und Gebürtigkeit müssen daher einen Qualitätseffekt durch Selektion haben. Aus dieser grundsätzlichen Einsicht ließen sich nun zwei Argumentationen ableiten: die vererbungshygienisch-eugenische und die rassentheoretische.

a) Nach der vererbungshygienisch-eugenischen Argumentation sind es immer die intelligentesten, vitalsten und unternehmungsreichsten Individuen, die vom Land in die Stadt abwandern, weil sie sich dort bessere Lebenschancen und sozialen Aufstieg erhoffen. Wenn nun die (umweltbedingte) Sterblichkeit in der Stadt höher ist als auf dem Land, wirkt die Stadt als negative Selektionsinstanz. Sie schöpft gewissermaßen die hohen Begabungen der

Gesamtbevölkerung ab, um sie zugrunde gehen zu lassen. Längerfristig muß dies zur Erschöpfung des vorhandenen Bestands an Begabungen führen.[46]

Diese Theorie der Stadt als Begabungssenke setzt also zunächst eine höhere Sterblichkeit in der Stadt als wichtigsten Selektionsmechanismus voraus. Im Laufe des 19. Jahrhunderts tritt jedoch ein zweites Argument hinzu. Danach versuchen diejenigen, die in der Stadt sozial aufsteigen möchten, gezielt ihre Nachkommenschaft zu beschränken, da eine große Kinderzahl mit sozialer Mobilität nur schwer vereinbar ist. Vergleichbares gilt für diejenigen, die sozialen Abstieg vermeiden möchten. Die Stadt als Ort der »capillarité sociale« (Dumont) wirkt daher kontraselektorisch auf Begabung, indem sie niedrigere Vermehrung der sozial Erfolgreichen provoziert. Es sind in dieser Perspektive also weniger schlechte Umweltbedingungen, die die Sterblichkeit erhöhen, sondern es ist eine größere soziale Durchlässigkeit, die die Gebürtigkeit vermindert. Beides hat aber den gleichen Effekt: Der Anteil qualitativ hochstehenden Erbguts an der Gesamtpopulation vermindert sich durch die Selektionswirkung der Stadt.

Diese Theorie wurde in den achtziger Jahren des 19. Jahrhunderts vor allem von Paul Jacoby (1881), George Vacher de Lapouge (1887), Georg Hansen (1889) und Arsène Dumont (1890) entwickelt, während Otto Ammon 1893 versuchte, sie empirisch zu validieren und mit einer rassentheoretischen Argumentation zu verbinden. Die Mechanik dieses Arguments wird jedoch in dem Modell Hansens besonders deutlich, obwohl dieses gegenüber Ammon wesentlich spekulativer angelegt ist und empirisch auf sehr schwachen Beinen steht. Hansen unterscheidet in der Entwicklung einer Gesellschaft drei »Bevölkerungsstufen«, die einmal als konjekturalgeschichtliche Sukzessionen verstanden werden können, zugleich aber auch in der jeweiligen Gegenwart wirksame Kräfte sein sollen:

1. Der *Bauernstand* lebt von der Produktivität der Natur, d. h., der Ernteertrag, den der Bauer realisiert, hängt nicht in erster Linie von seinem Arbeitseinsatz und seinem Geschick ab, sondern von letztlich unbeeinflußbaren Naturfaktoren. Der Bauer tendiert daher zum Fatalismus, zur Immobilität und zur Gleichgültigkeit, da sein Wohl nur in geringem Umfang von seinen persönlichen Leistungen bestimmt wird, sondern Größe, Lage und Fruchtbarkeit seines Landes, Klimafaktoren und andere Zufälligkeiten den

Ausschlag geben. Bestimmte vererbbare Eigenschaften des Bauern werden daher nicht selektorisch prämiert; es gibt keine evolutionäre Tendenz des Bauerntypus. Dieser bleibt vielmehr auf Dauer konstant. Der Bauer kann sich als Durchschnittstypus über Generationen hinweg durch alle Schwankungen von guten und schlechten Ernten, durch Kriege und Hungersnöte hindurch erhalten, ohne sich zu differenzieren. Die realen vererblichen Begabungsunterschiede der einzelnen Bauern kommen nicht zu Geltung, da persönliche Befähigung für den realen Lebenserfolg keine wirklich bedeutsame Rolle spielt.

Dieser durchschnittlich konstante, »ewige« Bauernstand erzeugt nun eine permanente Überschußbevölkerung, die nach Beendigung des Landesausbaus in die Städte zieht und die Rekrutierungsbasis für das Handwerk, für Söldner, Knechte und Seeleute bildet. Diese Überschußbevölkerung gerät damit in Lebensverhältnisse, die sozial differenzierend wirken, wobei jetzt unterschiedliche Begabungspotentiale realisiert werden können. In der Regel und auf Dauer bleibt sie jedoch ehelos, vermehrt sich kaum aus eigener Kraft und wird in den ungesunden und gefährlichen Bevölkerungszentren immer wieder von Seuchen und Kriegen dezimiert, während ihr vom Land permanent neue Rekruten zufließen.

2. In der zweiten Stufe entsteht ein bürgerlicher *Mittelstand* von Handwerkern und Kaufleuten, der sich aus den aktivsten, intelligentesten und beweglichsten Elementen der agrarischen Überschußbevölkerung zusammensetzt. Die Gewinnung und Behauptung der sozialen Position dieses Bürgertums hängt in erster Linie von der persönlichen Leistungsfähigkeit ab. Begabungsunterschiede geben jetzt den Ausschlag, da das Einkommen der Arbeit entspringt, nicht dem Boden. Da die persönlichen Fähigkeiten nicht so direkt vererbt werden können wie ein Bauernhof, das Wohl eines Handelskontors und dergleichen aber wesentlich von den Fähigkeiten seines Besitzers abhängt, geht die soziale Position einer Bürgerfamilie in der Regel nach wenigen Generationen wieder verloren. Unfähige Nachkommen verspielen das Kapital, das ihre tüchtigeren Vorfahren angehäuft haben. Sie können es, wenn ihnen die persönliche Befähigung dazu fehlt, nicht auf Dauer vermehren oder auch nur erhalten. Längerfristig steigt daher jede Bürgerfamilie in die proletarische Unterschicht ab, wenn sie nicht – was häufiger vorkommt – durch statusorientierte Geburtenbeschränkung zuvor ausgestorben ist.

3. In der letzten Stufe finden sich die *Proletarier*, also diejenigen, denen wegen Unfähigkeit der Aufstieg ins Bürgertum nicht gelungen ist, oder die aus ihm sozial abgestiegen sind. Ein solcher sozialer Abstieg ist allerdings relativ selten; der Untergang des Bürgertums resultiert weit häufiger aus Ehelosigkeit und Unfruchtbarkeit. Ein Aufstieg aus der dritten Stufe ist dagegen relativ selten, weil sich hier nur das genetisch minderwertige Material ansammelt.

Die Gesamtbewegung sieht nun folgendermaßen aus: Permanent fließt ein Bevölkerungsstrom, der aus allen möglichen genetischen Qualitäten zusammengesetzt ist, vom Land in die Stadt. Da auf dem Land in der Regel der Hof unabhängig von der persönlichen Leistungsfähigkeit des Erben übergeben wird, bleibt dort der Durchschnittsstandard der Begabungen konstant. Der Erbe ist nicht mobil. Der auswandernde Bevölkerungsüberschuß dagegen stellt insofern eine positive Auslese dar, als es nur die Mobilsten und Selbstbewußtesten sind, die den Zug in die Stadt wagen. Die Trägen und Ängstlichen, die auf dem Land bleiben und sich dort als Knechte und Mägde verdingen, bleiben gewöhnlich ohne Nachkommen. Von den Auswanderern dagegen gelingt es einigen, in den Mittelstand aufzusteigen, jedoch um den Preis geringen oder fehlenden Nachwuchses, da sie (nach dem Modell der statusorientierten Geburtenbeschränkung) die Eheschließung verschieben, bis sie eine Familie standesgerecht ernähren können und nur so viele Kinder in die Welt setzen, wie sie nach den Standards der erwarteten sozialen Position auch aufziehen können. Die Verlierer dagegen sammeln sich im städtischen Proletariat, wo sich zwar ihr minderwertiges Erbgut vermehrt, wo jedoch zugleich die Sterblichkeit der Kinder hoch und die allgemeine Lebenserwartung niedrig ist.

Die Stadt bildet also gewissermaßen einen Filter genetischer Qualität; sie siebt permanent die Besten aus, die in ihr persönlich aufsteigen, über Generationen hinweg jedoch untergehen, während die Untüchtigen sich zwar zu vermehren suchen, doch an den ungünstigen Lebensverhältnissen auf Dauer scheitern, so daß ihre Linie bald ebenfalls erlischt. Aus diesem sozialen Selektionsprozeß kann nun allerdings eine stabile und dauerhafte Struktur hervorgehen, solange der Bauernstand als solcher erhalten bleibt. Er bildet ein unerschöpfliches Reservoir des genetischen Bevölkerungsdurchschnitts, dessen Überschuß permanent nach außen abfließt, ohne daß dadurch jedoch eine Selektion innerhalb dieses Reservoirs stattfände. Der Bauernstand bildet somit den genetischen »Lebensquell« der Nation, der unbeeinflußt von den Schicksalen an der Oberfläche der Geschichte strömt.

Mit der modernen Zivilisation wird nun jedoch eine höchst gefährliche Entwicklung eingeleitet, durch die dieser Lebensquell auszutrocknen droht. Dies geschieht dann, wenn der Bauer selbst mobil wird, wenn also nicht nur die Zuvielgeborenen, sondern der Bestand selbst in die Stadt wandert, motiviert etwa durch Erbteilung oder hohe Attraktivität des städtischen Lebens. Diese Vernichtung des Bauernstandes macht sich zunächst in einer Beschleunigung des Bevölkerungsstroms geltend. Sie hat belebende Wirkung: Die Konkurrenz in der Stadt verschärft sich, das Niveau des Mittelstandes wird angehoben. Längerfristig muß jedoch die Quelle des Zustroms versiegen: »Man hatte nicht von den Zinsen gelebt, man hatte das Volkskapital selbst angegriffen.« (Hansen 1889, 244) Jetzt nimmt die Qualität des Mittelstandes wieder ab, da er sich nicht mehr aus dem dauerhaften bäuerlichen Bevölkerungsdurchschnitt, sondern aus minderwertigen proletarischen Familien rekrutieren muß. Das hat fatale Konsequenzen, denn es ist der Mittelstand, der die Kultur des Landes repräsentiert. Mit seinem Niedergang sinkt das Niveau des Volkes, es büßt international seine wirtschaftliche und politische Position ein. Wenn schließlich die Begabtenreserve endgültig verschleudert ist, beginnt ein sich selbst verstärkender Prozeß der Degeneration. Übrig bleibt die Asche einer genetisch ausgebrannten Zivilisation, auf der sich junge Barbarenvölker ansiedeln können.

Hansens Modell des Bevölkerungsstroms bildete einen ausführlichen Versuch, die älteren Ansichten von der Stadt als Bevölkerungssenke selektionstheoretisch zu modernisieren, wobei er sie zugleich mit einer zivilisationskritischen Wendung versah. Sein Modell wurde daher in der Debatte um die »Landflucht« und die kulturelle Bedeutung des Bauernstandes, die ländliche Wohlfahrtspflege und das Schicksal Deutschlands als künftiger Agrar- oder Industriestaat breit rezipiert.[47]

b) Der rassentheoretische Komplex: Zur gleichen Zeit wie Hansen und angeblich, ohne sein Werk zu kennen, entwarf Otto Ammon ein ähnliches Modell, das sich stark an Lapouges Rassentheorie anlehnt und dem sozial-genetischen Selektionsprozeß, den Hansen ausgearbeitet hatte, einen Prozeß der Selektion unterschiedlicher Rassenbestandteile durch den Zug zur Stadt an die Seite stellte. Ammons sozialanthropologische Studien müssen – im Gegensatz zu dem eher spekulativen Modell Hansens – als wissenschaftlich ernstgemeinte und wohl auch im zeitgenössischen Kontext ernstzunehmende Erklärungsversuche gelten.[48]

Wie Lapouge unterscheidet Ammon zwei Rassenbestandteile der mitteleuropäischen Bevölkerung, die nach seiner Genealogie noch während der Völkerwanderungszeit separate Rassen gebildet hatten: Einwandernde dolichocephale Germanen[49] hatten einsässige Rundköpfe[50], die ursprünglich aus Asien gekommen waren, überlagert. Während der Langkopf der geborene Aristokrat ist und das höhere Geistesleben trägt, neigt der Rundkopf zur Demokratie und zur Gleichmacherei – alles Qualitäten, die bereits Lapouge konstatiert hatte.[51]

Ammon nimmt nun ebenfalls an, daß sich die Merkmale der Rassen diskret vererben. Seit der ursprünglichen Einwanderung, d. h. seit etwa fünfzig Generationen, sind die reinen Ursprungstypen vollständig untergegangen. Die Bevölkerung Deutschlands bildet ein wahlloses Gemisch dieser beiden Rassenelemente, wobei jedoch in einzelnen Familien und Individuen die respektiven Rassenanteile unterschiedlich groß sind. Gelegentlich schlagen sogar Typen durch, die (zumindest was ihre äußeren Merkmale betrifft) zufällig alle wesentlichen Merkmale einer Rasse in sich vereinen, doch ist dies eine zu vernachlässigende Ausnahme. Gewöhnlich bilden die Deutschen ein Mosaik heterogener Züge. Die Germanen hatten ihre enormen Kompetenzen unter dem scharfen Selektionsdruck der Eiszeit gewonnen, als extreme Umweltbedingungen ihren Typus hochgezüchtet hatten. Seitdem ist allerdings (neben der diskreten Mischung) auch Panmixie eingetreten, doch lehnt Ammon Panmixie für die Erklärung historischer Abläufe ab; das Argument der Eugeniker, zivilisatorische Erleichterungen verschlechterten den genetischen Zustand der Bevölkerung, ist ihm wegen der Zeiträume, innerhalb deren Selektionen stattfinden, nicht plausibel.[52] Prinzipiell gilt zwar das Gesetz der Panmixie, doch sind ihre Auswirkungen innerhalb historischer Zeiträume nicht wirklich feststellbar. Rassenmischung dagegen wirkt sofort. Dies ist der Grund, weshalb Ammon die rassentheoretische Erklärung gegenüber der selektionistischen favorisiert, ohne letztere für sehr lange Zeiträume auszuschließen.

Die intellektuellen Potentiale, die die Dolichocephalen während der Eiszeit erworben haben, können wegen der langsamen Wirkung der Panmixie über lange Zeiträume hinweg latent vererbt werden, ohne daß sie tatsächlich realisiert werden. Ammon unterstellt nun, daß in einer aus einem Gemisch beider Rassen zusammengesetzten Bevölkerung die intellektuellen Potentiale der Langschädel höher sind als die der Kurzschädel. Dolichocephalie ist ein Indikator für »germanische« Befähigung. Diese Annahme bleibt jedoch im Grund willkürlich, denn bei der angenommenen diskreten Vererbung körperlicher und geistiger Fähigkeiten müßten sich »germanische« Geistesgaben auch in runden Schädeln finden lassen – es sei denn, es würde im Sinne der Phrenologie eine enge, notwendige Korrelation von Kopfform und geistiger Befähigung postuliert, was Ammon jedoch nicht tut.

Ammon versuchte nun, seine Rassentheorie empirisch einzulösen, indem er in badischen Städten Reihenmessungen an Rekruten und Oberschülern vornahm, die er in Beziehung zu ihrer Herkunft vom Land oder von der Stadt setzte. Dabei entdeckte er hinsichtlich einiger körperlicher Parameter (z. B. Körpergröße) zwei Häufigkeitsmaxima, was für ihn den Schluß zuließ, die Rekruten seien aus zwei Rassenbestandteilen zusammengesetzt. Der statistische Apparat seiner Studie ist recht umfangreich, doch wurde bald gegen seine Methoden eingewandt, daß er weder repräsentativ noch sonst methodisch exakt gearbeitet habe.[53] Da es mir nicht um die »Richtigkeit«, sondern allein um die Struktur von Ammons Argumentation geht, möchte ich dieses Problem auf sich beruhen lassen.[54] Er glaubte jedenfalls, empirisch belegen zu können, was sein allgemeines rassentheoretisches Modell postulierte; dieses Modell hat die folgende Gestalt:

Der Bauernstand bildet ein Gemisch sich diskret vererbender Anlagen zweier Rassen, der hellen Langköpfe und der dunklen Rundköpfe. Wie bei Hansen wandert der ländliche Bevölkerungsüberschuß in die Stadt, doch geht Ammon davon aus, daß grundsätzlich bereits auf dem Land eine Selektion stattfindet. Dies wird darin deutlich, daß unter den Landflüchtigen der langköpfige Anteil höher als der kurzköpfige ist. In der Stadt sind nun die Lebensverhältnisse besser, vor allem gesünder als auf dem Land. Auch dies ist ein gravierender Unterschied zu Hansens Modell, wo die Stadt gerade als ungesunder Ort mit höherer Sterblichkeit fungierte, wie dies in der gesamten älteren Stadtliteratur üblich war. Ammon registriert also bereits die Erfolge der Stadthygiene des ausgehenden 19. Jahrhunderts, die in der Tat zu einem rapiden Rückgang der (Kinder-)Sterblichkeit in der Stadt geführt hatten.

Die Landflüchtigen treffen in der Stadt auf Umstände, die zur Differenzierung treiben. Die Nahrung ist besser, und es existieren zahlreiche intellektuelle Anregungen. Unter dem Anreiz dieser neuen Umwelt entfalten sich latente Eigenschaften der Zugezogenen, die auf dem Lande verborgen geblieben waren, da kein Anlaß zu ihrer Realisierung bestanden hatte. Begabungspotentiale, die während der Eiszeit gezüchtet worden und seitdem noch nicht durch Panmixie verloren gegangen waren, gewannen wieder an Bedeutung, da sie jetzt prämiert wurden. Unter dem Einfluß städtischer Lebensumstände differenzieren sich die scheinbar so homogenen Bauernburschen und Mägde rasch. Disharmonien der Anlagen aufgrund ungünstiger Kombinationen von Rasseneigenschaften verschärfen sich ebenso, wie angeborene Vorzüge deutlicher hervortreten. Die Stadt differenziert daher, bevor sie selektiert.[55]

Die einsetzende Selektion ist zunächst sozial. Die Fähigeren (und Ammon will statistisch demonstrieren, daß dies die Langköpfe sind) steigen in den Mittelstand auf. Für sie und ihre Kinder verbessern sich noch einmal die Lebensumstände, vor allem unter dem Einfluß höherer Bildung, wodurch neue Begabungsreserven mobilisiert und neue Differenzierungen hervorgetrieben werden. Wieder führen Disharmonien zum Laster und günstige Kombinationen wertvoller Anlagen zum Erfolg. Schließlich stabilisieren sich aber soziale Stände und bilden tendenziell endogame Gruppen. Dies verhindert die Panmixie und verringert den Zufluß minderwertigen Erbgutes. Dadurch konstituieren sich durch Selektion und soziale Stabilisierung zwei Grundtypen der höheren Stände, und zwar:

Die Langköpfe mit etwas dunklerer Färbung und die Rundköpfe mit etwas hellerem Pigment. Auf das Gebiet der seelischen Anlagen übertragen würde dies heißen: die Germanen, die eine Beimengung des stillen Fleißes und der das Ziel fest ins Auge fassenden Beharrlichkeit der Rundköpfe, und die Rundköpfe, welche etwas von dem idealistischen Geistesfluge der Germanen bekommen haben. (Ammon 1893, 315)

Aus den hellen Rundköpfen setzt sich der gewerbliche Mittelstand, aus den dunklen Langköpfen der Gelehrten- und Beamtenstand zusammen. Man sieht, daß Ammon die Rassenmischung als solche nicht negativ bewertet, sondern daß es ihm nur auf eine harmonische Kombination der beteiligten Merkmale ankommt. Die Existenz einer ständischen Gliederung bzw. sozialen Schichtung bildet für Gesellschaften, die so eingerichtet sind, einen enormen evolutionären Vorteil. Sie konzentrieren einerseits ihre Begabungen in relativ endogamen Gruppen, bieten ihnen ein Leben in Wohlstand und Sicherheit, und sorgen zugleich dafür, daß permanent neue Rekruten sozial nachrücken können.[56]

Weil aber »die einseitige Ausbildung des Geistes mit dem körperlichen Gedeihen unvereinbar ist« und weil die Bürger bewußt ihre Nachkommenschaft begrenzen, sterben beide Typen sozialer Aufsteiger im Durchschnitt nach zwei Generationen aus und müssen permanent durch neu Zuziehende ersetzt werden. Obwohl also die Lebenserwartung (auch der Kinder) durch bessere Hygiene steigt, nimmt doch die Fruchtbarkeit der höheren Stände in der Stadt ab. Zugleich gibt es keine Rückkehr der Gescheiterten aufs Land. Auch ein wirklicher sozialer Abstieg ist selten, sondern »Familien, welche in den höheren Ständen im Kampfe ums Dasein unterlegen sind, pflegen ganz vom Schauplatz zu verschwinden« (328).

Der rassenselektorische Gesamtprozeß ist nun für den dolichocephalen Bevölkerungsanteil fatal. Der germanische Anteil an der ländlichen Bevölkerung wandert wegen seines höheren Aktivitätspotentials verstärkt in die Stadt, um dort vorteilhafte soziale Positionen zu erklimmen, was jedoch allein um den Preis einer Verringerung der Nachkommenschaft und schließlich des Aussterbens der betreffenden Linie möglich ist. Die Stadt wirkt so als Katalysator des Rassenprozesses. Sie trennt den germanischen Anteil vom Rest der Bevölkerung, um ihn sozial zu erhöhen, bevor er schließlich verschwindet. Die Stadt bildet daher ein Rassensieb, ein Instrument der Kontraselektion. Langfristig bekommt sie die gleiche Funktion, die in früheren Zeiten die Fehden und Kriege zwischen aristokratischen Gruppen hatten: Sie wird zum Grab der höherwertigen Rasse.

Von Gobineau zu Ammon findet eine beträchtliche Verschiebung der rassentheoretischen Argumentation statt. Gobineaus Modell war »thermodynamisch« determiniert. Kultur konnte nur aufgrund eines rassischen Potentialgefälles entstehen, doch baute sich dieses Gefälle gerade im Prozeß der Kulturbildung zwangsläufig ab. Die Natur hatte in einem frühen Zustand hoher Plastizität und Kreativität eine anthropologische Uhr aufgezogen, die unwiderruflich ablaufen mußte. Die Entropie der Rassen war das unausweichliche Schicksal der Menschheit – die Geschichte bewegte sich im Medium einer absoluten Zeit, die ihr Anfang und Ende setzte. So wie ein Berg unabwendbar ins Meer gewaschen wird, muß die Kulturentwicklung in den stagnierenden Sumpf des Rassenchaos einmünden. Alle Versuche, darauf zu reagieren, können bestenfalls nach dem Vorbild des indischen Kastensystems den Niedergang durch Vermischung verzögern, nicht aber ihn vollständig aufhalten, geschweige denn umkehren.

Das dynamische Modell ist dagegen frei von solchem Fatalismus. Die Rekonstruktion der Rassengeschichte dient vor allem Lapouge zur Erklärung realen Niedergangs. Soziale Institutionen, vor allem die Stadt, soziale Schichtung und Mobilität, haben einen direkten Zugang zur physisch-anthropologischen Zusammensetzung der Bevölkerung. Die selektorische Wirkung der Institutionen ist real und unintendiert; ihre Aufdeckung dient daher zunächst der Vergewisserung eines objektiven Prozesses. Hier wie schon am Beispiel der Eugenik kann eine solche Einsicht aber auch leicht programmatisch gewendet werden: Wenn der Mechanismus des Abstiegs durch (rassische) Kontraselektion bekannt ist, so muß verantwortliches politisches Handeln darin bestehen, ihn möglichst aufzuhalten oder gar umzukehren. Rassen*politik* wird dann zu einem Element staatlicher Sozialpolitik.

Die Theorie diskreter Vererbung bildet die notwendige naturwissenschaftliche Voraussetzung für eine solche Dynamisierung der Rassentheorie. Nach dem entropischen Modell der Merkmalsmischung war eine Kreuzung der Rassen irreversibel, da sich ein Durchschnitt bildete, dessen Ausgangselemente grundsätzlich nicht rekonstruiert werden konnten. Sofern daher die innere Harmonie der Merkmalselemente Ausweis von Tüchtigkeit war, mußte diese im Prozeß der Mischungen von Generation zu Generation abnehmen. Die Menschheit rutschte unweigerlich einen glatten Abhang hinunter. Nach dem Modell diskreter Vererbung bleibt die Qualität der Merkmale prinzipiell im Genpool erhalten, doch wird sie bei Anwesenheit fremdartiger Gene phänotypisch konterkariert. Es ist jedoch prinzipiell möglich, durch kontrollierte Selektion diesen Prozeß wieder umzukehren. Die naturgeschichtliche »Theorie« kann dann in »Politik« umschlagen.

Dysgenische und rassische Kontraselektion bilden aus der Perspektive der entsprechenden Autoren verhängnisvolle Tendenzen der zivilisierten Gesellschaft. In beiden Prozessen wird ein selbstzerstörerischer Mechanismus erkennbar: Die Zivilisation untergräbt ihre eigene Naturgrundlage, indem sie einen einmaligen Bestand von Qualitäten verzehrt, der sich in langen Zeiträumen aufgebaut hat (bzw. von Anbeginn geschaffen wurde) und den die Menschheit in der Gegenwart bedenkenlos verschleudert. Die erste wirkliche Naturkrise der industriellen Zivilisation schien somit eine Krise der menschlichen Natur zu sein, doch schien es zugleich eine mögliche politische Antwort auf diese Krise zu geben.

4. Das Gesetz des Niedergangs und der Wille zur Rasse

Die Verschlechterung des Erbgutes durch Panmixie nach dem eugenisch-selektorischen Modell setzte voraus, daß innerhalb eines bestimmten genetischen Bestandes erst einmal ungünstige Variationen auftreten mußten, die nicht länger selektorisch ausgeschieden, sondern aufgrund humanitär-zivilisatorischer Maßnahmen »künstlich« bewahrt wurden, so daß sie sich in der Population verbreiten konnten. Die Rassentheorie geht dagegen von der Grundannahme aus, daß die qualitativ verschiedenen Merkmale bereits grundsätzlich in den unterschiedlichen Rassebestandteilen einer Population existieren und das Problem im wesentlichen darin besteht, daß sie mehr oder weniger günstige Kombinationen miteinander eingehen. Durch diese Annahme wurde nun der Zeithorizont der Kontraselektion und der erblichen Verschlechterung entscheidend verkürzt. War die Verschlechterung der »Vitalrasse« (Ploetz) durch zivilisatorische Panmixie noch ein Prozeß, der sich über eine lange Reihe von Generationen hinweg erstrecken mußte, so wirkte die Mischung der Rassen in recht kurzer Zeit. Der Niedergang war hier daher in recht naher Zukunft zu erwarten, nicht erst in unbestimmter Ferne.[57]

Mit Hilfe der Rassentheorie ließ sich also eine generelle Niedergangstheorie formulieren, die in starker Analogie zur eugenischselektionistischen Theorie arbeitete, von ähnlichen Annahmen wie diese ausging, jedoch an die Stelle der Panmixie die Rassenmischung als den entscheidenden Mechanismus der genetischen Verschlechterung setzte. Interessant ist nun, daß Ammon selbst diesen Schluß nicht zog. So wortreich und so materialbesessen er auch seine Theorie der Stadt als Rassengrab vortrug, so sehr schreckte er davor zurück, aus dem von ihm offengelegten Vorgang Konsequenzen zu ziehen. Ammon waren die Arbeiten von Lapouge ebenso bekannt wie die von Schallmayer und Ploetz, und er bediente sich ihrer auch, wo immer er konnte. Dennoch leitete er aus seinem Modell, von dessen innerer Stimmigkeit er überzeugt war, keine Schlußfolgerung im Sinne dessen ab, daß ein Prozeß zivilisatorischer Selbstzerstörung zu befürchten sei.

Dehnt man Ammons Modell auf den Verlauf des gesamten Geschichtsprozesses aus, kann aus ihm eine ähnliche geschichtspessimistische Perspektive wie aus Gobineaus thermodynamischem Rassenprozeß abgeleitet werden. Ausgangspunkt wäre dann ein Bestand an Rassenbegabungen, der sich in langen evolutionären Zeiträumen aufgebaut hat und sich aufgrund der diskreten Vererbung einzelner genetischer »Determinanten« (Weismann) recht lange Zeit unter der leicht erodierenden Wirkung von Panmixie latent erhalten hat. Wenn unterstellt wird, daß die Rate natürlicher Variationen des menschlichen Erbguts recht gering ist, kann eine genetische Verschlechterung durch Panmixie nur in ziemlich langen Zeiträumen stattfinden, keinesfalls aber in wenigen Jahrzehnten oder auch Jahrhunderten. Anders ist es jedoch bei Rassenmischung. Die genetischen »Determinanten« einer fremden Rasse haben eine ähnliche Funktion wie spontane Variationen des eigenen Erbguts, nur setzen sie sich bei Rassenmischung weitaus schneller durch. Da nach Galtons Modell die Wahrscheinlichkeit einer günstigen Kombination verschiedenrassigen Erbgutes weitaus geringer ist als die einer ungünstigen, ist zu erwarten, daß aus der Rassenmischung Disharmonien der körperlichen und geistigen Merkmale resultieren, wodurch die »fitness« der Mischlingsbevölkerung sinkt. Tritt nun nach dem Modell der Stadt als Rassengrab ein Prozeß der Selektion hinzu, der zu Lasten der »fähigeren« Rassenbestandteile geht, so kann es zu einer beschleunigten Abwärtsbewegung kommen. Ähnlich wie bei Gobineau untergräbt diesem Modell zufolge die Zivilisation gerade im Vollzug ihres eigenen Naturprozesses ihre menschlich-organischen Grundlagen. Indem sie spezifische Selektionsmechanismen installiert, die eine soziale (und das heißt hier: rassisch bzw. genetisch) differentielle Fortpflanzung bewirken, schafft sie auf längere Frist ihre eigenen Voraussetzungen ab. Sie ist damit ein evolutionär instabiles Gebilde, das notwendigerweise oder zumindest mit hoher Wahrscheinlichkeit einen selbstzerstörerischen Prozeß einleitet.

Interessanterweise verzichtet nun Ammon darauf, diesen naheliegenden Schluß aus seinem rassenselektorischen Modell zu ziehen. Die Konstruktion seines Modells hat keineswegs den Zweck, eine geschichtspessimistische Niedergangstheorie zu begründen oder gar nach rabiaten Methoden zur Vermeidung der zivilisatorischen Rassenverschlechterung zu rufen. Ammon ist ein »Sozialdarwinist« des Status quo; es kommt ihm allein darauf an, zu zeigen, daß die gesellschaftlichen Verhältnisse, so wie sie sind, einem Naturgesetz entsprechen, gegen das nicht verstoßen werden darf. Die innere Harmonie und Zweckmäßigkeit dieses Naturgesetzes würde aber recht fragwürdig, wenn sich aus ihm eine notwendige Tendenz zum Niedergang durch Kontraselektion der höherwertigen Rassenbestandteile ergäbe. Seine Argumentation zielt weniger auf eine politische Beeinflussung des Rasseprozesses, als auf eine Legitimation seiner Resultate: der Ständebildung als Ergebnis natürlicher Selektion.[58]

Es war dagegen Lapouge, der aus dem Modell des kontraselektorischen Rassenprozesses universalgeschichtliche Konsequenzen zog, die denen Gobineaus recht ähnlich waren. Lapouge zitiert immer wieder zustimmend Gobineau als seinen wichtigsten Vorläufer, wobei er allerdings darauf insistiert, dessen deterministisch-»entropisches« Modell um das Selektionsargument ergänzt zu haben.[59] Der Niedergang der Rassen, besonders des »arischen« *homo europaeus* durch Mischung und soziale Selektion ist für ihn jedoch nur *ein* Aspekt eines umfassenderen kosmischen Dramas von Werden und Vergehen, innerhalb dessen sich die Gegenwart auf einem Höhepunkt befindet, von dem aus es nur noch abwärts gehen kann.

Die Zivilisation befindet sich auf ihrem Höhepunkt, die Menschheit steht am Vorabend einer langen Periode der Umwälzungen, an deren Ende der Niedergang beginnen wird. ...Alles weist darauf, daß wir uns dem unvermeidlichen Abgrund des Nichts nähern. (Lapouge 1896, 445 f.)

Der Kosmos befindet sich in einem ewigen Zyklus des Aufbaus von Ordnung und deren Zerstörung. Staubpartikel formieren sich zu Nebeln, diese verdichten sich zu Sonnen, aus denen durch Abkühlung Planeten werden, die schließlich in sich zusammenstürzen und wieder zu Staub zerfallen, so daß der Kreislauf von neuem beginnen kann. Nichts ist von Dauer, alles ist dem Naturgesetz des Verfalls ausgesetzt. »Im unendlichen Raum des Nichts hat das

Leben nur die Dauer eines Blitzes.« (1896, 447) Es gibt kein Gesetz des Fortschritts, wie noch immer viele Zeitgenossen meinen, sondern von dem einmal erreichten Gipfel aus kann es nur noch bergab gehen.

Lapouge nimmt damit die zu seiner Zeit populär werdenden kosmologischen Theorien vom »Wärmetod« bzw. »Kältetod« des Universums auf.[60] Es handelte sich hierbei zunächst um ein theoretisches Konzept der physikalischen Wärmelehre, das 1852 von Kelvin formuliert worden war. Schien die Evolutionstheorie Darwins ein universelles Gesetz des Fortschritts zu formulieren, so konnte der 2. Hauptsatz der Thermodynamik als Naturgesetz des Niedergangs verstanden werden. Beide Konzepte führten eine qualitativ-irreversible Gerichtetheit der Zeit in den mechanischen Kosmos ein. Evolution konnte dabei (vor allem in der Lesart Herbert Spencers) als Tendenz zur Differenzierung und Vervollkommnung verstanden werden. Dissipation und Entropie dagegen verliehen dem natürlichen Kosmos eine düstere Perspektive. Das zur Arbeit befähigende energetische Potential mußte zwangsläufig abnehmen. Das Universum bildete kein *perpetuum mobile* und schon gar nicht einen wachsenden Organismus, sondern es funktionierte wie eine große Dampfmaschine, die im Laufe der Zeit ihren Brennstoffvorrat verbraucht, d. h. in nutzlose Abwärme verwandelt. Der Entropiesatz entsprang der physikalischen Analyse der Wärmekraftmaschine, doch verlieh er in seiner Popularisierung dem Pessimismus des ausgehenden 19. Jahrhunderts eine kosmologische Perspektive des Niedergangs.[61]

Lapouge rezipiert diese Theorie offenbar nach dem Vorbild Flammarions (1894) als Entwurf einer Tendenz zu universeller Abkühlung. Die Verzeitlichung der Natur hat auch der Sonne und dem Planetensystem eine Geschichte und eine Zukunftstendenz gegeben, der zufolge sich die Strahlungskraft der Sonne schließlich erschöpfen wird. Wenn die Sonne an Kraft verliert, werden wieder Gletscher die Erde überziehen, bis schließlich jedes Leben im Eis erstickt. Es ist angesichts dieser Perspektive absurd, einen generellen Fortschrittsprozeß zu erwarten, der einen unendlichen Verlauf nach oben, besseren Zeiten entgegen nimmt. Auch die Evolution des Lebens darf dann nicht mehr als »Höherentwicklung«, als Fortschritt der Organismen verstanden werden, sondern es handelt sich um einen mühsamen und letztlich vergeblichen Versuch der Selbstbehauptung innerhalb einer feindlichen und zerfallenden Welt.[62]

Das Resultat einer solchen Evolution ist daher keineswegs immer eine Steigerung. Die Natur erklimmt nicht Stufenleiter nach Stufenleiter auf einem Weg nach oben, sondern im Grunde fluktuiert nur alles, gibt es keine Tendenz, auf alle Fälle keine Garantie für Verbesserungen. Dies gilt für das gesamte Leben. Kann nicht eine starke, hochentwickelte Spezies von einem Mikroorganismus besiegt werden? Sind nicht zahlreiche komplex organisierte Arten ausgestorben, während sich andere, »primitive« Arten über Millionen von Jahren hinweg gehalten haben? Der Daseinskampf führt offenbar nicht generell zum Sieg des »Besseren«, und was für die gesamte Natur gilt, muß selbstverständlich auch für den Menschen gelten. »Die Zerstörung der Besseren durch die Schlechteren innerhalb der menschlichen Gesellschaft« (1896, 457) ist daher keine Ausnahme, verstößt nicht gegen ein Naturgesetz, sondern entspricht durchaus dessen genereller Wirkung.

Wenn die beste Menschenrasse, der blonde dolichocephale *homo europaeus*, durch Rassenkreuzung degradiert und durch soziale Kontraselektion aus dem resultierenden Rassengemisch herausgesiebt wird und untergeht, so ist dies im Grunde ein natürlicher Vorgang. Da ohnehin alles dem Nichts geweiht ist, kann sich auch die Menschheit dem Gesetz des Untergangs langfristig nicht entziehen. Lapouge kommt es im Gegensatz zu Ammon nicht darauf an, den sozialen und politischen Status quo zu verteidigen. Im Gegenteil, er demonstriert über weite Passagen seines Werks, daß die sozialen Selektionsmechanismen, die eine so fatale Auswirkung haben, direkt aus der politischen, sozialen und ökonomischen Struktur der modernen Gesellschaft hervorgehen. Seine Perspektive ist dabei allgemein »theoretisch«; er möchte eine einigermaßen konsistente *Erklärung* für den unter seinen Augen sich vollziehenden Niedergang Frankreichs entwerfen, während es ihm weniger um die Konstruktion geeigneter Gegenmaßnahmen geht.

Dennoch verzichtet Lapouge nicht völlig darauf, eine Lösungsstrategie zu entwerfen, mit deren Hilfe die Menschheit den Niedergang verlangsamen, wenn nicht sogar seine Tendenz umkehren könnte. Diese Lösung müßte in einer »sélection systématique« liegen, einer eugenischen Politik also, die im Gegensatz zur klassischen englischen Eugenik weniger auf Züchtung bestimmter vererblicher Eigenschaften als auf Rassenzüchtung zielt. Ihr Ziel müßte, den Grundannahmen der anthropologischen Rassentheorie folgend, darin liegen, aus dem bestehenden Rassengemisch wieder möglichst reine Rassentypen herauszuzüchten. Für Gobineau und die typologische Rassentheorie war eine Rückzüchtung reiner Rassen ausgeschlossen. Nach dem Entropiemodell war man ja davon ausgegangen, daß sich die rassischen Merkmale in der Kreuzung vollständig und irreversibel mischten, so daß sich ein unspezifischer Durchschnitt der an der Mischung beteiligten Merkmale ergab. Nach der Theorie diskreter Vererbung der Determinanten war es dagegen grundsätzlich möglich, die Ursprungstypen aus dem Gemisch wieder herauszuholen. Zu diesem Zweck müßte der wirksame Prozeß der Kontraselektion einfach umgekehrt werden: Es müßte eine Proselektion der gewünschten Rassenmerkmale eintreten.

Da für Lapouge letztlich die Rassenreinheit wichtiger ist als die Qualität der an den existierenden Mischungen beteiligten Rassen, könnte die Züchtung einer reinen Rasse prinzipiell von jeder bestehenden Rasse ausgehen:

Es ist ebenso gut möglich, aus einer Gruppe reinrassiger Australier, Buschmänner oder Eskimos eine perfekte Menschheit hervorgehen zu lassen wie aus einer Gruppe reinrassiger Dolicho-Blonder. (Lapouge 1896, 476)[63]

Zwar liegt der reine Typus des *homo europaeus* diesem Ziel näher, da er während der Eiszeit bereits einem lang dauernden Selektionsprozeß ausgesetzt war, doch gibt es, den Grundannahmen der Selektions- und Rassentheorie zufolge, keinen systematischen Grund, weshalb nicht auch andere Rassen entsprechend hochgezüchtet werden könnten. Zwar ist der Weg von den primitiven Rassen aus weiter, doch sind vielleicht dort auch die Widerstände geringer. Letztlich handelt es sich hierbei um eine Frage der Entschlossenheit, der »promptitude du départ« und der »allure résolue«. Hier sieht er allerdings gravierende Probleme.

Jeder Versuch einer aktiven Züchtungspolitik der Rassen müßte mit ernsthaftem Widerstand seitens der betroffenen Bevölkerung rechnen. Die in der modernen Zivilisation verbreiteten Moralvorstellungen und Werthaltungen stehen in diametralem Gegensatz zu jedem Ansatz bewußter sozialer Selektion. Eine vollständige rassische und genetische Umbildung eines Volkes müßte sich über viele Jahrhunderte erstrecken, während deren sich nur ein bestimmter Teil der Bevölkerung vermehren dürfte, wohingegen der Rest unfruchtbar bleiben müßte:

Die Hauptschwierigkeit bestünde in der gewaltigen Anzahl von Menschen, die davon überzeugt werden müßten, daß sie ohne Nachkommenschaft bleiben sollten. Eine vollständige Umformung unterstellte schließlich, daß das gesamte Volk verschwände und allein von der Nachkommenschaft der natürlichen Aristokratie ersetzt würde. (Lapouge 1896, 481)

Nun geht Lapouge ähnlich wie Tille (den er nicht kennt) davon aus, daß gegenüber der naturgesetzlichen Ewigkeit der Selektionsmechanismen die verbreiteten Moralvorstellungen variabel sind und daher grundsätzlich zur Disposition stehen.[64] Über die Wirkung der sozialen Selektion kann man sich grundsätzlich nicht hinwegsetzen. Man kann sie ignorieren, dann verfällt das betreffende Volk dem Niedergang durch zunehmende Rassenmischung und Kontraselektion. Man kann aber auch versuchen, aktiv auf sie einzuwirken, nicht, indem man sie abschafft, sondern indem man sie zu den gewünschten Zwecken benutzt. Eine solche Politik der Züchtung und der Eugenik setzt jedoch eine massive Änderung der Moral und der gesellschaftlich-politischen Organisation voraus. Eine solche bewußte, »vernünftige« Gestaltung des Rassenprozesses ist nur in einem politischen System denkbar, das weitgehend Kollektivinteressen über Individualinteressen stellt – und als solches System bietet sich allein der Sozialismus an.[65]

Lapouge sieht erste Ansätze für eine solche Politik in den eugenischen Bewegungen in England und den USA, wie er ja überhaupt die Angelsachsen für dasjenige Volk hält, welches dem höchsten Typus des nordischen oder arischen *homo europaeus* am nächsten steht. Frankreich sowie Mittel- und Südeuropa hat er dagegen weitgehend aufgegeben; hier ist der Prozeß der Rassenmischung und Kontraselektion schon so weit fortgeschritten, daß es kaum noch möglich scheint, ihn wieder umzukehren. Aus diesem Grunde ist es auch kaum zu erwarten, daß in diesen Ländern politische Prozesse in Gang kommen, welche auf eine rassische und eugenische Selbstbehauptung zielen. Das brachycephale demokratische Spießbürgertum wird kaum den Willen aufbringen, eine langangelegte Selektion einzuleiten, mit dem Ziel, sich selbst abzuschaffen. Lapouge bleibt daher im wesentlichen Pessimist. Sein Züchtungsprojekt steht nicht im Mittelpunkt seiner Überlegungen, und seine Selektionstheorie ist auch nicht bloß zur Begründung eines solchen Projekts entworfen. Es bildet eher den Ausblick einer Studie, die eine Erklärung dafür beabsichtigt, weshalb Frankreich dem Niedergang geweiht ist.

Dennoch hat Lapouges Rassenmodell starke formelle Ähnlichkeit mit Ploetz' Modell der zivilisatorischen Kontraselektion, dessen Elemente Lapouge ja zu integrieren versucht. Beide gehen sie von der Vermutung aus, daß in der (menschlichen) Natur etwas fundamental schief läuft, und daß der zu beobachtende Vorgang einer Selbstdestruktion humaner Ressourcen auf das Wirken zivilisatorischer Mechanismen zurückgeführt werden kann. Der zivilisatorische Fortschritt, die soziale Mobilisierung, die Verstädterung und mit ihr verbundene Industrialisierung, der wachsende Wohlstand und die Emanzipation des Individuums aus überkommenen familiären, ständischen und gemeinschaftlichen Bindungen, die politische Demokratisierung, die Fortschritte von Medizin und Hygiene, von Sozialfürsorge und Betreuung der Armen und Schwachen – alles, worauf die »modernen« Apologeten des 19. Jahrhunderts so stolz waren und was die »konservativen« Kritiker der Moderne schon immer als materialistische Hybris gegeißelt hatten, wurde nun zum Teil einer gigantischen Maschinerie, die den Weg in ihren eigenen Untergang bahnte.

Angesichts einer solchen radikalen Diagnose lag eigentlich der Schluß nahe, daß nur eine radikale Therapie Abhilfe leisten kann.[66] Wenn die zivilisierte Menschheit vor dem Abgrund einer totalen und unausweichlichen Naturkrise stand, mußte jedes Mittel recht sein, das einen Ausweg versprach. In der Übervölkerungs- und Pauperismuskrise waren Projekte wie das Weinholds (1828), der eine obligatorische Verlötung des männlichen Zeugungsorgans vorgeschlagen hatte, aus einer ähnlichen Stimmung heraus entstanden. Weinhold hatte im Übervölkerungsproblem eine solche Bedrohung gesehen, daß er beim Entwurf von Gegenmaßnahmen weder die Empörung noch die Lächerlichkeit gescheut hatte. Wenn das unbeschränkte Vermehrungspotential der Menschheit sie in die Katastrophe zu führen drohte, so waren angesichts dieses Notstands auch Radikalkuren und Zwangsmaßnahmen legitim.[67]

Die Eugeniker Alfred Ploetz und Wilhelm Schallmayer zogen nun ebensowenig wie der zivilisationspessimistische Rassentheoretiker George Vacher de Lapouge solche radikalen Konsequenzen. Letzterer war (ähnlich wie Gobineau) viel zu sehr von der Unausweichlichkeit des Niedergangs überzeugt, als daß er wirklich Kraftakte befürwortet hätte, diesen aufzuhalten. Ploetz und Schallmayer dagegen glaubten zwar nicht, der Prozeß der genetischen Verschlechterung müsse unaufhaltsam voranschreiten, doch diente gerade Ploetz die Skizze einer »eugenischen Utopie« der Demonstration dessen, worauf man sich nicht einlassen sollte. Dagegen schien ja eine (gen-)technische Lösung einen humanen Ausweg aus dem in aller Schärfe prononcierten Widerspruch von Fortschritt und Humanität zu versprechen. Es mag auch eine Rolle gespielt haben, daß Ploetz wie Schallmayer viel zu sehr auf reale, reformerische Wirksamkeit im Sinne einer »rassenhygienischen« Gesetzgebung aus waren, als daß sie mit extremen Forderungen negativ auffallen wollten.[68]

Eine solche Mäßigung fand sich allerdings nicht bei allen Zeitgenossen, die in den Sog des eugenischen oder rassenentropischen Komplexes gerieten. Es bildete sich unter dem Eindruck der geschilderten Krise der menschlichen Natur bald eine *lunatic fringe* von Schriftstellern und Projekteschmieden, die ihrer Phantasie keine Zügel anlegten und alle denkbaren geschichtsphilosophischen, politischen und praktischen Konsequenzen ausmalten, die aus dem elementaren Problem überhaupt abgeleitet werden konnten. Für den genetisch-selektorischen Komplex ist Alexander Tille genannt worden, der eine Entwicklungsethik entwarf, die quer zu allen existenten politischen und gesellschaftlichen Kräften in reiner Spekulation Forderungen aufstellte, die zu Recht den Namen »utopisch« verdienen, da ihnen kein realer Ort innerhalb des politischen Kräftefelds entsprach. Seine Pläne wurden von einem Phantasten wie Willibald Hentschel (1901; 1916) im frühen 20. Jahrhundert noch weit überboten, der bis ins Detail die Errichtung menschlicher Zuchtfarmen projektierte und sogar Versuche zu ihrer Realisierung unternahm.

Auch die Rassentheorie, die seit den neunziger Jahren des 19. Jahrhunderts zunehmend zu einer allgemeinen Geschichtstheorie avanciert war und rasch an ideologischem Terrain gewann, fand bald Adepten, die sie von einem »geschichtsphilosophischen« Erklärungsansatz in eine politische Rezeptur verwandelten. Statt wie Ammon auf generelle Schlußfolgerungen ganz zu verzichten oder wie Lapouge sich mit der melancholischen Betrachtung des Niedergangs zu begnügen, gingen Rassenideologen wie Houston Stewart Chamberlain, Guido List oder Jörg Lanz daran, aus ihren rassentheoretischen Konjekturalgeschichten weitreichende politische Entwürfe abzuleiten, die schließlich zu einem elementaren Bestandteil der nationalsozialistischen Weltanschauung werden sollten.

Diese Transformation der rassentheoretischen Geschichtsauffassung in eine politische Rassenideologie geschah vor dem Hintergrund, daß die verbreiteten Rassenklassifikationen von autochthonen Langschädeln und von ihnen beherrschten Kurzschädeln von den Ergebnissen der physischen Anthropologie immer weniger gedeckt wurden. Die anfängliche Vermutung, der Schädellängenindex von Retzius könne zur stabilen Klassifikation archäologischer Funde in der Weise herangezogen werden, daß sich eindeutige Korrelationen von Schädelformen und materiellen Kulturen (Band- oder Schnurkeramik, Gefäßtypen, Bestattungsformen und dergleichen) ergaben, bestätigte sich nicht.[69] Die blond-blauäugigen, großen und dolichocephalen Ur-Germanen erwiesen sich zunehmend als Fiktion. In Gräbern derselben Kulturen fanden sich unterschiedliche Schädelformen; auch ergab sich keine eindeutige historische Sukzession von autochthonen und eingewanderten Typen. Der Schweizer Anthropologe Julius Kollmann konstatierte schon 1898, die Grabungsbefunde seien so uneinheitlich, daß zu vermuten sei, schon die neolithischen Völker Europas seien aus unterschiedlichen Rassenbestandteilen zusammengesetzt gewesen.

Als weiteres Moment kam hinzu, daß sich auch in der physischen Anthropologie nach 1900 das Vordringen des Neolamarckismus in den biologischen Wissenschaften bemerkbar machte. Anton Nyström etwa stellte 1902 die These auf, bestimmte Lebensweisen wirkten sich in direkter und vererblicher Form auf die Struktur des Schädels aus, so daß dieser kein verläßlicher Indikator für Rassenzugehörigkeit sei. Er zog daraus den Schluß, daß der Rassentheorie eines ihrer wichtigsten physisch-anthropologischen Fundamente abhanden gekommen sei: »Man hatte die wichtigsten Ergebnisse für die Rassenlehre von der Kraniologie erwartet, aber diese Erwartungen haben wesentlich fehlgeschlagen.« (Nyström 1902, 212) Der Rassentheorie, die sich ja als naturwissenschaftlich untermauerte Gesellschafts- und Geschichtstheorie verstand, wurde durch diese Entwicklung ein Stück Boden unter den Füßen weggezogen. Sie konnte nicht mehr die neuesten wissenschaftlichen Tatsachen und Theorien für sich beanspruchen, sondern wurde zunehmend auf das Feld der reinen Spekulation verwiesen.

Zu Beginn des 20. Jahrhunderts wurde die Konstruktion einer nordischen Rasse, die den Kern und die ursprüngliche Herrenschicht innerhalb der indogermanischen Völkerfamilie bilden sollte, zunehmend zur ideologischen Fiktion, wenn es auch noch immer seriöse Frühgeschichtler und Anthropologen gab, die an diesem Konzept festhielten.[70] Daher setzte in diesen Jahren der Umschlag von einer mit wissenschaftlichem Anspruch auftretenden Rassentheorie in eine Rassenideologie ein, die zunehmend mit generellen und unbeweisbaren Annahmen operierte. Diese Rassenideologien formierten sich zu recht umfassenden Erklärungssystemen, die mit der Absicht auftraten, allen Wissensbereichen einen rassentheoretischen Unterbau zu verleihen. Sie zielten auf eine rassisch-materialistische Fundierung von Geschichte, Philosophie, Philologie, Ethnologie, Pädagogik, Soziologie, Ökonomie, Humanbiologie, ja schließlich sogar von Physik und Mathematik.[71] Sie zeigten damit den wahrhaft universalisierenden Zug echter Weltanschauungen, die von hypothetischen Erklärungsmodellen zu allgemeingültigen Wahrheiten werden, die dann eben auch für alle Bereiche des Wissens gelten müssen. Nebenbei bemerkt ist dies eine auffällige Parallele zum Marxismus, der ebenfalls dahin tendierte, sämtliche Wissenschaften zu überformen, bis hin zu Lyssenko oder der »sozialen Naturwissenschaft« unserer Tage.

Es ist rückblickend aus einer Gegenwart, in der Rassentheorien als Gipfel an Absurdität und Inhumanität gelten, nicht einfach, die Grenze zwischen ernstzunehmenden Versuchen zu anthropologischer Klassifikation, radikal naturalistischer Sozial- und Geschichtstheorie sowie rein rassistischer Ideologie zu ziehen. Man sollte bei der Betrachtung historischer Gedankenformationen aber grundsätzlich das Verfahren vermeiden, »die Illusionen von gestern an den Illusionen von heute zu messen« (Lutzhöft 1971, 27). Dies sollte eigentlich eine Selbstverständlichkeit historischer Hermeneutik sein. Dennoch ist es verständlich, wenn bei einem so heiklen Thema eine distanzierte »Historisierung« nicht immer gelingt.[72]

Die Rassentheorien bilden ein vielschichtiges Phänomen. Man kann sie nicht alle als bloße Selbstlegitimation herrschender, aber vom Abstieg bedrohter Schichten verstehen, wie dies der Fall Gobineaus nahelegt. Es gab durchaus auch populistische Varianten, etwa in Frankreich, wo es während und nach der Revolution vielfach üblich wurde, die keltisch-plebejische »Nation« mit der germanisch-fränkischen Aristokratie zu konfrontieren, mit der

Absicht, letztere als Fremdkörper zu identifizieren und auszuscheiden.[73] In Deutschland (und zum großen Teil auch in England) dienten im 19. Jahrhundert – im Gegensatz zu Amerika, Frankreich und Österreich – Rassentheorien weniger zur Fixierung von Standorten in sozialen Konflikten, auch nicht unbedingt zur Diskriminierung von Minderheiten, etwa der Juden, sondern einfach zur »materialistischen« Erklärung historischer Abläufe.[74]

Mit Hilfe rassentheoretischer Argumentationen konnten die unterschiedlichsten politischen Positionen begründet werden:
- Klassenkampf als Rassenkampf
- Philo- oder Antisemitismus
- Antiklerikalismus oder Humanitarismus
- nationale Befreiung oder Imperialismus
- Erklärung der europäischen Vorherrschaft wie auch ihres Endes.

Eine Theorie, die so unterschiedliche Ausprägungen erfahren hat und im Interesse so unterschiedlicher Positionen verwandt worden ist, kann schwerlich als einheitliche »Ideologie« gelten. Sie bildet vielmehr ein komplexes Erklärungsprinzip, das zu ganzen Klassen von Ideologien gerinnen konnte, mit durchaus entgegengesetzter sozialer Bedeutung. Ihr Ursprung lag zunächst weniger im Wunsch nach wissenschaftlicher Fundierung rassistischer Vorurteile, sondern in dem naturwissenschaftlichen Erkenntnisideal der Aufklärung und des 19. Jahrhunderts, für das die Ursprungsmythen der biblischen Monogenese kein unbefragtes Dogma mehr sein konnten.

Zu Beginn des 20. Jahrhunderts transformierte sich die Rassentheorie in Deutschland zunehmend in eine ideologische Formation, die sich mit »alldeutschem« Gedankengut verband. Dieser Vorgang kann ganz gut anhand der persönlichen Entwicklung Ludwig Woltmanns verfolgt werden. Woltmann war bis 1903 aktives Mitglied der deutschen Sozialdemokratie; 1899 wurde er sogar als Delegierter auf den Parteitag nach Hannover geschickt. Seine im selben Jahr veröffentlichte Studie *Die Darwinsche Theorie und der Sozialismus* bildete die bislang anspruchsvollste Arbeit zum Thema »Sozialdarwinismus«, doch gelang es ihm nicht, das Verhältnis von biologischer Konstitution und kultureller Evolution des Menschen konsistent zu erklären. Er schwankte zwischen Positionen des »Biologismus« und des »Kulturalismus« hin und her.

Woltmann konnte jedoch den Widerspruch dieser unentschiedenen Position nicht dauerhaft durchhalten. Kurz nach der Jahrhundertwende entschied er sich für eine rein »biologistische« Position, und zwar in der schärfsten rassentheoretischen Variante. Diese Wendung vollzog er in seiner 1903 veröffentlichten *Politischen Anthropologie*. Diese Schrift trat mit durchaus wissenschaftlichem Anspruch auf. Es wurde nicht weniger beabsichtigt, als die zahlreichen impliziten Annahmen der verschiedenen rassentheoretischen Ansätze und Erklärungsversuche in eine einheitliche Theorie zu verschmelzen. Hatte es 1899 noch so ausgesehen, als neige Woltmann dazu, die kulturelle Evolution als autonome Bewegung extrasomatisch-symbolischer Muster zu verstehen, so hatte er sich jetzt dafür entschieden, allein in unterschiedlichen Rassenbegabungen das organische Substrat der Geschichte zu sehen. Der »Rasseprozeß« ist diesem Programm zufolge als Basis des »Sozialprozesses« zu begreifen, »so daß die Veränderungen, Anpassungen, Selektionen der Gesellschaft auf die gleichen physiologischen Vorgänge in der Rasse zurückgeführt werden« (Woltmann 1903, 131).

Diese Schrift hat eine merkwürdige Entstehungsgeschichte: Alfred Krupp hatte im Jahr 1900 anonym einen Wettbewerb ausgeschrieben, in dem es um die Beantwortung der folgenden Preisfrage ging: »Was lernen wir aus den Prinzipien der Descendenztheorie in Beziehung auf die innerpolitische Entwicklung und Gesetzgebung der Staaten?« Zu den Einsendern gehörte neben Wilhelm Schallmayer, der den ersten Preis gewann, auch Woltmann mit seiner *Politischen Anthropologie*. Erbittert darüber, daß er mit ihr nur den dritten Preis gewonnen hatte, zog er sie zurück und veröffentlichte sie separat. Es gab natürlich einen großen Skandal, mit Gutachten und Gegengutachten, Kritiken, Repliken und Dupliken, Invektiven und Gegeninvektiven, in dessen Verlauf Woltmann zunehmend in Gegensatz zu den als Gutachter fungierenden Fachwissenschaftlern geriet. Gleichzeitig wurde er zum Führer einer Gruppierung, die sich um die von ihm herausgegebene Zeitschrift *Politische Anthropologische Revue* (1902 ff.) sammelte.[75] Diese Gruppierung bildete ein ideologisches Zentrum der sich zu jener Zeit formierenden alldeutschen und phantastischen Rassenideologie.[76]

Im Zusammenhang mit dieser Gruppe wurde von Woltmann nun rasch die Grenze zur reinen Spekulation bis hin zur Absurdität überschritten.[77] Der Anspruch einer naturwissenschaftlichen Untermauerung der Gesellschaftstheorie wurde zwar noch immer aufrechterhalten, doch trat an die Stelle einer methodisch reflektierten Theorie rasch reines, ideologiegeleitetes Fabulieren. Achtete Woltmann selbst bis zu seinem Tode 1907 noch darauf, daß in seiner Zeitschrift ein Minimum an wissenschaftlichem Anspruch nicht unterschritten wurde (das allerdings auf einem äußerst niedrigen Niveau lag), so öffneten sich nach 1907 alle Schleusen für das rassistische und chauvinistische Sektierertum. Hierin zeigte sich, daß eine Beanspruchung der Rassentheorie für politisch-propagandistische Zwecke nur unter weitgehender Preisgabe des wissenschaftlichen Anspruchs dieser Theorie möglich wurde.

Die alldeutsch-imperialistische Rassentheorie des 20. Jahrhunderts übernahm zunächst die Rassenklassifikationen, wie sie seit dem 18. Jahrhundert üblich waren. Sie unterstellten eine Hierarchie der Begabungen, die von den Weißen über die Gelben bis zu den Schwarzen reichte. Der reale Abstand zwischen Europa und den übrigen Ländern konnte somit als Ausdruck einer rassischen Überlegenheit interpretiert werden – ein Modell, das allerdings durch den Aufstieg Japans spätestens nach dem Sieg über Rußland schwer erschüttert wurde.

Wichtiger wurden aber die Versuche, auch die Einwohner Europas nach ihrer Zugehörigkeit zu Unterabteilungen der weißen Rasse zu klassifizieren. An die Spitze wurde der »nordische Typus« gestellt, der sich im Engländer, Skandinavier, Nordamerikaner und Norddeutschen verkörperte, die als die eigentlichen Träger der westlichen Zivilisation galten und deren Ursprung in den Ur-Ariern oder den Germanen gesehen wurde. Allerdings ist dabei zu berücksichtigen, daß gewöhnlich strikt zwischen »Volk«, »Rasse« und »Staat« unterschieden wurde. »Rasse« bildete eine physisch-anthropologische, »Volk« eine sprachlich-geschichtliche und »Staat« eine rechtlich-politische Einheit. In der Wirklichkeit kommt eine Identität dieser drei Einheiten äußerst selten vor. In der Regel überlagern und durchdringen sie sich wechselseitig, so daß sich ein komplexes Bild ergibt:

Eine Rasse kann sich über verschiedene Völker und Staaten, ja Weltteile erstrecken, ein Volk besteht nur in den seltensten Fällen aus einer einzigen Rasse, ein Staat oder gar ein Weltreich umfaßt oft die verschiedenartigsten Rassen und Völker. Einer Rasse Angehörende haben gleiche Leibesbeschaffenheit und geistige Anlagen, Volksgenossen gleiche Sprache und

Sitten, Staatsbürger eines politischen Gemeinwesens gleiche Gesetze, Verfassung und Obrigkeit. (Wilser 1908, 4)

Hinzu kommt, daß reale Völker gewöhnlich aus einem Rassengemisch bestehen, innerhalb dessen die einzelnen Rassenbestandteile unterschiedlich groß sind. Wir haben gesehen, daß Lapouge und Ammon aus einer Kombination von Qualitätsgefällen zwischen den Rassen, Rassenmischung und differentieller Fortpflanzung als wirksamer sozialer Selektion eine historische Tendenz abgeleitet hatten, der zufolge der nordische Rassenanteil zugunsten weniger hochstehender Rassen mit der Zeit verschwinden mußte. Die Rassenideologen der *lunatic fringe*, die an diese Ergebnisse anknüpfen wollten, standen nun zu Anfang des 20. Jahrhunderts vor den folgenden Problemen:

1. Die physische Anthropologie, die über ein halbes Jahrhundert lang Schädel gemessen hatte, war zu Ergebnissen gekommen, die nach dem eigenen Zeugnis von Houston Stewart Chamberlain, einem der einflußreichsten Rassenideologen, chaotisch waren.[78] Die Resultate der Kraniometrie, Paläanthropologie und Anatomie waren verwirrend. Einwanderungswellen, Kreuzungen und Überlagerungen wurden immer komplexer; einfache Schemata wie die Gegenüberstellung von Dolichocephalie und Brachycephalie waren nicht länger haltbar. Die Elementartypen, mit denen die ältere Rassentheorie gearbeitet hatte, drohten zu entfallen. Chamberlain und mit ihm ein Großteil der Rassenideologen, deren Lehren später die Basis der nationalsozialistischen Weltanschauung bilden sollten, zogen daraus den Schluß, auf die physische Anthropologie sei weitgehend zu verzichten. Statt dessen sollte man sich einer intuitiven »Schau« zuwenden und das Bemühen aufgeben, »durch bloße Formeln, durch Kompaß und Metermaß, das Germanische vom Ungermanischen zu scheiden« (Chamberlain 1899, 494).

Chamberlain verstand seine Lehre daher nicht mehr als naturwissenschaftlich-materialistisch fundierte Geschichtstheorie, sondern er stellte die Rassentypen apriorisch-intuitiv fest und schaute erst dann, ob dieser Konstruktion ein anatomisches Substrat korreliert. Es handelt sich also um eine Frage des richtigen »Blicks«, um eine spontane Gestaltwahrnehmung der Rasse:

Die Hieroglyphen der Natursprache sind eben nicht so logisch mathematisch, so mechanisch deutbar, wie mancher Forscher zu wähnen beliebt.

Es gehört Leben dazu, um Leben zu verstehen. ...Wo der Gelehrte mit seinen künstlichen Konstruktionen versagt, kann ein einziger unbefangener Blick die Wahrheit wie ein Sonnenstrahl aufhellen. (Chamberlain 1899, 497f.)

Die Ergebnisse der Schädelmessungen und auch der »philologischen Tüfteleien« konnten daher ignoriert werden; statt dessen ließ sich aus der Betrachtung von Rechtsordnungen und der Kulturgeschichte die Existenz eines »moralischen Ariertums« herleiten, das rassischen Charakter haben sollte, »und wären die Völker dieser Gruppe aus noch so bunten Bestandteilen zusammengesetzt« (121f.). Chamberlains Rassebegriff ging somit in einem Irrationalismus unter, der an die Stelle eines wissenschaftlichen Anspruchs intuitive Schau setzte.[79]

2. Wichtig wurden dann aber die politisch-aktivistischen Implikationen dieser Art von völkischer Rassentheorie. Im Kontext der darwinistischen Rassentheorie bildete die Rasse einen Typus, der bestimmten Umweltbedingungen phylogenetisch optimal angepaßt ist und dessen Entwicklung von Selektionsbedingungen aller Art gesteuert wurde. Lapouge hatte dann ein Modell entworfen, demzufolge sich zivilisationsbedingt eine Spirale der Kontraselektion aufbauen konnte, die zur Vernichtung der wertvollsten Rassenelemente führte. Chamberlain gehörte nun zu den ersten, die versuchten, aus diesem Modell programmatische Schlüsse zu ziehen: Der Prozeß der rassischen Degeneration sollte durch politische Entschlossenheit aufgehalten und umgekehrt werden.

Zur Begründung einer solchen Politik entwarf er den idealtypischen Verlauf einer progressiven Rassenbildung. Ausgangspunkt jeder rassischen Einheit muß das »Vorhandensein vortrefflichen Materials« sein, das sich mit äquivalentem oder komplementärem Material mischen muß. »Nur ganz bestimmte, beschränkte Blutmischungen sind für die Veredelung einer Rasse, resp. für die Entstehung einer neuen, förderlich«, doch »fortdauernde Blutsmischung richtet die stärkste Rasse zu Grunde« (Chamberlain 1899, 284). Diese Mischung aus geeignetem rassischem Rohmaterial mußte nun einen Prozeß der Amalgamierung, der Isolierung und der Selektion durchlaufen; schließlich bildet sich eine neue Rasse, nachdem alle minderwertigen Elemente ausgeschieden sind. Die Rasse wird durch Umweltselektion nach oben getrieben, doch muß sie sich zugleich auch selbst hochzüchten.

> Eine edle Rasse fällt nicht vom Himmel herab, sondern sie *wird* nach und nach edel, genau so wie die Obstbäume, und dieser Werdeprozeß kann jeden Augenblick von Neuem beginnen, sobald ein geographisch-historischer Zufall oder (wie bei den Juden) ein fester Plan die Bedingungen schafft. (Chamberlain 1899, 267)

In diesem Sinne müssen die Juden als das große universalgeschichtliche Vorbild gelten. Ihnen ist es durch strikte Endogamie, durch in den mosaischen Gesetzen festgelegte Rassenhygiene und durch einen festen Willen zur Selbstbehauptung gelungen, ihre rassische Identität über Jahrtausende hinweg nicht nur zu bewahren, sondern zu steigern. Sie bilden daher die einzigen ernsthaften Rassenrivalen der Germanen, die ihnen langfristig nur gewachsen sind, wenn es ihnen gelingt, analog zu den Juden ein eigenes rassisches Selbstbewußtsein zu entwickeln. Von entscheidender Bedeutung für die Bildung und Hochzüchtung der Rasse muß dazu die Nation werden, die als selbstbewußte politische Organisation der Rasse verstanden wird. Sie »festet das bestehende Blutband und treibt an, es immer enger zu schließen« (Chamberlain 1899, 294). Kraft und Reinheit der sich aus wertvollem arisch-germanischem Material bildenden neuen Rasse werden somit zu einer Angelegenheit des politischen Willens. Eine Rasse, die sich stolz zu sich selbst bekennt und entschlossen ist, ihre Identität zu bewahren und möglichst zu steigern, kann durch diesen ihren Willen alle Widerstände überwinden. Sie ergänzt die Wirkung natürlicher Selektion durch eine bewußte, gezielt angelegte soziale Selektion. Damit gelingt ihr zweierlei: Sie kehrt die fatale Konsequenz der objektiv wirksamen zivilisatorischen Kontraselektion um, und sie gewinnt die Fähigkeit, Lebensräume zu besiedeln, denen ihre organische Konstitution, die unter anderen Umweltbedingungen gebildet worden war, eigentlich nicht angepaßt ist.

Das rassenentropische Modell, wie es von Gobineau entworfen und von Lapouge modernisiert worden war, wird somit von Chamberlain in sein genaues Gegenteil umgekehrt.

> Nicht also aus Rassentum zur Rassenlosigkeit ist der normale, gesunde Entwicklungsgang der Menschheit, sondern im Gegenteil, aus der Rassenlosigkeit zu immer schärferer Ausprägung der Rasse. (Chamberlain 1899, 293)

Chamberlains rassenpolitisches Projekt, dessen Vorstellungen vor allem über Alfred Rosenberg direkt in die nationalsozialistische Weltanschauung einflossen, bildet somit das rassentheoretische

Äquivalent zur Eugenik. Die »sélection systématique«, die Lapouge so zögerlich als Ausweg aus dem Niedergangsprozeß der nordischen Rasse entworfen hatte, findet in Chamberlain und seinen zahlreichen Nachfolgern glühende Anhänger. Angesichts der drohenden Naturkrise der Menschheit können auch hier alle Bedenken über Bord geworfen werden: Harte Maßnahmen sind angebracht, wenn das Versinken der Menschheit in einem unfruchtbaren Rassenchaos auf keinem anderen Weg aufgehalten werden kann. Rosenberg schilderte die der Rassenpolitik zugrundeliegende Alternative 1930 noch einmal in einer drastischen Diktion, die die totale Entschlossenheit zur Umkehr demonstrieren sollte.

Entweder steigen wir durch Neuerleben und Hochzucht des uralten Blutes, gepaart mit erhöhtem Kampfwillen, zu einer reinigenden Leistung empor, oder aber auch die letzten germanisch-abendländischen Werte der Gesittung und Staatenzucht versinken in den schmutzigen Menschenfluten der Weltstädte, verkrüppeln auf dem glühenden unfruchtbaren Asphalt einer bestialisierten Unmenschheit oder versickern als krankheitserregender Keim in Gestalt von sich bastardisierenden Auswanderern in Südamerika, China, Holländisch-Indien, Afrika. (Rosenberg 1930, 81)

Angesichts einer solchen apokalyptischen Alternative des rassischen Alles oder Nichts, eines drohenden Gegensatzes von Rassentum oder Barbarei, versteht es sich von selbst, daß jedes Mittel recht sein muß, um das Schlimmste zu verhüten. Der Härte des drohenden Naturschicksals eines Untergangs der arisch-germanischen Rasse kann nur mit einer ebenso großen Härte begegnet werden. Wenn der Selbstbehauptungswille der Rasse erlahmt, wenn sie sich bastardisiert und fremden, universalistisch-individualistischen Lehren öffnet, muß sie untergehen. Gegen diese Gefahren hilft daher allein eine Selbstbesinnung auf das Wesen der Rasse, auf ihren »Mythus«, d. h. darauf, daß Rasse das wahrhafte geschichtliche Subjekt ist, welches sich nur dann dem Untergang entziehen kann, wenn es sich selbst erkennt, selbstbewußt handelt, um sich zu steigern und gegen alle seine Feinde im Innern und von außen mit größter Entschlossenheit vorzugehen.

Auch hier ist es also der »Wille«, dieses politische Äquivalent der »Vernunft«, der sich das Ganze des Naturprozesses, soweit es geschichtlich relevant ist, zum Gegenstand machen soll. Aus den Defiziten der objektiven, spontanen, ungeregelten, bewußtlos ablaufenden Naturgesetze ergibt sich der Appell zum selbstbewußten Handeln. Wenn es sich zeigt, daß der (humane, anthropologische) Naturprozeß in eine Sackgasse führt, indem er selbstzerstörerische Tendenzen entwickelt, darf man dies nicht (wie Ammon) ignorieren, um den sozialen und moralischen Status quo nicht zu gefährden; man darf auch nicht (wie Lapouge) darüber in pessimistische Klagen über den Lauf der Welt ausbrechen, sondern es gilt, etwas dagegen zu unternehmen. Da im Mittelpunkt des Geschichtsprozesses die Rasse steht, auf die sich alle politischen, gesellschaftlichen, kulturellen, moralischen oder rechtlichen Phänomene beziehen müssen, stehen sie alle zur Disposition, wenn es um das Überleben und die Steigerung der Rasse geht. Die Leninsche Formel des »Wer-Wen« könnte auch auf die Logik des Rassenkampfes angewandt werden: Es handelt sich um einen Kampf auf Leben und Tod, der in einer Radikalität geführt werden muß, die keine Rücksichten mehr kennt.

Alle Fesseln der Tradition, der Religion oder der Moral müssen in diesem Kampf abgestreift werden. Zwar bildet der Rassenkampf als solcher ein ewiges Phänomen, kann er während der gesamten Geschichte beobachtet werden, doch tritt er erst in der Gegenwart in eine wirklich aktuelle Stufe. Nicht nur verschärft er sich durch den Prozeß der Zivilisation, der eigentümliche kontraselektorische Effekte hervorbringt; die Moderne stellt zugleich allererst das Instrumentarium zur Verfügung, mit dessen Hilfe es möglich wird, den Rassenkampf effektiv, mit technisch avancierten Mitteln zu führen. Die Rassenpolitik wird somit zu einer modernen Strategie, mit der auf ein altes Problem reagiert wird, das sich jedoch durch den Prozeß der Modernisierung in einer neuen Schärfe stellte. Sie gewinnt ihre Plausibilität und Dringlichkeit aus der Radikalität einer Untergangsperspektive, der allein mit radikalen Mitteln begegnet werden kann. Dieser Schluß ist im Werk Chamberlains bereits angelegt. Es bedurfte jedoch der Hekatomben des Ersten Weltkriegs und der totalen Mobilisierung der tradierten Welt, der Herausforderung durch die Radikalität der Russischen Revolution und des Zusammenbruchs überkommener moralischer Konstanten, um die Maßstäbe in einer Weise zu verschieben, daß eine Proklamation wirklich radikaler Auswege nicht mehr nur Angelegenheit weniger Sektierer und Phantasten blieb, sondern zum ideologischen Fundament einer breiten politischen Bewegung werden konnte.

V. Die Krise der Natur und die Politik des Ganzen

Aus der Rekonstruktion der Debatten um die Krise der menschlichen Natur ist die folgende allgemeine Struktur erkennbar geworden: Das Vertrauen darauf, daß sich die Auswirkungen menschlichen Handelns grundsätzlich in einer Weise neutralisieren, daß die natürlichen Voraussetzungen dieses Handelns erhalten bleiben, ist nur so lange sinnvoll, wie man eine teleologische Ordnung des Kosmos unterstellt. Es konnte gezeigt werden, daß sich das Konzept eines harmonischen Haushalts der Natur letztlich der Voraussetzung verdankte, daß ein göttlicher Familienvater existierte, der die Ordnung der *oeconomia naturae* als die einer *oeconomia divina* bewahrte. Der Haushalt der Natur muß als der Haushalt Gottes gedacht werden, will man darauf vertrauen, daß dieser Haushalt grundsätzlich im Gleichgewicht bleibt und daß es keinem aufsässigen Haushaltsmitglied gelingen kann, dieses Gleichgewicht zu stören. Solange man sich innerhalb dieses Konzeptes befindet, kann die Vorstellung, die Natur als Ganzes könne von menschlichen Aktivitäten gestört werden, nicht aufkommen. Sie ist innerhalb des symbolischen Feldes der natürlichen Teleologie schlechthin unplausibel.

Im 19. Jahrhundert jedoch ist Gott gestorben, ein Vorgang, der spätestens dann bekannt wurde, als Nietzsche ihm den Totenschein ausstellte. Die hohe Plausibilität des Gedankens, daß »Gott tot« ist, war gleichbedeutend damit, daß die Figur der natürlichen Teleologie aus dem dominanten symbolischen Feld der europäischen Kultur verschwunden ist. Die aktive synthetisierende Einheit der Natur, ihr ordnendes Zentrum, ist ihr abhanden gekommen. Diese Einsicht ist heute nicht mehr sensationell – sie ist schlichtes Allgemeingut geworden. Ihre Konsequenzen sind jedoch nicht immer vollständig realisiert worden. In einfacher Formulierung lauten sie, daß nach dem Zusammenbruch der natürlichen Teleologie *alles* möglich geworden ist, also auch eine Selbstvernichtung der Natur durch ihre eigenen Elemente, die Menschen.

Eine unteleologisch strukturierte Natur bildet einen rein stochastischen Ordnungszusammenhang, d. h., eine solche Natur ist keineswegs chaotisch, nimmt keineswegs *beliebige* Zustände ein, sondern erzeugt immer wieder Ordnungszonen, die sich in gewissem Umfang stabil halten und in denen Strukturen mit bestimmten, recht konstant erscheinenden Merkmalen auftreten können. Die große Leistung der Darwinschen Evolutionstheorie bestand darin, für den Bereich der belebten Natur ein Modell zu entwerfen, das die Entstehung und Reproduktion eines solchen unteleologisch konstituierten Ordnungszusammenhangs erklärte. Allerdings gibt es darin keine Instanz, die garantiert, daß solche sich spontan einspielenden Ordnungszusammenhänge zugleich mit *gewünschten* Zuständen identisch sind. Ich hoffe, gezeigt zu haben, daß aus den elementaren Annahmen des Darwinschen Modells der »Gegensatz von Fortschritt und Humanität« resultieren konnte, der im ausgehenden 19. Jahrhundert so beunruhigend wirkte.

Ähnliche Vorgänge wie in der Naturgeschichte konnten auch in anderen Bereichen des Wissens auftreten. Allgemein bekannt ist dies in der Ökonomie. Die im Rahmen des Konzepts der natürlichen Teleologie formulierte Lehre von Adam Smith hatte zu zeigen versucht, daß sich interessengeleitetes Handeln isolierter Individuen spontan zu einem Zusammenhang ordnet, der sich nicht nur irgendwie stabilisiert, sondern der zugleich auch wünschenswerte Ergebnisse produziert: Reichtum, Freiheit, Glück. Im Laufe der Entwicklung wurden nun immer mehr systematische, d. h. nicht nur kontingente, historisch bedingte Defizite dieses Marktsystems offenbar. Es war nicht erst Keynes, der demonstrierte, daß sich auf dem Markt vermittels seiner eigenen Mechanismen Gleichgewichtszustände herstellen können, die etwa mit hoher Arbeitslosigkeit, d. h. mit sozial unerwünschten Ergebnissen verbunden sind. Strukturell bedeutet dies das gleiche wie die Konzeptualisierung einer eugenischen Krise: Die Harmonie des Ganzen ist nicht mehr identisch mit der spontanen Bewegung seiner Elemente, sondern diese kann, nach Maßgabe bestimmter Werte, aber auch nach Maßgabe des Ziels der Identitätserhaltung des Systems, auch zu »disharmonischen« oder selbstzerstörerischen Ergebnissen führen.

Die Folgerungen aus einer solchen Problemlage scheinen selbstverständlich zu sein: Was die »Natur« (oder der »Markt«) nicht mehr aus ihrer Eigengesetzlichkeit leisten, muß eine andere Instanz übernehmen. Als diese Instanz tritt nun die »Vernunft« auf, also ein menschliches Vermögen, das aufs »Ganze« geht. Wenn das Ganze sich nicht mehr selbst perfektioniert, weil ihm seine teleologische Ordnungspotenz abhanden gekommen ist, muß dieses Ganze von einer untergeordneten Instanz wahrgenommen werden: *Ein* Teilsystem muß für den Zusammenhang *aller* Teilsysteme sorgen. Eine Ökonomie, die prinzipielle Dysfunktionen zeigt, verlangt also nach staatlicher Intervention und vernünftiger Planung. Wenn die Naturmechanismen der Selektion durch den Zivilisationsprozeß soweit modifiziert werden, daß sie diesen untergraben, muß eine neue Moral, müssen neue soziale und politische Institutionen diese ausgefallene Funktion substituieren. Ähnliches gilt, wenn der Zivilisationsprozeß sein eigenes rassisches Substrat untergräbt; auch dann muß ein Akt des Willens, der aufs Ganze geht, vollzogen werden. Es scheint dann selbstverständlich, daß auch die moderne Umweltkrise auf diesem Weg bewältigt werden muß: Die Abpufferung zerstörerischer Effekte menschlichen Zugriffs auf ökologische Zusammenhänge muß technisch und politisch substituiert werden, wenn die natürlichen Systeme versagen.

Grundsätzlich gilt also nach dem Zusammenbruch der natürlichen Teleologie das folgende Programm: Wo Natur war, soll Vernunft (oder Plan, Intervention, Technik, Wille) sein. Der »Mensch« tritt in die freigewordene Stelle ein, die einst »Gott« besetzt hatte. Formell ähnelt dieser Vorgang dem Programm, das nach dem Modell der *natura lapsa* Plausibilität gewonnen hatte. Wenn die Natur prinzipielle Defizite zeigt, so muß eine ordnende Hand eingreifen, die von außen und mit Absicht wirksam wird. Subjekt dieser ordnenden Intervention war nach dem älteren Modell ein theistischer Gott oder sein Stellvertreter auf der Erde, der absolute Fürst. Nachdem Gott jedoch nicht nur in Gestalt eines teleologischen Naturgesetzes, sondern auch in der eines allmächtigen providenziellen Willens gestorben ist, bleibt allein der »Fürst«, der Leviathan übrig. Nun wissen wir allerdings, daß letzterer ein sterblicher Gott ist und daß seine Macht nicht weiter reicht als die Länge seines Schwerts.

Der »Mensch«, der »Staat« oder die »Vernunft« unterscheiden sich von »Gott« darin, daß sie weder allmächtig, noch allwissend, noch allgütig sind. Es ist daher kein Wunder, daß die Versuche, »Natur« durch vernünftige Intervention zu ersetzen, bislang alle mehr oder weniger deutlich gescheitert sind. Die Planung erweist sich gegenüber den Problemen, die sie meistern soll, in der Regel als unterkomplex. Dies muß für die Ökonomie zu einer Zeit, da man selbst in der Sowjetunion das endgültige Scheitern der Planwirtschaft zugestehen muß, nicht extra betont werden. Daß Eugenik und Rassenpolitik moralischen Schaden angerichtet haben, der weit über ihrem (ja zum größten Teil nur eingebildeten) »Nutzen« liegt, weiß heute jedes Kind. Auch für die Technik im engeren Sinne gilt etwas Entsprechendes. Kaum jemand traut den Ingenieuren, die versichern, sie hätten sämtliche Unfallursachen beseitigt, die (mit vertretbarer Wahrscheinlichkeit) bei Kernkraftwerken auftreten könnten. Gerade in der Technik, diesem Inbegriff menschlicher Vernunft und vorausschauender Planung, ist das Programm aktiver Beherrschung hoher Komplexitäten am eindrucksvollsten gescheitert.

Wir befinden uns daher in der Gegenwart in einer denkwürdigen Zwickmühle. Einerseits wissen wir spätestens seit Bekanntwerden der Umweltkrise, prinzipiell aber bereits seit der Durchsetzung der Darwinschen Theorie, daß das Modell der natürlichen Teleologie unrealistisch ist. Handelte es sich bei den in dieser Studie vorgeführten Argumentationen noch um autonome Schlußfolgerungen aus einem theoretischen Modell, die, wie wir heute wissen, empirisch überwiegend auf sehr schwachen Beinen stehen, so ist es in der Umweltkrise eher umgekehrt. Die realen Anzeichen der Krise haben bislang ein größeres Gewicht als die Versuche, das Wesen dieser Krise zu erklären. Wie auch immer – es scheint jedenfalls sehr riskant und daher enorm unplausibel, sich heute noch darauf zu verlassen, daß die »Natur« schon irgendwie selbst die Probleme regeln wird. So sehr wir daher von der Einsicht in den endgültigen, jetzt gar sinnlich wahrnehmbaren Zusammenbruch der natürlichen Teleologie erschüttert sind, so schwach sind doch die Alternativen. Die Spontaneität der Natur ist gescheitert – wer glaubt aber noch daran, daß die Planung nicht ebenfalls scheitern wird?

Jedesmal, wenn Ausfälle von Systemen bekannt werden, die sich eigentlich automatisch selbst regulieren sollten, werden Stimmen laut, die nach mehr staatlicher Kontrolle und Intervention rufen. Jedesmal aber, wenn (wie etwa heute im System sozialer Sicherung) die Defizite staatlicher Planung und Regulierung sichtbar werden, ertönen Stimmen, die nach Deregulation, also nach mehr »Markt« oder spontaner Selbstorganisation rufen. Gegenüber den maroden Volkswirtschaften des RGW strahlt die marktwirtschaftliche Ökonomie im Glanz der Effizienz, während zugleich von ihr globale Umweltprobleme erzeugt werden, die nur durch politische Vorgaben und Kontrollen bewältigt werden können – wenn überhaupt. Man springt also von Modell zu Modell und damit von einem Scheitern in das andere.

Diese Ambivalenz zweier Ordnungsvorstellungen, die einander ausschließen und die zugleich jeweils als Retter in der Not des Gegenmodells auftreten, hat sich in den westlichen Industriegesellschaften seit dem 19. Jahrhundert in zwei politisch-weltanschaulichen Richtungen formiert. Beide sind sie »modern« und fortschrittsorientiert; sie bilden die Extreme eines Kontinuums, auf dem sich alle existierenden politischen Richtungen abtragen lassen. Es handelt sich um die idealtypischen Figuren von Liberalismus und Sozialismus.

Der Liberalismus unterstellt, daß sich die wesentlichen Prozesse des Lebens am besten von selbst organisieren, d. h., daß das freie Zusammenwirken der Kräfte nicht nur in der Natur und der Wirtschaft, sondern auch in der Politik, der Gesellschaft, ja sogar in der Moral und Kultur zu einem sinnvollen Resultat führt und nicht etwa ein großes Durcheinander zur Folge hat. Das Ganze des gesellschaftlichen und wirtschaftlichen Lebensprozesses muß daher von keiner speziellen Instanz als solches angestrebt werden, sondern es stellt sich spontan durch das Handeln der einzelnen her. Die Ursprünge dieses Programms liegen, wie gezeigt wurde, in der natürlichen Teleologie des 18. Jahrhunderts, doch ist diese Voraussetzung nicht mehr allen (aber doch einigen!) Anhängern dieser Position präsent.

Der Sozialismus dagegen geht von der Annahme aus, daß ein sinnvolles Ganzes prinzipiell bewußt angestrebt werden muß, d. h., daß ein wesentliches Übel der realen Welt gerade darin besteht, daß *keine* Instanz existiert, die dafür sorgt, daß nicht fehlerhafte Kreisläufe entstehen. Mehr noch: der Sozialismus sieht die Verheißung der Zukunft darin, daß es gelingen soll, die menschlichen Lebensverhältnisse insgesamt »vernünftig« einzurichten, sie also der Herrschaft der Vernunft zu unterstellen. Die Naturwüchsigkeit einer spontanen Selbstregulation, wie sie der Liberalismus fordert, ist für den Sozialismus gerade Inbegriff der Unmündigkeit und Entfremdung. Die Verwandlung von Natur in Subjektivität, die Ersetzung blinder Naturmächte durch bewußte

Planung und Regulation – dies ist der Kern des älteren sozialistischen Programms seit Saint-Simon oder Marx.

Beide Programme sind nun in je spezifische Schwierigkeiten geraten. Der Liberalismus geht stillschweigend davon aus, daß die materielle Welt unzerstörbar, ja unstörbar ist; ihr Funktionieren als Ganzes muß schließlich der Notwendigkeit menschlicher Planung und Kontrolle entzogen sein, wenn eine marktwirtschaftliche Ökonomie überhaupt möglich sein soll. Unterstellt wird damit letztlich, daß die Reichweite menschlichen Handelns nicht groß genug werden kann, um natürliche Zusammenhänge zu affizieren, oder aber, daß die Natur elastisch genug sein muß, alle diese potentiellen Störungen abzupuffern und somit die materiellen Rahmenbedingungen freiheitlichen wirtschaftlichen Handelns, das den Blick auf Gesamtzusammenhänge bewußt ignorieren kann, immer wieder bereitzustellen.

Der Sozialismus dagegen hat, von seinem Anspruch auf die Verwirklichung universeller Vernunft aus, prinzipiell kein Problem, zu fordern, auch die Naturzusammenhänge seien menschlicher Planung und Kontrolle zu unterstellen. Indem er jedoch die Macht der Vernunft postuliert, muß er zugleich die Vernünftigkeit der Macht wollen, also die totale Erkenntnis sowie die totale Machbarkeit. Er installiert damit jedoch nicht nur neue Zwänge und neue Herrschaftsverhältnisse, die ihn in Konflikt mit solchen Anhängern bringen, die zugleich individuelle Autonomie, Selbstverwirklichung und Emanzipation fordern. Er scheitert auch daran, daß hochkomplexe Systeme wie ein Kernkraftwerk, wie eine Ökonomie, geschweige wie das Ganze der Natur eben nicht so ohne weiteres wirksamer Verwaltung und Planung unterstellt werden können.

Beide politisch-weltanschaulichen Programme stehen daher angesichts der Umweltkrise vor je besonderen Schwierigkeiten. Für den Liberalismus liegt das Problem darin, daß die Handlungsreichweite im Industriesystem eben doch so groß ist, daß natürliche Ökosysteme gestört werden. Der Sozialismus steht dagegen vor dem Problem, daß die Handlungsreichweite gerade nicht groß genug ist, um die natürlichen Ökosysteme einer bewußten Planung und Kontrolle zu unterwerfen. Beide Programme scheitern also daran, daß die Reichweite menschlichen Handelns einerseits zu groß, andererseits aber zu klein ist. Genau darin liegt aber das Wesen des Umweltproblems.

Man kann den Kern dieses Problems auch so formulieren: Es ist wenig wahrscheinlich, daß die vielfachen, sich rapide ausweitenden ökologisch relevanten Aktivitäten der industriellen Zivilisation sich genau in der Weise wechselseitig neutralisieren, daß diejenigen Umweltzustände erhalten bleiben, die vor Beginn dieser Aktivitäten existierten und deren weitere Existenz für das menschliche Leben (oder gar für die Erhaltung der »Natur« mit allen rezenten Spezies) notwendig oder wünschenswert ist. Zugleich scheint angesichts der Unterkomplexität der heutigen technischen Systeme und des heutigen Wissens im Verhältnis zum Aufbau der Biosphäre jeder Versuch als wenig erfolgsträchtig, künstlich die erwünschten (ökologischen, klimatischen, atmosphärischen, hydrologischen usw.) Bedingungen wiederherzustellen, welche zuvor zerstört worden sind, da die betroffenen Systeme zu komplex und zu groß sind, um wirklich verstanden, geschweige kontrolliert oder gar technisch »repariert« werden zu können.

Wir haben es also mit einem Problem zu tun, das ich die »mittlere Reichweite« der heutigen industriellen Technik nennen möchte. Sie ist einerseits kompetent genug, die natürliche Pufferungskapazität der Biosphäre wirkungsvoll zu überschreiten, doch kann sie dies nur negativ, in Form einer »Störung«. Sie ist gleichzeitig nicht kompetent genug, das Ganze der Naturzusammenhänge aktiv zu berücksichtigen. Was für den Bereich der Technik gilt, gilt entsprechend auch für die vorhandenen ökonomischen und politischen Steuerungssysteme, die ebenfalls der Problemlage gegenüber unterkomplex sind. Es ist zu befürchten, daß es sich hierbei um ein prinzipielles Problem handelt, nicht nur um mangelnden guten Willen oder bösartige Interessen, obwohl es das alles sicher auch gibt.

Ist diese Beschreibung der »mittleren Reichweite« der industriellen Technik richtig, so gibt es zwei prinzipielle Lösungsstrategien, deren Extreme so aussehen würden:

1. Die erste Alternative besteht, technizistisch ausgedrückt, darin, daß die industriellen Aktivitäten hinter die Schwelle natürlicher Selbstregulation zurückgeführt werden. Dies bedeutet, daß Eingriffe in die Natur bewußt auf ein Niveau begrenzt werden, auf dem sich die gewohnten natürlichen Voraussetzungen von selbst reproduzieren können, so daß etwa die tradierten natürlichen Lebensgemeinschaften, Landschaftstypen, Klimazustände usw. in

der Gestalt erhalten bleiben, wie wir sie aus den letzten Jahrhunderten kennen. Dieses Programm wird von seinen Vertretern vielfach mit der Vorstellung eines einfacheren, naturnäheren Lebens verbunden, mit Dezentralität, sanfter Energienutzung und generell friedlich-humanitären Lebensformen.

Dennoch gibt es hier natürlich Probleme. Zunächst einmal muß man, soll die Wirtschaft unterhalb der Schwelle natürlicher Selbstregulation bleiben, diese Schwelle genau kennen. Man müßte also viel mehr über die Funktionsweise und die Vernetzung natürlicher Ökosysteme wissen, und zwar gerade über längere Zeiträume hinweg. Man müßte auch definieren können, was man unter den erhaltenswerten Eigenschaften von Ökosystemen versteht, jenseits der Aufrechterhaltung elementarer Parameter wie Klima, Gaszusammensetzung der Atmosphäre, Tragfähigkeit des Bodens, Wasserkreisläufe usw. Man brauchte also viel mehr Wissen über die Natur, als heute verfügbar ist.

Hinzu kämen gesellschaftlich-ökonomische Steuerungsprobleme, deren Schwierigkeiten nur angedeutet werden können. Im Prinzip müßte die Strategie ja darin bestehen, daß im Zweifelsfall jeder Eingriff unterbliebe, bevor nicht alle relevanten Neben- und Folgeeffekte bekannt und bewertet sind. Dies setzte sehr lange Erprobungszeiträume voraus, eine starke Reglementierung nicht nur der Wirtschaft, sondern auch des Konsum- und Alltagsverhaltens, eine Verzögerung der Technikanwendung bei gleichzeitiger Intensivierung der Forschung – alles Maßnahmen, die rasch zu Konflikten mit den »sanft«-alternativen Wertemustern führen müssen, die ja auf Entfaltung von Spontaneität und individueller Selbstverwirklichung, keineswegs aber auf Selbstdisziplin oder gar Askese setzen.

2. Die zweite Alternative scheint dagegen auf den ersten Blick realistischer zu sein, schreibt sie doch die herrschende technisch-ökonomische Tendenz fort. Sie besteht zunächst darin, daß die einzelnen Industrieländer versuchen, im Wettlauf um den technischen Fortschritt vorn zu bleiben, um nicht den Anschluß an die wirtschaftliche Dynamik des Weltmarkts zu verlieren. Da es unwahrscheinlich ist, daß sämtliche Industrieländer zugleich beginnen, die erste Strategie zu verwirklichen, können nationaler Wohlstand, Arbeitsplätze und soziale Sicherheit dann am besten gewährleistet werden, wenn die jeweilige Wirtschaft nach dem Maßstab, den die naturwüchsige Konkurrenz auf dem Weltmarkt

setzt, wettbewerbsfähig bleibt. Nicht De-Industrialisierung, nicht Verzögerung der Technikanwendung, sondern aktive Teilnahme am weltweiten Industrialisierungsprozeß in der Form, wie er sich selbst organisiert, scheint dann geboten.

Nimmt man die Existenz einer drohenden Umweltkrise jedoch ernst, so muß man sich darüber im klaren sein, daß die letzte Konsequenz einer solchen Strategie darin bestehen muß, das Industriesystem so weit zu forcieren, daß auch seine natürlichen Voraussetzungen unter technische Kontrolle gebracht werden. Was ist Technik anderes als bewußte Gestaltung von Naturprozessen? Wenn daher Umweltprobleme auftreten, so kann eine Strategie darin bestehen, nicht etwa die industrielle Entwicklung in der Weise »umweltverträglich« zu gestalten, daß man sie auf ein Niveau unterhalb der Schwelle natürlicher Selbstregulationsfähigkeit beschränkt, sondern daß man darauf abzielt, die ausgefallenen Leistungen der Natur technisch zu erbringen. Es liegt in der logischen Konsequenz dieser Strategie, daß sie schließlich auf Vorleistungen natürlicher Systeme weitgehend verzichtet, ja, daß sie anstrebt, diese vollständig auszuschalten, da von ihnen, sofern sie nicht unter technischer Kontrolle stehen, Störungen ausgehen können.

Letztlich müßte ein solcher Weg dahin führen, daß die Menschheit die gesamte Biosphäre ihrer planerischen Kontrolle unterwirft, oder doch zumindest den Teil von ihr, der als menschlicher Lebens- und Produktionsraum fungiert. In einem solchen System technisch-ökologischer Totalplanung müßte der gesamte Produktions- und Konsumtionsapparat wie in einer Raumstation in geschlossenem Kreislauf arbeiten, unabhängig von natürlichen Rahmenbedingungen, auf die man sich nicht mehr verlassen kann.

Es ist dies eine Vision, wie sie eines Alfred Russel Wallace würdig wäre. Von den heute verbreiteten Wertvorstellungen aus handelt es sich dagegen um ein wahres Horror-Szenario, um eine negative Utopie. Sie erzeugt eher Schrecken als Hoffnung, und es wird kaum jemanden geben, der sich für eine solche Vision begeistern kann. Abgesehen davon scheint es auch wenig wahrscheinlich, daß ein solches System ökologischer Totalplanung je funktionieren wird, da es viel zu komplex ist, um in allen seinen Einzelheiten wirkungsvoll erfaßt werden zu können.

Wenn wir nun diese beiden industrialisierungspolitischen Alternativen in bezug zu den gängigen politischen Ideologien und

Orientierungsmustern setzen, so ergibt sich ein merkwürdiges Bild: Die erste Alternative, also die Beschränkung auf ein Niveau, das natürlicher Selbstregulation Raum gibt, entspricht eher den Vorstellungen des klassischen Liberalismus, während der Pfad, der zu Ende gedacht in die technische Totalplanung führt, eher mit dem alten Programm des Sozialismus vereinbar scheint. Dennoch gehören heute die jeweiligen Proponenten den jeweils entgegengesetzten politischen Lagern an. Allerdings handelt es sich hierbei um die Formulierung von Extremen, während in der politischen Wirklichkeit das Verfahren weiter dominieren dürfte, bei Versagen des einen auf Elemente des anderen Programms zurückzugreifen, so daß sich als Resultante eine pragmatische Mischung beider ergibt.

Betrachtet man die beiden idealtypischen Lösungsstrategien genauer, so fällt auf, daß beide letztlich mit einer enormen Zunahme von Wissen und Kontrolle verbunden sein müssen. Auch die erstere Alternative, die die technisch-industriellen Systeme auf ein Niveau unterhalb der Schwelle natürlicher Selbstregulation beschränken will, muß die natürlichen Ökosysteme so behandeln, als wären sie (störanfällige) technische Systeme. Man wird ihren Aufbau etwa ebensogut kennen müssen wie den Aufbau einer technischen Apparatur. Diese Strategie, die scheinbar auf Selbstregulation der »Natur« setzt, behandelt letztlich die Natur wie ein Produkt menschlicher Technik, das nur eben innerhalb gewisser recht enger Grenzen die Fähigkeit zur Selbstreparatur und Selbstreproduktion besitzt. Hier wie in der Strategie technisch-ökologischer Gesamtplanung ist daher in der Tat das Modell der natürlich-teleologischen Selbststeuerung vollständig aufgegeben worden. Bei beiden Strategien handelt es sich um Formen der Planung, die nur unterschiedliche Gestalt annehmen. Letztlich geht es daher nur um die Frage des Planungsstils, nicht darum, ob *überhaupt* geplant werden soll. Nichts anderes ist nach dem Zusammenbruch der natürlichen Teleologie jedoch zu erwarten.

Gerade das Beispiel der nationalsozialistischen Rassenpolitik hat gezeigt, daß nach Verschwinden der natürlichen Teleologie auf eine antizipierte Großkrise der menschlichen Natur mit erstaunlicher Radikalität reagiert werden kann. Wenn die (moralisch-anthropologische) Naturordnung sich nicht mehr selbst garantiert, wenn mit dem Naturhaushalt auch das Naturrecht in die Zone der Krise und damit der Dezision geraten ist, wird buchstäblich alles möglich. Die Erfahrungen in der ersten Hälfte dieses Jahrhunderts haben demonstriert, was geschehen kann, wenn man auf eine (wie auch immer falsch perzipierte) Naturkrise mit der scheinbar gebotenen politischen Konsequenz reagiert. Die zweite Hälfte dieses Jahrhunderts wird vermutlich demonstrieren, was geschieht, wenn man auf eine drohende Naturkrise *nicht* mit der gebotenen politischen Konsequenz reagiert. Es wird hierin deutlich, daß die Menschheit in eine neuartige Zone der Gefahr geraten ist, in der Handeln oder Nichthandeln fatale Konsequenzen haben kann.

Anmerkungen

I. Von der gefallenen zur harmonischen Natur

1 Ich möchte betonen, daß damit keine eigene theologische Aussage im Sinne einer »richtigen« Auslegung dieser Texte beabsichtigt ist. Der biblische Textkorpus scheint sehr unterschiedlichen Interpretationen gegenüber offen zu sein.
2 Zu Goodman vgl. Harris 1949; Fruchtbaum 1964.
3 Auch Johann Joachim Becher (1688, 44) sah genau darin das Dilemma des Widerstandsrechtes: »Die decision aber gemeiniglich in scylla oder charybdi anstösset, denn gibt man der Obrigkeit Recht, so erheben sie sich bald in Tyranney, gibt man den Unterthanen Gleich, so ist ihnen leicht zur Rebellion zu pfeiffen.«
4 Diese bekanntlich von Hobbes aufgenommene Formel, die sich in unterschiedlichen Varianten im zeitgenössischen Schrifttum findet, erhält ihre Plausibilität weniger vom englischen Bürgerkrieg (von dem 1616 noch nichts zu spüren war), noch gar von einem bürgerlichen »Besitzindividualismus« (Macpherson 1962), sondern von der dominanten theologischen Figur der *natura lapsa*, deren Durchsetzung im weiteren Kontext der konfessionellen (Bürger-)Kriege des 16. Jahrhunderts zu sehen ist.
5 Es gibt keinen wirklichen Fortschritt des Wissens. Auch das vielgebrauchte Bild von den (modernen) Zwergen, die auf den Schultern der (antiken) Riesen stehen, ist falsch. »Man stelle sich vor, wie diese Zwerge nun auf die Schultern gesetzt werden; es ist zu befürchten, daß sie angesichts des Abgrunds, der sich vor ihnen auftut, eher von Schwindel befallen werden, als daß sie ein vernünftiges Urteil über das Gesehene fällen könnten.« (Goodman 1616, 361) Zur Geschichte dieser Metapher vgl. Merton 1983.
6 »Die Technik (art) handelt wie ein Flickschuster oder Kesselflicker; sie stützt die morschen Wände und bessert die Ruinen der Natur aus.« (Goodman 1616, 26)
7 Zur Begründung der Technik als Versuch, infolge des Sündenfalls verlorengegangene Kenntnisse wiederzugewinnen vgl. Stöcklein 1969; Lehmann 1980.
8 »Jede Art ist starkem Verfall ausgesetzt, der Mensch wird nicht mehr so stark, so groß, so klug und auch nicht mehr so alt, wie dies in früheren Zeiten der Fall war; der Welt ist eine bestimmte Dauer und ein Lebenslauf vorgezeichnet; wir befinden uns jetzt in der Zeit der Altersschwäche dieser Welt.« (Goodman 1616, 353)
9 Vgl. zu diesem Komplex Willey 1940; Harris 1949; Raven 1953; Fruchtbaum 1964; Glacken 1967.
10 Francis Bacons Schrift *De augmentis scientiarum* bezieht sich auf ihrem

Titelblatt auf diese Prophezeiung. Vulgata: Multa pertransibunt et multiplex erit scientia. In der englischen Bibelübersetzung lautet die Stelle: »Many shall run to and fro, and knowledge shall be increased«, was mit der überseeischen Expansion und der neuen Naturwissenschaft in Beziehung gesetzt werden konnte. Die Luthersche Übersetzung läßt eine solche Interpretation nicht zu. Zum millenniarischen Kontext Bacons vgl. Webster 1975, 335.

11 Vgl. zur problematischen Beziehung von *new science*, *instauratio magna*, Verfallsgeschichte und natürlicher Teleologie Webster 1974, 1975.
12 Vgl. zur millenniarischen Implikation der Verfallsgeschichte Tuveson 1949; Hill 1972; Webster 1975.
13 Zum Problem einer allgemeinen »Krise des 17. Jahrhunderts« vgl. Hobsbawm 1954; Rabb 1975. Den Zusammenhang von ideologischer Krise und eschatologischer Naherwartung, Frömmigkeit, aber auch absolutistischer Politik des »Krisenmanagement« betont Lehmann 1980, 112.
14 Elias 1969 analysiert das »höfische« Prinzip als eines der kunstvollen Balance zwischen widerstreitenden Interessen.
15 Das Vordringen der natürlichen Theologie und der Physikotheologie ist einmal als antichiliastische Antwort auf das Modell der Verfallsgeschichte zu sehen (vgl. Harris 1949), zugleich handelt es sich um die theistische Antwort auf die atomistische Naturphilosophie von Gassendi und Hobbes, die zeigen wollte, daß aus der Selbstbewegung der Körper Ordnung entstehen kann, ohne daß eine zweckgerichtete Absicht zugrunde liegen muß (Greene 1959). Durch Identifikation des »atheistischen« Atomismus mit der epikureischen Lehre wird es möglich, auf stoische Einwände gegen den Epikureismus zurückzugreifen, etwa auf die Position des Balbus in Ciceros *De natura deorum*, die im Sinne der natürlichen Theologie interpretiert wird (vgl. Fruchtbaum 1964).
16 Dieses Motiv ist Gegenstand mehrerer Untersuchungen von Odo Marquard (z. B. 1978).
17 Zu Ray vgl. Raven 1942.
18 Zum polemischen Kontext von Burnets Verfallsgeschichte vgl. Jacob/Lockwood 1972. In der deutschen Übersetzung der lateinischen Ausgabe von Burnets Schrift *Theoria sacra telluris d. i. Heiliger Entwurff oder Biblische Betrachtung des Erdreichs*, Frankfurt/M./Leipzig 1693, findet sich die unten zitierte Passage nicht. Die an die internationale Gelehrtenrepublik gerichtete Ausgabe enthält einige Zugeständnisse an die Providenzlehre.
19 Tuveson (1949, 125) demonstriert den Zusammenhang von Utopie und Apokalypse bei Burnet.
20 »Von dem Tage aber und von der Stunde weiß niemand, auch die Engel

nicht im Himmel, auch nicht der Sohn, sondern allein der Vater« (Matth. 24,36).

21 »Wenn Gott sich immer gleich verhielte, könnte die Welt ewig dauern« (Ray 1692, 39).

22 So bereits Hale 1677, 170: »Die gleiche Macht, die die Lebewesen schuf, sorgte dafür, daß die Generationen fortwährend in gleicher Gestalt und in gleicher Lebenskraft aufeinander folgten, und sie korrigierte die Verluste, die infolge von Sünden, Ausschweifungen und Zufälligkeiten aufgetreten sind.«

23 Gegen Freudenthal 1982 muß festgehalten werden, daß die Uhrwerkmetapher bei Burnet oder Boyle durchaus auf eine perfekte Uhr zielt, die nicht (wie das Weltmodell Newtons) des »Governor of the Clock« bedarf, der sie permanent nachstellt. Zur Geschichte der Uhrwerkmetapher vgl. Mayr 1987.

24 Dies war die explizite Absicht der von Robert Boyle testamentarisch eingerichteten Vorlesungsreihe, in deren Rahmen die Arbeiten von Ray und Derham entstanden. Vgl. Jacob 1976; Jacob 1977.

25 Eine umfangreiche Bibliographie zur Physikotheologie von J. A. Fabricius findet sich in der deutschen Übersetzung von W. Derhams Astrotheologie, Hamburg 1745, XIII–XCVIII; vgl. generell Fruchtbaum 1964; Krolzik 1980; Philipp 1957, 1963; Raven 1953; Stebbins 1980; Toellner 1982.

26 Eine frühe Formulierung dieses Gedankens findet sich bei Hale 1677, 330: »Wenn ich die menschliche Natur betrachte, wie wunderbar ein Teil auf das andere abgestimmt ist, und dann den mundus aspectabilis anschaue, besonders die sublunare Welt, mit der wir wegen ihrer Nähe zu uns am besten vertraut sind, und sehe, wie wunderbar sie auf die Lebensbedürfnisse des Menschen abgestimmt ist: Und wenn ich sehe, daß zwischen ihren Teilen, obgleich sie getrennt, vielfältig und voneinander entfernt sind, doch so exakte und sinnvolle Verbindungslinien bestehen, die auf die Versorgung und die Abstimmung mit der Natur des Menschen eingerichtet sind, so kann ich nicht anders als einen gemeinsamen Urheber des Mikro- und des Makrokosmos anzunehmen.«

27 Wenn alle Elemente der Natur einen notwendigen Zusammenhang bilden, kann daraus gefolgert werden, daß keine einzige Spezies vom Menschen ausgerottet werden kann. »Keinem Lebewesen mangelt es an Mitteln, sich selbst und seinesgleichen zu erhalten; und diese Mittel sind so wirksam, daß trotz aller Versuche und Anstrengungen von Menschen und wilden Tieren, sie auszurotten, bis heute noch keine einzige von den Arten verschwunden ist, von denen in Geschichtsbüchern berichtet wird, und folglich und ohne Zweifel auch keine von denen, die ursprünglich geschaffen wurden.« Ray 1691, 159f. An anderer Stelle spricht Ray von der »Dauerhaftigkeit (perpetuity) aller Arten

in der Welt.« Ray 1692, 149. Noch Buffon befindet sich in dieser Tradition, wenn er der Natur »eine Fruchtbarkeit, die eben so groß ist wie unsere Verwüstungen (déprédation)« zuschreibt (*Mammifères*, Bd. 2, *Œuvres compl.* Bd. 15, Paris 1830, 7). Vgl. zu diesem Komplex auch Green 1959; Glacken 1967; Thomas 1983. Zum Konzept der *scala naturae* die klassische Studie von Lovejoy 1948.

28 Die Geschichte und die Schwierigkeiten, in die dieses Motiv im frühen 19. Jahrhundert geriet, bilden den Gegenstand einer Studie zur Bevölkerungsdebatte im Umkreis von Malthus, die ursprünglich einen Teil des vorliegenden Buches bilden sollte. Sie hätte jedoch den vorgesehenen Umfang gesprengt, so daß sie später separat veröffentlicht werden soll.

29 Ähnliche Positionen vertraten bekanntlich die Physiokraten in Frankreich: »Die Gesetze sind auf Dauer vom Schöpfer der Natur eingerichtet worden. Die Gesetzgebung (puissance législative) steht daher nicht zur Debatte, denn sie bleibt allein dem Allmächtigen vorbehalten, der in der allgemeinen Ordnung des Universums alles geregelt und vorhergesehen hat. Die Menschen können hier nur Unordnung anrichten, und diese Unordnung kann nur vermieden werden, wenn man die Naturgesetze genau beachtet.« (F. Quesnay, *Despotisme de la Chine*, 1767, Kap. 8, § 6)

30 Vgl. Egerton 1973; Worster 1977; Schramm 1984, 1985; Trepl 1987.

II. Das Naturgesetz des Fortschritts

1 In den Abschnitten über Malthus werden die Ergebnisse einer Studie über »Malthus und die Grenzen des Fortschritts« aufgenommen, deren Veröffentlichung geplant ist.

2 Besonders Wallace 1761 und Townsend 1786.

3 Dieser Ausweg wurde vor allem von Thomas Chalmers (1832) und Archibald Alison (1840) formuliert.

4 Deutlich bei Adam Smith (1776, 28 f.): »Der Unterschied in den natürlichen Begabungen der einzelnen Menschen ist in Wirklichkeit weit geringer, als uns bewußt ist, und die verschiedensten Talente, welche erwachsene Menschen unterschiedlicher Berufe auszuzeichnen scheinen, sind eher Folge als Ursache der Arbeitsteilung. So scheint zum Beispiel der Unterschied zweier so unähnlicher Typen wie des Philosophen und des gewöhnlichen Lastenträgers sich weniger der Veranlagung als der Lebensweise, Gewohnheit und Erziehung zu verdanken.«

5 Es wird hier bewußt auf eine Diskussion der breiten Darwin-Literatur verzichtet. Die folgenden Arbeiten waren hilfreich: Altner 1981; Bayertz 1982; Bowler 1984; Freeman 1974; Gale 1972; Greene 1981;

Himmelfarb 1959; Mayr 1984; Ospovat 1981; Ruse 1979; Vorzimmer 1969; Young 1969.
6 Dieser teleologisch klingende Begriff muß im Kontext der Evolutionstheorie rein funktional verstanden werden: als Passung eines Elements an eine größere Struktur.
7 Diese Vorstellung geht auf die hippokratische Tradition zurück. Vgl. Johnson 1960; Glacken 1967.
8 Vgl. Lefèvre 1984, der zeigt, daß es sich bei Lamarcks Theorie nicht um eine Deszendenztheorie, sondern eine Transformationstheorie handelt. Laut Lamarck findet permanent Urzeugung statt, wobei den dabei entstehenden Organismen eine Tendenz zur Höherentwicklung innewohnt. Daraus folgt, daß der Zeitpunkt der Urzeugung bei den höchsten Lebewesen am weitesten zurückliegt, während die primitivsten Organismen zugleich die jüngsten sind. Es gibt daher keinen gemeinsamen Stammbaum, sondern eine zeitlich verschobene Parallelentwicklung der Lebewesen. Das Anpassungsprinzip spielt innerhalb der generellen Tendenz zur Höherentwicklung nur eine untergeordnete und akzidentielle Rolle. Im klassischen »Lamarckismus« dagegen wird das Anpassungsprinzip, das in der Naturgeschichte Buffons zur »Degeneration« der Varietäten bzw. ihrer »Abartung« (Blumenbach) geführt hatte, zum Erklärungsprinzip für die Deszendenz der Arten. Vgl. Bowler 1983.
9 Vgl. zur Geschichte dieses Konzepts Lovejoy 1948.
10 So etwa Wallace 1761, 141: »Jede Spezies befindet sich innerhalb einer Stufenleiter, vom kleinsten Insekt bis zu Behemoth, dem Anfang der Wege Gottes. In jeder Spezies findet sich ein bestimmter Grad an Vollkommenheit.«
11 So heißt es etwa bei dem radikalen Selektionisten August Weismann (1886, 21): »Sehr häufig bedingte der Fortschritt in einer Richtung den Rückschritt in anderer.« Daher ist »der Rückschritt ein Theil des Fortschritts.« (30)
12 Darauf wies etwa der Darwinanhänger Oskar Schmidt auf der 51. Versammlung deutscher Naturforscher und Ärzte hin (1878, 185): »Von unserem Standpunkte aus werden wir fort und fort daran erinnern, daß es eben nicht im Begriffe des natürlichen Kampfes ums Dasein liegt, daß die Sieger immer die physiologisch und menschlich überragenden, die moralisch würdigeren seien.«
13 Vgl. Gillispie 1951; Davies 1969.
14 Vgl. Vorzimmer 1963.
15 »Im Lamarckismus konnte man einen Mechanismus von der Art sehen, wie ein gütiger Gott ihn gewählt haben würde, um ein angenehmes Leben innerhalb einer veränderlichen Welt zu ermöglichen.« (Bowler 1984, 214)
16 Auf den letzten Seiten des Buches findet sich lediglich die Bemerkung:

»In fernerer Zukunft sehe ich offene Felder für weit wichtigere Forschungen. ... Auf den Ursprung und die Geschichte des Menschen wird ein neues Licht geworfen werden.« (Darwin 1859, 458)

17 Zu Wallace vgl. McKinney 1972; Brackman 1980.
18 Zu den zeitgenössischen anthropologischen Debatten in England vgl. Burrow 1963; Stepan 1982; Grayson 1983.
19 Vgl. generell zur Geschichte der physischen Anthropologie Scheidt 1924/25; Eickstedt 1940/63; Mühlmann 1968; Greene 1959; zur Mühlen 1977; Stepan 1982; Grayson 1983.
20 Darauf weist Grayson 1983 hin.
21 Eine solche ideologische Verwendung des Polygenismus spielte aus begreiflichen Gründen vor allem in Amerika eine Rolle. Vgl. Jordan 1968. Diese Konsequenz wollte der demokratische Zoologe Carl Vogt, der als Materialist die polygenetische Position vertrat, durchaus vermeiden: »Für uns hat der Neger dasselbe Recht auf Freiheit, möge er nun einer verschiedenen Art angehören oder mit dem Europäer von Adam her blutsverwandt sein.« (Vogt 1855, 84)
22 Die auf J. F. Gall, J. G. Spurzheim und G. Combie zurückgehende Phrenologie postuliert eine direkte Beziehung von Gehirnorganisation, Schädelform und geistigen Fähigkeiten. Vgl. Young 1970.
23 »Man sieht, daß in allem Leid eine höchste Wohltat verborgen ist.« (Spencer 1868, 354)
24 Spencer spielt das Schicksal einer friedliebenden Urmenschheit durch: »Offensichtlich wäre folgendes geschehen: hätten jene hypothetischen Wesen nicht den Wunsch zur Zerstörung gehabt, da Zerstörung sie eher unangenehm berührt hätte, so wären sie, statt die Erde zu unterwerfen und sich über sie zu verbreiten, selbst zur Beute anderer Lebewesen geworden, in denen der Zerstörungsinstinkt mächtig gewesen wäre.« (Spencer 1868, 448)
25 »Der Sieg eines Volkes über ein anderes war im wesentlichen der Sieg des sozialen über den antisozialen Menschen; oder, genauer, des angepaßteren über den weniger gut angepaßten.« (Spencer 1868, 455)
26 »Bevor man zum Zweck der Hebung des Gewerbefleißes von achthunderttausend Negern in Jamaika dort die Sklaverei wieder einführen könnte, müßten die dreißig Millionen Engländer, die dies durchführen wollten, sich in jeder Hinsicht zurückentwickeln – in der Wahrheitsliebe, in der Zuverlässigkeit, in der Ehrlichkeit, Großzügigkeit und sogar in ihrer konkreten Lebensform.« (Spencer 1868, 457)
27 So etwa Gerland 1868 sowie zahlreiche Missionare und Anthropologen.
28 Dies wird aus der folgenden Bemerkungs Büchners (1868, 259) besonders deutlich. Nach einem Referat der Thesen von Wallace heißt es: »Haben wir auch nach dieser Theorie gerade keine Aussicht, schließlich im Sinne des ewigen Fortschritts und der Darwin'schen Zuchtwahl

zu einer Art von Engeln mit Flügeln an den Schultern zu werden,« – da ja die organische Evolution des Menschen abgeschlossen ist – »so ist doch jedenfalls der Blick in die Zukunft des Menschengeschlechts befriedigender für unseren Stolz als der Rückblick auf seine Vergangenheit« – nämlich die Herkunft vom »Affen«.

29 »In der That, je niedriger unsere Herkunft, umso erhabener unsere heutige Stellung in der Natur! je geringer der Anfang, um so größer die Vollendung! je schwieriger der Kampf, um so glänzender der Sieg! je mühseliger und langsamer der Weg, auf dem unsere Cultur errungen wurde, um so werthvoller diese Cultur selbst und um so mächtiger auch das Streben, sie nicht blos festzuhalten, sondern auch weiter auszubilden!« (Büchner 1889, 83 f.)

30 Der Begriff selbst ist allerdings durchaus zeitgenössisch. So wird etwa Otto Ammon von Ludwig Woltmann (1899, 328) als »sozial-darwinistischer Bauernfänger« bezeichnet. Vgl. schon den Titel des Werkes von G. Vadala Papale, *Darwinismo naturale e Darwinismo sociale*, Torino 1883. Wegen der Nähe des Wortes »sozial« zu »sozialistisch« wurde in der sozialdemokratischen Literatur aber der Begriff »Bourgeois-Darwinisten« (im Gegensatz zu »sozialistische Darwinisten«) bevorzugt. Vgl. E. Bernstein, *Naturwissenschaft wider Gesellschaftswissenschaft*, Die Neue Zeit 12, II, 1894, 72. Woltmann (1899, 134) wandte gegen die »Bourgeois-Darwinisten« ein: »Ihr Irrtum besteht darin, die Natur nicht nur zu vermenschlichen, sondern die durch bürgerliche Vorurteile gefälschte Natur, diesen Wechselbalg der sozialen Naturwissenschaft, der gegenwärtigen Ordnung unterzuschieben und der Profit- und Stellenkonkurrenz die Sanktion eines ewigen Naturgesetzes zu geben.« Es handelt sich hierbei um das antinaturalistische Standardargument, über das Woltmann selbst wenige Jahre später hinwegging. (Woltmann 1903)

31 Bereits Willie (1954) zeigte in seiner Studie *The Self-Made Man in America* gegen Hofstadter, daß die amerikanischen Neureichen ihre Erfolge eher mit »aufklärerischen« Topoi wie dem »pursuit of happiness« oder mit christlichen Argumenten begründeten, nicht aber mit »survival of the fittest«.

32 So etwa Wehler 1979; Bayertz 1982.

33 Vor allem Koch 1973.

34 Jones 1980; Crook 1984.

35 Clark 1984.

36 Die Reform-Darwinisten der »progressive era« zogen aus Darwin die Konsequenz, daß die wohltätigen »Naturgesetze« der Gesellschaft, an die das 18. Jahrhundert geglaubt hatte, nicht existierten. »Diese Vorstellung fehlender Ordnung war ein gemeinsamer Zug der ansonsten völlig disparaten Reformen der progressive era – von der Antitrust-Gesetzgebung über die Eugenik bis hin zu den Gesetzen über Rassen-

trennung.« In diesem Zusammenhang wurde das Feindbild des »Sozialdarwinismus« aufgebaut: »Sie griffen die ›brutalen Gesetze des Sozialdarwinismus‹ an und begründeten ihre Aktivitäten mit der Auffassung, daß die Kräfte der Natur, läßt man sie spontan wirken, üble und zerstörerische Auswirkungen hätten. Auf dem sozialen Feld leitete diese Auffassung eine Periode der Sozialreform ein.« (Bannister 1979, 9, 11)

37 So schrieb bereits Herkner 1897 (441): »Die Darwinisten sind so ziemlich in allen sozialen Lagern zu finden, und doch glaubt gewiß ein jeder von ihnen, daß mit dem Darwinismus nur das Programm seiner Richtung in Einklang gebracht werden könnte.«

38 Vgl. Conrad-Martius 1955; Zmarzlik 1963; Gasman 1971; Wehler 1979; Bayertz 1982 usw., dagegen jedoch Kelly 1981.

39 So Gasman 1971. Dagegen Kelly 1981, 121: »Wenn Haeckel und der Monistenbund Vorläufer des Nationalsozialismus sein sollen, dann kann man dies von fast jedem anderen Denker und von fast jeder anderen Organisation ebenfalls sagen.«

40 So vor allem Conrad-Martius 1955.

41 Diese Tendenz findet sich vor allem bei Mosse 1978 und in etwas schwächerer Form bei Poliakov 1977.

42 Dagegen Kelly 1981, 101: »Das übliche historische Verfahren, im deutschen Sozialdarwinismus eine theoretische Vorbereitung des Nationalsozialismus zu sehen, beruht auf einem Fehler.« Es handle sich hier vielfach um den »Fehlschluß ›post Darwin ergo propter Darwin‹«.

43 Vgl. etwa die aufschlußreiche Bemerkung Werner Sombarts anläßlich des strikt ablehnenden Referats von Franz Oppenheimer über die »rassentheoretische Geschichtsphilosophie« auf dem 2. Deutschen Soziologentag 1912: »Aber wir wollen doch nicht das große augenblickliche Verdienst der Rassentheorie unterschätzen: daß sie uns von der Alleinherrschaft der materialistischen Geschichtsauffassung befreit, uns endlich wieder einen neuen Gesichtspunkt gegeben hat. Es ist natürlich keine Rede davon, an Stelle des simplifizierenden ökonomischen Materialismus die simplifizierende Rassentheorie zu setzen, aber den Respekt vor dem Problematischen an der Sache hat sie uns Soziologen wieder beigebracht – das wollen wir nicht vergessen.« (Verh. 2. dt. Soziologentag, 1913, 186)

44 Vgl. etwa den Briefwechsel zu P. Trémaux, *Origine et Transformations de l'Homme et des autres Etres*, Paris 1865. Trémaux hatte die »lamarckistische« Position vertreten, der Boden wirke sich unmittelbar auf den Rassencharakter aus. Marx stimmt dieser Auffassung zu und erklärt sie für »in der geschichtlichen und politischen Anwendung viel bedeutender und reichhaltiger als Darwin. Für gewisse Fragen, wie Nationalität etc. hier allein Naturbasis gefunden« (Marx an Engels, 7.

8. 1866, *MEW* XXXI, 248). Engels lehnte diese Theorie dagegen zunächst als »reine Konstruktion« ab (Engels an Marx, 2. 10. 1866, *MEW* XXXI, 256), doch hielt ihm Marx entgegen, die »Grundidee über den Einfluß des Bodens« sei »eine Idee, die nur ausgesprochen zu werden braucht, um sich ein für allemal Bürgerrecht in der Wissenschaft zu erwerben« (Marx an Engels, 3. 10. 1866, *MEW* XXXI, 258). Vgl. Engels an Marx, 5. 10. 1866, *MEW* XXXI, 259–61. In der Einleitung zur Kritik der Politischen Ökonomie notierte Marx: »Der Ausgangspunkt natürlich von der Naturbestimmtheit; subjektiv und objektiv. Stämme, Racen.« (Marx 1953, 30) Zur subjektiven Naturbestimmtheit gehören danach auch die Rassen, während mit »objektiver« Naturbestimmtheit wohl die natürliche Umwelt gemeint ist. Auch im »Kapital« spricht Marx von den »Naturbedingungen« der Produktion in ähnlicher Weise: »Sie sind alle rückführbar auf die Natur des Menschen selbst, wie Race usw., und die ihn umgebende Natur.« (*MEW* 23, 535) Die Qualität dieser Naturbedingungen definiert jedoch nur die »Möglichkeit«, nicht die »Wirklichkeit« der Reichtumsproduktion. Vgl. zu diesem Komplex Wittfogel 1929, 509–12; Paul 1981. Groh 1967 interpretiert das Verhältnis von Marx und Engels zu Darwin als einen Versuch, sich an die Popularität der Evolutionstheorie anzuhängen.

45 Schallmayer (1904, 595) unterscheidet die rassentheoretische von der »selektionistischen« Geschichtsauffassung: »Sehr lange ist es noch nicht her, daß die Geschichtswissenschaft den Gang der Weltgeschichte lediglich durch Betrachtung der kriegerischen Ereignisse, durch die Taten und Schicksale der Herrscher, Helden und Diplomaten erklären zu können glaubte, bis endlich der Kultur- und Sozialgeschichte etwas mehr Aufmerksamkeit zugewendet wurde. Auch das Auftreten anderer einseitiger Geschichtsauffassungen, der geographischen (Buckle), der ökonomischen (Marx und Engels) und der rassentheoretischen (Gobineau, de Lapouge usw.) hat geholfen, das enge geschichtswissenschaftliche Gesichtsfeld zu erweitern. Warum sollte nun zu dieser, vermutlich noch lange nicht vollendeten Erweiterung nicht auch eine selektionistische Geschichtsbetrachtung beitragen dürfen, die ihr Augenmerk auf die biologische Auslese innerhalb der Rassen sowie auch auf die mittelbare natürliche Auslese unter den nur durch Tradition übertragbaren Kulturgütern richtet?«

46 Diese natürlich selbstironisch gemeinte Formulierung stammt von F. H. C. Crick, einem der Entdecker des DNS-Modells, selbst. Das durch die moderne Molekulargenetik wieder bestätigte »Dogma« lautet, »daß Informationen von den Nukleinsäuren zu den Proteinen, nicht aber von den Proteinen zu den Nukleinsäuren fließen können.« (Smith 1975, 66)

47 »Armuth, Reichthum, Überanstrengung, Müßiggang, Üppigkeit, Unterricht, Erziehung, Religion, kurzum alle Verhältnisse, welche man

die politisch-moralischen nennen mag, werden tagtäglich wahre Brennpunkte der Degeneration des Menschen.« (Reich 1868, 13)

48 »Wer am Lamarckismus festhält, der kann z. B. schon von einer Besserung der wirtschaftlichen Lage der besitzarmen Klassen, von einer Kürzung ihrer Arbeitszeit und sonstigem Arbeitsschutz, von der Ausbildung der Jugend (sowohl in körperlich-gymnastischer und sanitärer als in intellektueller und sittlicher Hinsicht), von der militärischen Ausbildung der jungen Männer usw. ganz andere Wirkungen für die künftigen Generationen erwarten als der, welcher jene Annahmen für unzulässig und irrig hält.« (Schallmayer 1903, 110)

49 Deutlich bei Gumplowicz (1883, 16 f.), der seine »naturalistische« Geschichtsauffassung polemisch gegen die überkommene theologische und rationalistische, besonders aber die hegelianische Geschichtsphilosophie abhebt.

50 Max Weber, der an der Durchsetzung einer rein »kulturalistischen« Soziologie maßgeblich beteiligt war, behandelte die Rassentheorie dennoch nicht als bloßen Gegenstand der Soziologie – Rubrik Vorurteilsforschung – sondern als einen prinzipiell diskutablen Ansatz, den er allerdings (mit guten Gründen) ablehnte: »Die eigentliche Frage im Rassenproblem wäre doch wohl: Sind bestimmte historisch, politisch, kulturell, entwicklungsgeschichtlich relevanten Differenzen nachweislich ererbt und vererbbar, und welches sind die Unterschiede? Diese Frage ist heute auf den meisten Gebieten noch nicht einmal exakt zu stellen, geschweige daß schon an ihre Lösungen zu denken wäre.« Solange diese Fragen nicht durch empirische Forschungen näher geklärt sind, bleiben sämtliche definitiven Aussagen rein spekulativ, »... und da will man schon mit Rassetheorien Geschichtskonstruktion treiben«. Verh. 2. dt. Soziologentag, 1913, 188. Vgl. auch seine Bemerkungen zu dem Vortrag von Ploetz auf dem 1. deutschen Soziologentag. (*Verhandlungen*, 1911, 151–157)

51 Vgl. zur neueren Diskussion zum Verhältnis von Biologie und Sozialwissenschaften Flohr 1987 (mit weiteren Hinweisen).

III. Die Naturkrise des Fortschritts

1 Zu den ersten, die die rein funktionalen, unteleologischen Implikationen der Selektionstheorie erkannten, gehörte Marx: »Trotz allem Mangelhaften ist hier zuerst der ›Teleologie‹ in der Naturwissenschaft nicht nur der Todesstoß gegeben, sondern der rationale Sinn derselben empirisch auseinandergelegt.« Marx an Lassalle, 16. 1. 1861, *MEW* 30, 578. Vgl. hierzu Romanes 1874; Huxley 1894; Dewey 1909.

2 Weismann (1887, 21) definiert »Panmixie« oder »Allgemein-Kreuzung« als den Vorgang, »daß nicht nur diejenigen Individuen zur Fortpflan-

zung gelangen, welche das betreffende Organ in größter Vollkommenheit besitzen, sondern alle, ganz unabhängig davon, ob dasselbe besser oder schlechter bei ihnen beschaffen ist«.

3 Haeckel (1863, 14) spricht von einem »allgemeinen Gesetze der Variabilität« der Organismen, »einer Neigung oder Fähigkeit, ihren besonderen Charakter nur in einem gewissen Maße unverändert, in anderen Beziehungen aber mehr oder weniger abgeändert auf ihre Nachkommen zu vererben«.

4 »Denn wenn auch ein nützlicher Charakter um so constanter werden muß, je längere Zeit hindurch er schon durch stete Wiederholung der Selection befestigt wurde, so zeigt doch die Beobachtung, daß eine völlige Constanz bei keinem noch so alten Charakter erreicht worden ist, daß überall kleine Schwankungen vorkommen. Sobald also dann Selection aufhört, auf den Charakter einzuwirken, muß das langsame Herabsinken desselben von der vorher erreichten Organisationshöhe beginnen.« (Weismann 1893, 54f.)

5 »Wir sind in dieser Beziehung durch die Civilisation herabgesunken und zwar durch Vermittlung der Panmixie, dadurch, daß die möglichst hohe Ausbildung dieser Sinnesorgane nicht mehr den Ausschlag gab über das Gedeihen des Einzelnen.« (Weismann 1887, 21)

6 Vgl. grundsätzlich zum Problem des »Fortschritts« in der Evolution die Überlegungen bei Simpson 1974.

7 Lange (1870) argumentierte dabei lamarckistisch: Da in den sozialen Klassen unterschiedliche Lebensverhältnisse herrschen, besteht grundsätzlich die Möglichkeit, daß »eine völlige Spaltung in eine höhere und niedere Rasse als Resultat dieser Differenzierung hervortritt« (54f.). Trotz der Isolation des Adels hat bislang jedoch eine solche Bildung sozialer Rassen noch nicht stattgefunden, doch besteht gerade in der Gegenwart die Gefahr, daß »aus dem Gegensatz von Kapital und Arbeit sich eine gefährlichere Adelsbildung entwickeln könnte, als irgend eine frühere«. Einerseits gibt es innerhalb der Bourgeoisie eine Tendenz zur Endogamie. »Weit drohender scheint die Gefahr, daß die Arbeiter der Industrie unter der Herrschaft des Kapitals zu einer physisch und geistig untergeordneten Rasse herabsinken möchten« (59), indem sich nämlich ihre unter Elendsbedingungen erworbene schlechte Konstitution weitervererbt, woraus lamarckistisch eine »bleibende Degeneration der Menschenrasse« resultieren könne.

8 Vgl. die Bibliographie zur Eugenik bei Farrall 1979. Die praktischen eugenischen Bewegungen und Maßnahmen in den verschiedenen Ländern sind nicht Gegenstand unserer Studie, in der es allein um die Logik der Konzepte geht.

9 Zur Eugenik in den USA vgl. Freeden 1979; vor allem aber Pickens 1968.

10 Vgl. MacKenzie 1976; Paul 1984; Searle 1976.

11 Die Literatur zur Eugenik in Deutschland ist natürlich vor allem auf den Nationalsozialismus und die »Euthanasie« bezogen, wobei die früheren Bewegungen als »Vorläufer« erscheinen (eine gewisse Ausnahme bildet Graham 1977). Vgl. Bastian 1981; Kroll 1983; Roth 1984; Schmuhl 1987. Weingart/Kroll/Bayertz 1988 erschien erst nach Abschluß dieser Studie und konnte nicht mehr berücksichtigt werden.
12 Vgl. Schneider 1982.
13 Dies zeigen vor allem Pickens 1968 und Paul 1984.
14 Neben Ploetz wäre vor allem Wilhelm Schallmayer zu nennen, der ähnliche Positionen vertrat. Vgl. Weiss 1986. Ploetz gebührt aber insofern die Priorität, als seine Schrift von 1895 weit umfassender ist und ein weit höheres Niveau besitzt als Schallmayers Broschüre von 1891, während Schallmayers Preisschrift von 1903 kaum über Ploetz hinausgeht.
15 Allerdings vermutet er doch phänotypische Indikatoren für den Fortpflanzungserfolg: »Intelligenz, kräftige, gewandte Musculatur, gute Verdauung, Widerstandskraft gegen Witterungs-Einflüsse u. ä. sind Eigenschaften, deren Verbindung mit der Erhaltungs- und Fortpflanzungskraft auf der Hand liegt.« (Ploetz 1895, 106f.)
16 »Die Unterscheidung starker und schwacher Convarianten vor dem Erfolg oder Mißerfolg, also in allen Stadien vor vollendeter Pflege ihrer Kinder, ist schwer, oft unmöglich.« (a. a. O., 48)
17 »Also das erste und das letzte Drittel in der Stufenleiter der starken und schwachen Convarianten könnten wir vielleicht schon abschätzen, nur nach der Mitte zu wird die Sache schwieriger.« (Ploetz 1895, 48 f.)
18 Ähnlich auch die Forderung des englischen Arztes John B. Haycraft (1895, 104): »An die Stelle der Selektionstätigkeit der Mikroben muß nunmehr die bewußte planmäßige Auslese durch den Menschen selbst treten und dafür sorgen, daß nur von gesunden Eltern die nächste Generation erzeugt wird.«
19 Dies wird als nicht näher zu begründende, evidente Tatsache eingeführt: »Es ist männiglich bekannt, daß die Westarier die thatsächlichen Beherrscher fast der ganzen Erde sind, und daß das Gebiet, in dem ihr Einfluß heute noch nicht dominiert, sich rasch verkleinert.« (Ploetz 1895, 131) Zu den Westariern gehören die Germanen (Angelsachsen, Deutsche, Skandinavier), Graeko-Romanen, Slaven und Kelten. Neben den Juden gelten sie als die erfolgreichste und tüchtigste Rasse. Die europäischen Juden erscheinen als Rassengemisch mit wenig semitischem und hohem arischen Anteil: »Sie müssen als gleich hoch stehende Culturrasse angesehen und behandelt werden, deren völlige Aufsaugung nicht nur im bürgerlichen Interesse liegt, sondern auch für die Veredelung beider Theile, Juden wie Nichtjuden, von großem Vortheil sein kann.« (a. a. O., 142)
20 So etwa Conrad-Martius 1955, die Ploetz mit Züchtungsphantasten

wie Willibald Hentschel in einen Topf wirft und direkte Linien zur »Aktion Lebensborn« zieht. Ähnlich auch zur Mühlen 1977, 178 f. Dieser Eindruck kann eigentlich nur entstehen, wenn man von der Ploetzschen Schrift lediglich das mit »rassenhygienische Utopie« überschriebene Kapitel liest.
21 So schrieb etwa Ludwig Woltmann, als er noch Sozialdemokrat war: »Es ist notwendige Aufgabe der Erziehung des Menschengeschlechts, Auslese und Züchtung wieder in einen natürlichen und organischen Zusammenhang zu bringen, welche die bisherige Zivilisation und besonders die kapitalistisch-bürgerliche Gesellschaft auseinander gerissen hat.« (Woltmann 1899, 358 f.) Paul (1984, 567) weist darauf hin, daß in England »die Eugenik unter Vertretern der Linken, besonders unter Marxisten und Fabiern mit wissenschaftlichen Interessen, großen Anklang fand«. Neben dem kommunistischen Genetiker J. B. S. Haldane nennt sie: Beatrice und Sidney Webb, G. B. Shaw, Havelock Ellis, Eden und Cesar Paul, H. J. Laski, Graham Wallas, Emma Goldman, H. G. Wells, Edward Aveling, Julian Huxley, Joseph Needham, C. P. Snow, H. G. Muller und Paul Kammerer.
22 »Das Christenthum und die moderne Demokratie mit ihren Gleichheitslehren und -Forderungen haben in den Massen den Sinn für Rasse so abgeschwächt, daß der Conflict zwischen den humanitär-socialistischen Forderungen und dem Rassenwohl gar nicht mehr in ihr Bewußtsein dringt.« (Ploetz 1895, 8) Die christlich-humanitären Argumente gegen die Eugenik sind in einer Streitschrift des katholischen Schriftstellers G. K. Chesterton (1922) versammelt.
23 Bölsche 1896.
24 1894 (997) schrieb er noch, »daß vom Standpunkt der Naturwissenschaft die Unvereinbarkeit der Rassenforderung mit den aselektorischen Forderungen des Sozialismus, des Malthusianismus, des Schutzes von Schwachen und Kranken noch nicht proklamiert werden kann«.
25 Ähnlich bereits Broca (1877, 249), allerdings im Kontext lamarckistischer Argumentation: »Wenn eines Tages ein intelligenter und fleißiger Mann sicher sein kann, daß er eine Position erreicht, die seinen Fähigkeiten entspricht und die es ihm gestattet, eine Familie auf dem gewünschten Lebensniveau zu erhalten, dann wird er nicht mehr in Versuchung geraten, bei der Wahl seiner Ehefrau deren Vermögen über ihre persönlichen Qualitäten zu stellen. Es wird also ausreichen, den Zugang zu den höheren Berufen zu erleichtern, daß die unvermeidlichen Vermögensunterschiede, die heute die sexuelle Selektion (sélection conjugale) verhindern, an Bedeutung verlieren, und daß diese Selektion ein wirksames Instrument zur Vervollkommnung der Rasse wird.«
26 Edward Bellamy stellte bereits 1888 in seinem Zukunftsroman *Looking*

Backward den Mechanismus der sexuellen Selektion als im sozialistischen Zukunftsstaat wirksam vor. Es gebe nur noch die »Liebesheirat«: »Sie bedeutet, daß zum erstenmale in der Menschengeschichte das Prinzip der Geschlechtswahl (sexual selection) mit seiner Tendenz, die besseren Typen der Gattung zu erhalten und fortzupflanzen, und die schlechteren aussterben zu lassen, ungehinderte Wirksamkeit hat. ... Reichtum und Stellung ziehen nicht mehr die Aufmerksamkeit von den persönlichen Eigenschaften ab. ... Jede Generation wird durch feinere Maschen gesiebt, als die ihr vorangehende. Die Eigenschaften, welche die Menschennatur bewundert, werden erhalten, die welche ihr abstoßend sind, werden ausgemerzt.« Die Frauen wirken als »Richter der Gattung«, die »durch ihre eigne Person die Sieger ... belohnen« (dt. Ausgabe 1890, 216–18).

27 Es mag sich hierbei um rein viktorianische Prüderie handeln – den realen Hintergrund dieser Gleichsetzung bildet jedoch die Tatsache, daß die überwiegende Anzahl der Geburten tatsächlich aus Ehen hervorging. Bemerkenswert jedenfalls ist, daß lediglich Ludwig Woltmann, zunächst Sozialdemokrat und später Vertreter eines radikalutopischen Sozialdarwinismus mit völkisch-alldeutschen Sympathien, sich über solche Vorurteile hinwegsetzen konnte: »Es ist ein philiströses Vorurteil, die Begattung ohne den Zweck der Zeugung als ein Laster hinzustellen. Die Begattung darf ohne Zweifel ausgeübt werden, wenn durch eine gesundheitsmäßige Prävention die Fortpflanzung eines elenden Geschlechts verhütet wird.« Woltmann 1899, 381, ähnlich noch Woltmann 1903, 325.

28 Otto Ammon, der Sozialdarwinist des gesellschaftlichen Status quo, wandte gegen sexuelle Selektion in eugenischer Absicht ein: »Wenn die kräftigen und schöngebauten Individuen beider Geschlechter sich mit Vorliebe unter sich paaren, so bleibt der Ausschuß der unkräftigen und sonst mangelhaften Individuen übrig. Was werden diese andres thun, als sich gleichfalls unter sich zu paaren? Sie zeugen dann ebensolche Kinder, wie sie selbst sind...« (Ammon 1896, 67)

29 Ploetz unterscheidet nämlich drei in der Realität wirksame Formen der Auslese, die auf drei unterschiedliche Einheiten zielen: 1. Keim-Auslese, wo es darum geht, welche Keimzelle zur Befruchtung gelangt. 2. Individuen-Auslese, wo also Individuen als Zellverbände bis zur erfolgreichen Brutpflege selektiert werden. 3. Societäten-Auslese, also der Kampf zwischen verschiedenen Individualverbänden, die Populationen oder Rassen bilden. Alle drei dieser Formen von Auslese wirken in der historisch-gesellschaftlichen Realität, jedoch fällt nur die zweite und dritte Form dem gewöhnlichen Beobachter ins Auge, während die erste im Verborgenen wirkt, jedoch grundsätzlich von gleicher, wenn nicht höherer Bedeutung als die beiden anderen ist.

30 Ludwig Woltmann (1903, 325) weist allerdings einen weit eleganteren

und humaneren Ausweg, der eine Versöhnung von Fortschritt und Humanität ermöglicht: den Präventivverkehr derer, die aus eugenischen Gründen von der Fortpflanzung ausgeschlossen werden sollten: »Jenen Teil der humanen Gesittung haben wir aufrecht zu erhalten, daß wir zwar den einzelnen Schwachen, Kranken, Entarteten menschenwürdige Hilfe zukommen lassen; aber an ihrer Fortpflanzung, was wohl zu unterscheiden ist von der Ausübung sexueller Triebe, sollten sie durch Sitte, öffentliche Meinung und nötigenfalls durch Gesetz verhindert werden.« Eine solche Lösung wäre jedoch von vielen Zeitgenossen als unsittlich und inhuman abgelehnt worden, da Sexualität nur zum Zweck der Fortpflanzung als legitim galt.

31 Näheres dazu in meiner geplanten Studie zur Malthusdebatte.

32 »Wenn also Kulturvölker sich nicht durch eine entsprechende Auslese ihre generative Ausrüstung für die Erfordernisse des Kulturlebens bewahren und steigern, so können sie auf die Dauer nicht dem Schicksal entgehen, von sogenannten jüngeren Völkern verdrängt zu werden, d. h. von solchen, die noch nicht so lang dem entartenden Einfluß gewisser die Auslese störender sozialer Einrichtungen ausgesetzt gewesen sind wie die ›gealterten‹ Völker, trotzdem aber deren wichtigste Kulturerrungenschaften sich bereits angeeignet haben.« (Schallmayer 1903, 253)

33 »Eine abwärts gerichtete generative Entwicklung ist aber auf die Dauer mit sozialer Machtsteigerung oder auch nur Machtbehauptung unvereinbar, da der Kulturfortschritt und bis zu einem gewissen Grade auch dessen Erhaltung von den natürlichen Anlagen nicht unabhängig ist.« (Schallmayer 1903, 169)

34 Schallmayer (1903, 322) wies darauf hin, daß bereits die aus dem Prinzip der Chancengleichheit resultierende soziale Ungleichheit zwar der Natur, nicht aber den Forderungen der Gerechtigkeit entspreche: »Aber ebenso wenig ist es gerecht, ein heiteres, schönes und gesundes Weib einem mit solchen Vorzügen nicht ausgestatteten vorzuziehen, und das eine zu heiraten, hingegen die Sehnsucht des andern ungestillt zu lassen. Gerecht ist das nicht, aber naturgemäß, und wenn beides in Übereinstimmung gebracht werden soll, so ist es nicht das Naturgemäße, was geändert werden darf, sondern unser Gerechtigkeitsbegriff muß sich gefallen lassen, als verfehlt zu gelten. Denn wir sind den Naturgesetzen untertan, und die fragen nicht nach unseren Wahnbegriffen.« Der humanitäre Egalitarismus und seine Gerechtigkeitsvorstellungen bestehen letztlich darin, »die im Familienleben geltenden Grundsätze auf das soziale Leben außerhalb der Familie zu übertragen«.

35 Der Rassentheoretiker George Vacher de Lapouge war einer der wenigen, die auf die langen Zeiträume hinwiesen, innerhalb deren »Panmixie« wirksam werden kann. Vgl. unten, IV.2.

36 Abgesehen von Ausnahmefällen wie dem »Atavismus«.
37 Spencer formuliert diesen Gedanken in dem Sinn, daß der Philanthrop zu Lasten der Zukunft handelt: »Wenn man die Untauglichen auf Kosten der Begabten erhält, so ist dies extrem grausam. Man häuft bewußt Elend für künftige Generationen auf... Der gedankenlose Spender, der sich weigert, die ferneren Konsequenzen seiner unbedachten Großzügigkeit zu beachten, steht kaum höher als der Trunkenbold, der nur an sein heutiges Vergnügen, nicht aber an sein künftiges Leid denkt, oder als der Verschwender, der auf Kosten künftiger Armut in den Tag hinein lebt. In einer Hinsicht handelt der Philanthrop sogar schlimmer: Während er selbst in den Genuß eines guten Gewissens in der Gegenwart kommt, überläßt er die Kosten künftigen Elends späteren Generationen.« (Spencer 1875, 345; vgl. Spencer 1868, 355) Dieses Argument, das sich auf die gesinnungsethisch motivierte Zerstörung der Bevölkerungsqualität bezieht, hätte auch von Malthus für den Zusammenhang von Armenfürsorge und künftiger Bevölkerungsquantität formuliert werden können. Auch Ploetz (1895, 11) setzt die Philanthropie in Zusammenhang mit der »fin-de-siècle-Gesinnung: Nach uns die Sintflut.«
38 Das war jedoch nicht unumstritten. Im zeitgenössischen Kontext glaubten manche Zeitgenossen, solche Degenerationen durchaus nachweisen zu können. Es gab jedoch auch wissenschaftlich ernst zu nehmende Gegenargumente, so daß man sich jedenfalls nicht sicher sein konnte. Vgl. dazu unten, Kap. IV.3.
39 Bowler 1983 demonstriert, in welchem Maße die Selektionstheorie Weismanns nach 1900 unter den Beschuß durch seinerzeit durchaus ernstzunehmende neolamarckistische Argumente geriet. Vgl. Bowler 1978. Es liegt eine besondere wissenschaftsgeschichtliche Pointe darin, daß die Eugenik als Politik zu einer Zeit aufgegeben wurde, als ihre allgemeinen theoretischen Grundlagen durch die Molekulargenetik bestätigt wurden.
40 Die Tille-Biographie von Wilfried Schungel (1979) bleibt arg an der Oberfläche.
41 Tille 1893, 27.
42 Der deutsche »Sozialdarwinist« Albert Schäffle hatte schon 1878 gegen eine solche Argumentation eingewandt: »Eine Bevölkerung, die so weit käme, der Übervölkerung durch ihre Sitte und gesellschaftliche Organisation vorzubeugen, müßte allgemein von höheren Lebensansprüchen erfüllt sein; für die fortgesetzte Spannung der Interessenkämpfe wäre also gerade bei ihr gesorgt. Unterlasse man es daher, die Übervölkerung als ein notwendiges Übel aus der Selektionstheorie heraus zu rechtfertigen.« (II, 1878, 275)
43 »Die höher organisierten und stärkeren Menschen von heute gehören keiner bestimmten Klasse an, sondern verteilen sich auf alle Klassen.« (Tille 1893, 112)

44 Schallmayer reklamiert umgekehrt den »Sozialdarwinismus« für den Sozialismus: »Das, was als Sozialaristokratie der Sozialdemokratie entgegengestellt wurde, ist demnach keineswegs ein notwendiger Gegensatz zu dieser, so wenig, daß man sich unter Sozialdemokratie, sofern man sich etwas Vernünftiges darunter vorstellen will, überhaupt nichts anderes vorstellen kann als das, was man ihr als Gegensatz gegenübergestellt hat« (Schallmayer 1903, 321), in deutlicher Anspielung an Tille.

45 Ähnlich auch Ploetz (1895, 183): »Das heutige capitalistische System ist also durchaus nicht mit den reinen rassenhygienischen Forderungen in Übereinstimmung, wie uns so manche Darwinianer glauben machen wollen«, womit in erster Linie Otto Ammon gemeint ist (s. u. III.4).

46 Bayertz (1982, 115) betont angesichts der vielfachen ideologischen Anwendungen des Darwinismus, »daß es in erster Linie nicht vom Inhalt der Theorie selbst abhängt, in welche Richtung die weltanschauliche und ideologische Deutung vorgenommen wird, sondern von den politischen Zielen und den weltanschaulichen Prämissen der jeweiligen Interpreten.« Allerdings konnte der Darwinismus nicht zur Begründung jeder beliebigen Position herangezogen werden, z. B. nicht für die Legitimation einer stationären Ständegesellschaft.

47 Zitelmann (1987) demonstriert, allerdings ohne diese Debatten zu kennen, in welchem Umfang solches revolutionär-sozialdarwinistisches Gedankengut in Hitlers Weltanschauung eingegangen ist.

48 Galton entwarf seine Theorie der direkten Vererblichkeit der Intelligenz rein spekulativ, auf äußerst beschränkter empirischer statistischer Basis. Vgl. zunächst Galton 1865; dann Galton 1869.

49 Schallmayer (1904, 592) betont, daß es ihm nicht um »positive Eugenik« im Sinne Galtons geht: »Nicht um den Nietzsches Phantasien vorschwebenden Übermenschen handelt es sich in meiner Schrift, sondern um die Erkennung und Bekämpfung der sehr reellen Degenerationsgefahr der Kulturvölker.«

50 »Mit der Aufhebung, der völligen Aufhebung, des Ausleseprozesses, ist auch aller Menschheitsfortschritt aufgehoben, zumal wenn die Vererbung erworbener Eigenschaften sich wirklich völlig als Wahn erweisen sollte.« (Tille 1895, 130)

51 »Eine Herrenmoral ist die Moral des alten Griechentums, d. h. seine lebendige Moral, nicht ganz und gar die Moral seiner Philosophen; und ebenso die Moral der Germanen vor ihrer Verchristlichung; Sklavenmoral ist die Moral des Buddhismus, des Christentums, der modernen Humanität. Jene bezeichnet aufsteigendes Leben, diese physiologischen Niedergang. Die ganze moderne christlich-demokratische Kultur ist damit eine Niedergangserscheinung.« (Tille 1895, 212)

52 Diesen Zusammenhang von Bevölkerungswachstum und Dysgenik sprach Herbert Spencer an: »Wenn die Schwächeren, die heute überle-

ben, die Stärkeren, die sonst allein überlebt hätten, heiraten, so wird die Konstitution der Allgemeinheit auf ein Niveau herabgesetzt, das ausreicht, um unter diesen günstigeren Bedingungen zurechtzukommen. Das bedeutet, daß nach und nach ein Zustand entsteht, unter dem eine allgemeine Abnahme der Widerstandsfähigkeit auf mildere Lebensumstände trifft, so daß sich ein neues Gleichgewicht von Mortalität und Fertilität herstellt – es gibt eine etwas größere Zahl von Mitgliedern einer etwas schwächeren Rasse.« (Spencer 1875, 340)

53 »Wenn der durchschnittliche Konstitutionstyp auf ein so niedriges Kräfteniveau herabgesenkt wird, daß er nicht mehr problemlos den üblichen Anforderungen, Störungen und Gefahren des Lebens begegnen kann, während gleichzeitig die Sterblichkeitsrate nicht zunimmt, so wird das Leben eher zu einer Last.« (Spencer 1875, 342)

54 Vgl. Gregory 1977; Kelly 1981; Lenoir 1982; Montgomery 1974; Querner 1975.

55 »Die deutschen Darwinisten versuchten, den religiösen Aberglauben zu bekämpfen, aufzuklären, zu befreien, und damit indirekt zu demokratisieren«, so das zusammenfassende Urteil Kellys (1981, 7) in seiner Studie über den populären Darwinismus in Deutschland. Ähnlich schon Lübbe 1963.

56 Diesen Punkt traf der katholische Theologe Heinrich Reusch, als er über den materialistischen Polygenetiker und Darwinisten Carl Vogt schrieb: »Herr Vogt erkennt die Schwarzen nicht als seine Brüder an, nicht aus Haß gegen die Schwarzen, sondern aus Haß gegen die Bibel; dafür erkennt er die Affen als seine Brüder an, nicht aus Liebe zu den Affen, sondern wiederum nur aus Haß gegen die Bibel.« (Zit. Jentsch 1898, 157)

57 »Auf der Fahne der progressiven Darwinisten stehen die Worte ›Entwicklung und Fortschritt!‹ Aus dem Lager der konservativen Gegner Darwins tönt der Ruf: ›Schöpfung und Spezies!‹« (Haeckel 1863, 4)

58 »Die meisten Darwinpopularisatoren befanden sich auf der linken Seite des politischen, kulturellen und sozialen Spektrums.« (Kelly 1981, 8)

59 Vgl. zu den Versuchen, den Darwinismus von den Schulen fernzuhalten, die Darstellung bei Kelly 1981.

60 Der »Fortschritt ist ein Naturgesetz, welches keine menschliche Gewalt, weder Tyrannenwaffen noch Priesterflüche, jemals dauernd zu unterdrücken vermögen.« (Haeckel 1863, 28)

61 1874 konstatierte der Darwinanhänger Dodel: »Die sogenannte gebildete Welt hat sich in zwei Lager geteilt; es gibt unter den strebsamen Denkenden nur noch zwei Parteien: Darwinianer und Antidarwinianer.« (Dodel 1874, 1)

62 »Die ganze Natur strebt fortwährend dem Vollkommeneren zu. Sie ist etwas Werdendes, nicht etwas Vollendetes. Auch der Mensch ist nicht als Vollendetes geschaffen worden, er muß es erst werden. ... Wir

werden fortschreiten. Auf das Zeitalter des Eisens wird und muß das Zeitalter des Geistes, d. h. des Intellects, der Vernunft und der Humanität folgen. Wir stehen als Menschheit erst auf einer Embryonalstufe; wir dürfen und werden auf dieser nicht stehen bleiben, wenn wir anders an den ewigen Gesetzen der Natur nicht scheitern und das Schöpfungsprincip der fortschreitenden Entwickelung nicht verhöhnen wollen.« (Dodel 1874, 34 f.)

63 »Alle auf rückständigen Stufen befindlichen Zweige der großen Menschenfamilie werden, mit wenigen Ausnahmen, nach und nach unter dem Andrang des Culturmenschen verschwinden, und wir können jetzt schon mit Leichtigkeit die Zeit voraussehen, in der sich eine gewisse Gleichmäßigkeit der Bildung und der materiellen Verhältnisse oder ein wirklicher Kosmopolitismus des civilisierten Menschen über den größten Theil der bewohnten und bewohnbaren Theile unseres Planeten ausbreiten wird.« (Büchner 1889, 183)

64 »Rückschritte im staatlichen und sozialen, im sittlichen und wissenschaftlichen Leben, wie sie die vereinten selbstsüchtigen Anstrengungen von Priestern und Despoten in allen Perioden der Weltgeschichte herbeizuführen bemüht gewesen sind, können wohl diesen allgemeinen Fortschritt zeitweise hemmen oder scheinbar unterdrücken; je unnatürlicher, je anachronistischer aber diese rückwärts gerichteten Bestrebungen sind, desto schneller und energischer wird durch sie der Fortschritt herbeigeführt, der ihnen unfehlbar auf dem Fuße folgt.« (Haeckel 1863, 28)

65 Karl Kautsky, der Chefideologe der deutschen Sozialdemokratie, betrieb bis in die zwanziger Jahre hinein eine aufklärerisch gemeinte Verbindung von Marxismus und Darwinismus. Vgl. Kautsky 1895; 1910; 1927. Groh (1967) spricht in diesem Zusammenhang von »Darwinomarxismus«.

66 J. K., *Die Darwinsche Theorie und ihre Beziehungen zum Socialismus*, Der Volksstaat, 16. April 1873.

67 »Der Darwinismus ist wie jede wirkliche Wissenschaft eine eminent demokratische Wissenschaft; ... Die Gegner und insbesondere die Geistlichkeit, die stets eine feine Nase hat, sobald es sich um irdische Vortheile oder um Schaden für sie handelt, sie haben das begriffen, und sie denunciren demgemäss den Darwinismus als socialistisch und atheistisch.« (Bebel 1892, 197)

68 Von besonderer Bedeutung waren die popularisierenden Werke von Aveling, Bölsche, Dodel, Haeckel und Köhler. Vgl. Steinberg 1972, 129 ff.

69 Allerdings schreibt Carl Jentsch (1898, 10): »»Es ist ja der Natur nur um die Erhaltung der Gattung zu thun«, das war eine der darwinistischen Redensarten, die man 1870 in den Feuilletons der Kriegskorrespondenten zu lesen bekam, wenn sie mit Leichen bedeckte Schlachtfelder

beschrieben.« In diesem Kontext hat der »Darwinismus« also eine kollektivistische Bedeutung: Die Gattung wird auf Kosten der Individuen gestärkt; Gemeinnutz geht vor Eigennutz. Jentsch macht darauf aufmerksam, daß dies auch ein Element der sozialdemokratischen Darwinrezeption ist.

70 Dies hatte auch einen ganz pragmatischen Sinn: »Vielfach ist die Ansicht laut geworden, daß er [Virchow] durch diese absichtliche Verkuppelung der Deszendenztheorie mit der Sozialdemokratie der ersteren wohl den härtesten Schlag zugefügt habe, und daß damit wohl nichts geringeres beabsichtigt sei, als eine Entfernung aller ›Darwinisten‹ von ihren akademischen Lehrstühlen.« (Haeckel 1878, 201)

71 Diese Sicht wurde allerdings von einem 1873 im sozialdemokratischen *Volksstaat* erschienenen Aufsatz gestützt, in dem Darwin wegen der »strikten Anerkennung des Satzes von der Gleichheit aller Menschen« für die Sozialdemokratie reklamiert wurde, wobei der Verfasser offenbar an die gleiche Abstammung (vom »Affen«) dachte. Ihm scheint entgangen zu sein, daß die gemeinsame Herkunft aller Menschen von niemandem, abgesehen von wenigen in der Regel eher im progressiven Lager stehenden Polygenisten bestritten wurde, am wenigsten von christlichen Konservativen, für die eine gemeinsame Abstammung aller Menschen von »Adam« ja feststand!

72 Vgl. die Übersicht der sozialdemokratischen Stellungnahmen zum Darwinismus bei Woltmann 1899. Woltmann, selbst Sozialdemokrat, liefert in dieser Schrift die wohl beste zeitgenössische Studie über die sozialen Implikationen der Evolutionstheorie.

73 Vgl. Steinberg 1972, 140.

74 »Der Darwinismus ist alles andere eher als sozialistisch! Will man dieser englischen Theorie eine bestimmte politische Tendenz beimessen – was allerdings möglich ist – so kann diese Tendenz nur eine aristokratische sein, durchaus keine sozialistische ... Wenn daher der Darwinismus nach Virchow, konsequent durchgeführt, für den Politiker eine ›ungemein bedenkliche Seite‹ hat, so kann diese nur darin gefunden werden, daß sie aristokratischen Bestrebungen Vorschub leistet.« (Haeckel 1878, 270) Haeckel zieht daraus den Schluß, »wie gefährlich eine derartige unmittelbare Übertragung naturwissenschaftlicher Theorien auf das Gebiet der praktischen Politik ist.« (271)

75 In eine ähnliche Richtung geht auch die folgende Formulierung Ernst Haeckels: »Die natürliche Züchtung ist überall auch im Menschenleben, wie im Tier- und Pflanzenleben, das wichtigste umgestaltende Prinzip und der kräftigste Hebel des Fortschritts und der Vervollkommnung. Der Kampf ums Dasein oder die Konkurrenz bringt es mit sich, daß im großen und ganzen der Bessere, weil der Vollkommenere, über den Schwächeren und Unvollkommeneren siegt.« (Haeckel 1898, 155)

76 »Der Kampf ums Dasein ist eine unerläßliche Voraussetzung des Fort-

schrittes; träge Ruhe würde die Menschheit ruinieren. Würde man den geistig Kurzsichtigen und Blinden die gleiche soziale Stellung in der Gesellschaft einräumen, wie den Sehenden und den Vorsichtigsten, dann würden nicht die Blinden sehend, sondern die Sehenden blind werden.« (Ammon 1891, 101)

77 »Könnten wir uns der arbeitsscheuen und verkommenen Klassen entledigen, so würde der Vermehrung der besser Veranlagten Raum geschaffen werden, und das Leben würde ein schöneres sein.« (Ammon 1891, 103)

78 »Hier steht Princip gegen Princip, aber die Menschenliebe ist das mächtigere.« (Ammon 1891, 106)

79 Zu Ammons grundsätzlicher Verteidigung des gesellschaftlich-politischen Status quo gehört auch, daß er den Krieg als gegebenes Element dieser Wirklichkeit gutheißt. Für Schallmayer, Ploetz und Tille gilt der Krieg als kontraselektorisch, weil in ihm immer die Besten zugrunde gehen, während die Schwachen zuhause bleiben und sich ungestört vermehren. Dagegen Ammon (1896, 156): »Man betrachte das Heer als einen großen Schwamm, der bei der Mobilmachung sämtliche waffenfähige Leute ansaugt und nach einem nicht allzulang währenden Kriege eine Auslese der Gewandtesten, Kräftigsten und Abgehärtesten wieder von sich giebt. Kurze Kriege wirken entschieden als reinigendes Gewitter auf die Bevölkerung, indem sie vorzugsweise die verweichlichten und nicht mit genügender Lebenskraft ausgestatteten Individuen beseitigen, zugleich aber der Bevölkerung einen neuen frischen Antrieb gewähren, der sich in größerer Gesundheit der Geborenen, in der Abhärtung der Erwachsenen und in einem bedeutenden Aufschwung des öffentlichen Geistes zu erkennen giebt.«

80 »Die überlieferten Formen der Gesellschaft erscheinen in seinem [des Darwinismus] Lichte als naturgemäße, auf unwandelbaren Gesetzen beruhende Gliederungen, die man nicht mittelst Zauberformeln willkürlich zerstören und durch vermeintlich bessere ersetzen kann. ... Die höher gebildeten und besitzenden Klassen müssen wieder das Bewußtsein bekommen, daß sie eine aus der natürlichen Auslese hervorgegangene Elite sind, und daß sie in ihrem guten Rechte stehen, wenn sie den gewordenen Gesellschaftszustand gegen theoretische und, wenn nöthig, auch gegen gewaltsame Umsturzversuche vertheidigen.« (Ammon 1891, 109)

81 Auf diesen Zusammenhang spielte der sozialdemokratische Renegat Woltmann an, als er sich 1903 gegen »die Sozialisten« wandte (deren Position er selbst noch 1899 vertreten hatte): »In ihrem optimistischen Rationalismus übersehen sie, daß die soziale Organisation keine Willkür, sondern ebenso ein Stück Natur ist wie die Vermehrungstendenz; daß das natürliche Verhältnis des Menschen zum Bodenertrag nicht nur ein gesellschaftliches, sondern vielmehr ein herrschaftliches ist, das

nicht durch ein Regierungsdekret oder durch eine Moralpredigt abgeschafft oder geändert werden kann, sondern in denen das Schwergewicht naturgesetzlicher Instinkte und Kräfte zum Ausdruck gelangt.« (147)
82 Zu England vgl. Searle 1976.
83 In diesem Sinn wandte etwa Carl Jentsch gegen Ammon ein: »Im Eifer gegen die Umstürzler, die ja in der That dadurch sündigen, daß sie auf die Unfähigkeit und Unwürdigkeit einzelner Vornehmen ein Verdammungsurtheil über alles Hochstehende gründen, im Kampfeseifer gegen diese Verallgemeinerer schießt er seinerseits über das Ziel hinaus und macht aus allen Adligen, Rentnern, Unternehmern und akademisch Gebildeten Tugendhelden, die sich im Dienste des Vaterlandes aufreiben.« (Jentsch 1898, 178)

IV. Das Naturgesetz des Niedergangs

1 Diese Bezeichnung, die den Sachverhalt sehr genau trifft, stammt von Franz Oppenheimer (1913). Vgl. zu diesem Typus der Literatur Gercke/Kummer 1933; Klingemann 1987; Koehne 1926; Mosse 1978; Mühlmann 1968; Poliakov 1977; Saller 1961; Scheidt 1924/25; Schwidetzky 1936; Stepan 1982; Sombart 1938; Vögelin 1933; Young 1968; zur Mühlen 1977.
2 Als deutsche Beispiele können etwa genannt werden: Meiners 1793; Carus 1849; Klemm 1843–52. Vgl. Mühlmann 1968; Poliakov 1977; zur Mühlen 1977. Einen Überblick über zeitgenössische französische Theorien gibt Young 1968. Die englische Anthropologie schien dagegen bis Mitte des 19. Jahrhunderts noch weit stärker im Bann der christlichen Schöpfungsgeschichte zu stehen, vgl. Stepan 1982.
3 »Der Reichtum der Ergebnisse der Paläontologie, Physiologie und Anatomie in Verbindung mit der Vorstellung einer abgestuften Organisation und funktionalen Vervollkommnung ließ den Gedanken einer stufenweisen Reihenfolge des Organischen zwischen 1800 und 1850 wieder aufleben und machte ihn wieder zu einem zentralen Bestandteil der Wissenschaft von den Rassen.« (Stepan 1982, 18)
4 Aus der reichhaltigen Literatur zu Gobineau sind vor allem zu nennen: Schemann 1910 (eine Quellensammlung, aus der die spätere Gobineauliteratur schöpft); Biddiss 1970; Deschner 1967; Young 1968.
5 »Die ursprünglichen Merkmale, welche bereits beträchtlich abgeschwächt in die Mischung eintraten, werden mehr und mehr neutralisiert. Sie verschwinden schießlich in einem Durcheinander, das zum vornehmlichen Kennzeichen des neuen Produktes wird. Je mehr dieses Produkt sich vervielfältigt und kreuzt, um so größer wird der Hang zur Verwirrung. Er geht bis ins Unendliche.« (I, 200)

6 »Wenn ich anerkenne, daß der Mulatte, aus dem man einen Advocaten, einen Arzt, einen Kaufmann machen kann, mehr wert ist als sein Großvater Neger, der gänzlich ungebildet und zu nichts tauglich war, so muß ich doch auch der Wahrheit die Ehre geben und sagen, daß die Brahmanen Urindiens, die Helden der Ilias, die des Schahnameh, die skandinavischen Krieger, sämtlich Erscheinungen – so glorreich! – der schönsten, aber jetzt verschwundenen Racen, ein glänzenderes und edleres Bild der Menschheit darboten, vor allem aber tatkräftigere, einsichtsvollere und zuverlässigere Vertreter von Kultur und Größe waren, als die Mischlings-, die hundertfältigen Mischlingsbevölkerungen der gegenwärtigen Zeit, und doch waren auch sie schon nicht mehr rein.« (Gobineau I, 283 f.)
7 »Den anderen gleichzeitigen weißen Völkern an Glanz überlegen, standen sie doch hinter dem Urtypus zurück und besaßen dessen einstige Kraft nicht mehr. Mehrere von den Anlagen der schwarzen Race hatten an ihnen abzufärben begonnen.« (Gobineau II, 219)
8 Gobineaus historische Prognose für Indien ist jedoch günstig: »Die Fortschritte des Übels sind nur mit äußerster Langsamkeit vor sich gegangen, und da die Überlegenheit der Brahmanen und der Kshatriya über das Volk der Hindu bis auf unsere Tage nicht aufgehört hat, eine unbestreitbare Tatsache zu sein, so kann man das letzte Ende dieser Gesellschaft erst in einer höchst nebelhaften Zukunft vorhersehen. Es ist hiermit ein gewichtiger Beweis mehr gewonnen für die Überlegenheit des weißen Typus und für die belebenden Wirkungen der Scheidung der Racen.« (Gobineau II, 227)
9 Der Amerikaner Madison Grant (1916) sah jedoch in der in den Südstaaten üblichen Rassentrennung eine solche Chance: »Eine Urkunde der verzweifelten Versuche der Eroberklasse in Indien, die Reinheit ihres Blutes zu erhalten, besteht noch bis zum heutigen Tage in ihrem sorgfältig geordneten Kastensystem. In unseren Südstaaten haben die Sonderwagen für Neger und die strengen gesellschaftlichen Schranken genau dieselbe Absicht und Rechtfertigung.« (55)
10 Die erste Formulierung findet sich bei Thomson (=Kelvin) 1852. Kosmologische Konsequenzen zieht Helmholtz 1854. Vgl. zu diesem Komplex Brush 1978.
11 Zu Vollgraff und Lasaulx vgl. Schoeps 1953 sowie Deschner 1967, die in ihnen vor allem »Vorläufer Spenglers« sehen und keinen Bezug zum Entropiemodell herstellen.
12 Für Lasaulx gilt dieser Prozeß jedoch unabhängig von der Rassenreinheit, wie er explizit gegen Gobineau betont. Der Niedergang ist unausweichlich. Der Grund für den Untergang der Völker und Kulturen liegt in der Ermüdungstendenz jedes organischen Lebens. Die Kultur stirbt entweder gewaltsam oder am »*marasmus senilis*« (Lasaulx 1856, 147), doch bettet Lasaulx diesen Vorgang in einen allgemeinen dialektischen

Lebensprozeß der Menschheit ein, innerhalb dessen ein »Volksindividuum« (19) nur ein differenziertes Glied der einen Menschheit bildet.
13 Vgl. die Beispiele bei Groh 1988.
14 In diesem Sinn feiert etwa Eisenhart (1844, I, 253) Amerika: »Darum also trat es gleichzeitig mit der Reformation aus dem Schooße des Meeres hervor, darum steht Columbus neben Luther wie weiland Arminius neben Christus! Amerika ist das Germanien Europas, Deutschlands; der unberührte Schooß, die gemeinsame Sehnsucht, das jungfräuliche Land...«
15 So Marx unter ausdrücklichem Bezug auf den Barbarentopos: »Sie müßten einer der Versammlungen der französischen ouvriers beigewohnt haben, um die jungfräuliche Frische, den Adel, der unter diesen abgearbeiteten Menschen hervorbricht, glauben zu können. ...Jedenfalls aber bereitet die Geschichte unter diesen ›Barbaren‹ unserer zivilisierten Gesellschaft das praktische Element zur Emanzipation des Menschen vor.« (Marx an Feuerbach, 11. 8. 1844, *MEW* 27, 426)
16 »Die Völker wie die Länder verwandeln sich langsam in Wüsten. Die Länder und die Menschen entarten gemeinsam. Die Austrocknung all dessen, was der Mensch berührt, wie auch des Menschen selbst, ist eine allgemeine Gesetzmäßigkeit.« Anton v. Prokesch-Osten an Gobineau, 19. 8. 1856. Schemann 1910, 231.
17 Wilser (1908, 10) nennt die Rassentheorien »Versuche einer naturwissenschaftlichen Geschichtsauffassung«.
18 So der Titel des Werkes von Biddiss 1970. Auch die übrige eher ideologiegeschichtlich orientierte Literatur, die nach »Vorläufern« der nationalsozialistischen Rassenlehre sucht, schreibt Gobineau eine Schlüsselrolle zu. Diese Genealogie geht wohl auf Ludwig Schemann (1910; 1928/31), den deutschen Übersetzer des *Essai*, zurück, dessen Gobineaugesellschaft seine Lehre popularisierte. Zu Gobineaus Kontext vgl. Young 1968.
19 Stepan (1982, 45 f.) weist darauf hin, daß im angelsächsischen Raum nach dem Tode des milieutheoretischen Monogenisten James C. Prichard (1848) das polygenetische Programm von Robert Knox und James Hunt an Gewicht gewann, das die folgenden Elemente enthielt: »den Gedanken einer Abstufung physischer und intellektueller Eigenschaften; das phrenologische Konzept, wonach unterschiedliche Rassen eine unterschiedliche Gehirnstruktur besitzen; die Ablehnung der Milieutheorie und der Vererbung erworbener Eigenschaften«. Wallace' Anwendung der Evolutionstheorie zur Erklärung der Entstehung der Rassen muß als Antwort auf diese Problemlage gesehen werden.
20 Vgl. hierzu Young 1970.
21 Die bedeutendsten französischen Anthropologen wie Paul Broca

(1871/88) und J. L. A. de Quatrefages (1886/89) beteiligten sich an diesem Unternehmen.
22 Belege für diese Argumente finden sich bei Spengler 1979.
23 Vgl. zu diesem Komplex Nye 1984, dem die folgenden Daten entnommen sind.
24 Nye (1984, 60) faßte den Zusammenhang zwischen Degenerationstheorien und realem politisch-sozialem Abstieg in Frankreich so zusammen: »Die Degenerationstheorie machte es möglich, im Verbrecher, im Alkoholiker oder im Selbstmörder ein Symbol für den drohenden Verlust von Frankreichs Stellung als einer Großmacht zu sehen.«
25 »Eine sehr große soziale Ungleichheit, verbunden mit sozialen Aufstiegsmöglichkeiten, bildet ceteris paribus die treibende Ursache für eine Schwächung der Rasse und für eine Abnahme der Geburtenziffern.« (Dumont 1890, 112)
26 »Das Bevölkerungswachstum eines Landes befindet sich in umgekehrter Proportion zu dem Wunsch der Individuen, ihre Genüsse zu vermehren oder ihre Persönlichkeit zu entfalten. Die Demokratie führt daher automatisch entweder zur Bevölkerungsabnahme oder zumindest zur Bevölkerungsstagnation. Andererseits wird eine sozialistische Angleichung der Lebensverhältnisse unvermeidlich zur Abschwächung des Mobilitätsverhaltens (capillarité sociale) führen und daher die Geburtenzahlen ungeheuer vermehren.« (Dumont 1890, 112, 126f.)
27 Vgl. Römer 1985; Sieferle 1987.
28 Es handelte sich deshalb um die nächstliegende Ansicht, weil damit auf einen alten Topos der abendländischen Geschichtsphilosophie zurückgegriffen werden konnte, daß der Ursprung der Kultur im Osten lag (»ex oriente lux«).
29 So konnte Lapouge (1899, 160) schreiben: »Im Augenblick ist es Frankreich, das die ältesten Spuren von Malerei, Skulptur, Schrift und Ackerbau aufweist, die alle noch vor der Jungsteinzeit liegen.«
30 Nach Gumplowicz' Modell des Rassenkampfes entsteht eine Herrschaftsordnung durch Überlagerung heterogener Rassen. Die Aufrechterhaltung der Herrschaft einer Minorität erfordert allerdings, daß eine Reihe von Herrschaftstechniken ausgebildet wird, mit dem Ziel, die Rebellion und Machtübernahme der Majorität zu verhindern. Neben der offenen Gewaltanwendung gehören dazu auch Versuche der Herrenrasse, »den ursprünglichen ethnischen Gegegensatz zwischen ihnen und den Beherrschten zu mindern und dadurch jene ewige Gefahr des wiederausbrechenden Krieges zu beseitigen« (Gumplowicz 1883, 225). Daher nehmen die Herren die Sprache ihrer Knechte an, da diese die Bevölkerungsmehrheit bilden; sie verschmelzen ihre Religion mit der der Beherrschten und erzeugen so eine neue kulturelle Einheit, die »vergesellschaftend, und zwar nationalisierend und rassebildend« (233) wird.

31 »Der Überlebenskampf zwischen zwei Typen, den autochthonen Dolichocephalen und den eingewanderten Brachycephalen, bildet den Schlüssel zur Geschichte nicht nur Frankreichs, sondern von ganz Europa, ja sogar bis nach Indien.« (Lapouge 1887 A, 76)
32 Günthers Rassenwerke, vor allem seine »Rassenkunde des deutschen Volkes« (1. Aufl. München 1922) waren in den zwanziger und dreißiger Jahren weit verbreitet. Zu Günther, der »nordischen Bewegung« und ihrem problematischen Verhältnis zum Nationalsozialismus vgl. Lutzhöft 1971.
33 »Es ist nicht verwunderlich, daß die kühne Rasse der Gallier erloschen ist, daß Mittelmäßigkeit uns umgibt, daß wir kaum noch Bürger mit gesundem Erbgut (eugéniques) besitzen und daß wir kaum noch hoffen dürfen, daß sich die Lage bessern läßt.« (Lapouge 1887 A, 79)
34 »Die lebenskräftige und großartige Rasse ist ausgelöscht worden. Der Kurzschädel unserer Tage hat mit dem Arier des Mittelalters oder der Renaissance nichts gemein. Knechtische Haltung, Mangel an Charakter und Männlichkeit sind seine Fehler. Und dieselbe Art der Bildung, die unüberlegterweise fortgesetzt wird, liefert uns heute geistige Trümmerhaufen, Kritikaster, Symboliker [=Symbolisten?], feige und unmännliche Erscheinungen, Nervenkranke und Anarchisten, aber keinen einzigen Mann.« (Lapouge 1899, 256)
35 Dies betonte etwa Pösche (1878, 150): »Das subtropische Klima Indiens mußte schädlich auf die von Norden kommenden Eroberer wirken, vorzüglich mußte eine große Sterblichkeit unter den Kindern herrschen.« Bezeichnend ist dann die Form der »empirischen« Argumentation:»Heute können die neuen Eroberer Indiens, die Engländer, so gut wie keine Kinder in Indien großziehen; sie schicken deshalb diese vom dritten bis 17. Jahre nach kühleren Ländern. Trotz dieser Vorsicht giebt es in Indien, wie mir eine intelligente Dame mittheilt, welche als Gattin eines englischen Beamten lange dort lebte, keine dritte Generation von rein nordeuropäischer Abkunft.« Wegen dieser spezifischen »Passung« von Rasse und Umwelt ist »Anpassung« nichtlamarckistisch nur in der Form der Rassenmischung möglich: »Das subtropische Klima Indiens decimirte schnell die Reihen der Eroberer reinen arischen Blutes und verschaffte den Mischlingen Platz.« Diese Argumentation spielte dann vor allem bei Günther 1934 eine Rolle.
36 »Der Straßenköter ist bislang noch das schönste Ergebnis der Rassenkreuzung. Die Menschheit befindet sich auf dem Weg zu einem vergleichbaren Ideal, und es ist höchste Zeit, daß dagegen etwas unternommen wird.« (Lapouge 1888, 184)
37 »Unter den Bastarden [des Brachycephalen] wird der Egoismus verstärkt durch den tatkräftigen Individualismus des Dolichocephalen; das Gefühl für Familie und Rasse wird neutralisiert und abgeschwächt; in Verbindung mit einer verstärkten Begehrlichkeit resultiert die La-

sterhaftigkeit, wie sie unsere Bourgeoisie auszeichnet, und am Ende steht die Selbstauslöschung durch ein Übermaß an Geburtenkontrolle.« (Lapouge 1887 A, 79)

38 Als einzige ernsthafte Konkurrenten der Arier bzw. des *homo europaeus* um die Herrschaft gelten für Lapouge die Juden. Den Franzosen kann es jedoch gleichgültig sein, ob sie von langschädligen Ariern oder von Juden beherrscht werden: »Diese Frage berührt uns Franzosen so, wie den Hasen die Frage, in welcher Sauce er zubereitet werden soll, und unsere Sauce könnte vielleicht jüdisch werden, allerdings ohne daß ein endgültiger Erfolg der Arier dadurch in Frage gestellt würde.« (Lapouge 1899, 305) Diese geschichtsphilosophische Gelassenheit Lapouges hinsichtlich der Judenfrage berührt um so merkwürdiger, wenn man berücksichtigt, daß sein Arierbuch im Jahr des Revisionsprozesses gegen Dreyfus veröffentlicht wurde! Er prognostiziert dann allerdings, daß die Juden allmählich die einheimische Bourgeoisie verdrängen werden. »Unter einem System, das als einzige Ungleichheit unter den Menschen Vermögensunterschiede anerkennt, ist der Jude von Natur aus berufen, die erste Stelle einzunehmen. Die Juden können für halb Europa [d. h. für die nichtarische Hälfte] das werden, was die Engländer für Indien sind.« (307) Auch in Deutschland droht durch die Sozialdemokratie die Gefahr einer jüdischen Machtübernahme. »Daher ist es möglich, daß in der nächsten Zukunft der Westen des Abendlandes mit Ausnahme Englands zu einer durch die jüdische Oligarchie regierten föderativen Republik wird.« (308) Allerdings wird diese Herrschaft der Juden nicht von Dauer sein, »weil der Jude alles zersetzt, was er berührt«. »Die vereinigten Staaten von Europa würden also eines Tages ein Gebiet für Eroberungen werden, eine Art China, und die Juden würden bald zu ihrer natürlichen Rolle eines untergeordneten Mittlers zwischen Ariern und Kurzschädeln zurückkehren.« (312) Kandidaten eines künftigen Herrenvolkes sind dann die Russen und die Amerikaner.

39 »Was die Herrenrassen ausmacht, ist die Fähigkeit zu gebieten. Einige Tausend Engländer genügen, um die Inder zu regieren, wo wir eine Million Beamte einsetzen könnten, ohne ihnen Ehrfurcht einzuflößen.« (Lapouge 1899, 240 f.)

40 »Mit der Zeit wird durch einen unmerklichen Vorgang das Blut der Eroberer eliminiert, und die ursprüngliche Rasse hat ihr Land allein mittels der größeren Fruchtbarkeit der Armen, verbunden mit ihrem Wunsch, reich zu werden, zurückgewonnen.« (Dumont 1890, 151)

41 Paul Jacoby erklärt das Aussterben der Aristokratie dagegen aus einer Kombination von (lamarckistischen) schlechten Umwelteinflüssen, also Degeneration, und sozialer Endogamie (also gerade dem Gegenteil der Rassenmischung): »Die Entartung, die Sterilität, das Aussterben der privilegierten Familien, das alles rührt direkt aus ihrer sozialen

Abschließung, daraus, daß diese Familien nur untereinander heiraten und, ohne eigentlich Inzucht zu begehen, doch ihre Ehepartner nur innerhalb der gleichen Schicht suchen, bei gleicher Erziehung, mit gleichen Neigungen und Lebensgewohnheiten; daher wird die neuropathologische Tendenz, die unter dem Einfluß funktioneller Störungen des geistigen und affektiven Lebens entstanden ist, sehr schnell entwickelt, so daß sie rasch eine hohe Wirksamkeit erhält.« (Jacoby 1881, 437f.)

42 Die ideologische Bedeutung der »Großstadtfeindschaft« ist das Thema der umfassenden Studie von Bergmann 1970. Auf die anthropologischen Argumentationen geht Bergmann jedoch nicht näher ein.

43 Die antike Parallele wird vor allem von dem Althistoriker Otto Seeck (1895; 1898) gezogen.

44 Immer noch brauchbar ist die Darstellung der älteren Stadttheorien bei Kuczynski 1897; vgl. auch Pfeil 1972. Lees 1985 bleibt stark an der Oberfläche.

45 So vor allem Morel 1857. Vgl. Burgener 1964; Wettley-Leibbrand 1959. Einen zeitgenössischen Überblick über vorwiegend französische neuropathologische Studien zur degenerierenden Wirkung des Großstadtlebens, die im lamarckistischen Kontext argumentieren, gibt in polemischer Absicht Nordau 1892/93.

46 So etwa Ogle (1889, 231): »Notwendiges Resultat der permanenten Wanderung der energischsten und kräftigsten Elemente aus den Landgemeinden in die Fabrikbezirke, und der höheren Sterblichkeit in diesen letzteren Bezirken, ist eine allmähliche Verschlechterung der physischen Konstitution der Gesamtbevölkerung.« Vgl. Brabazon 1887; ein Referat der englischen Debatten findet sich bei Lees 1985.

47 Vor allem Bergmann 1970 stellt zu Recht Hansen und Ammon in diesen Kontext. Mit Hilfe der Theorie der Stadt als kontraselektorische Instanz konnten Interessen der Landwirtschaft legitimiert werden. Dem Argument, Verstädterung und Industrialisierung gefährdeten die Rekrutierungsbasis der Armee, wurde erhebliches Gewicht zugemessen. L. Bauer etwa forderte die »Hebung des platten Landes in kultureller und hygienischer Hinsicht«, um seine Attraktivität zu erhöhen; Ziel solle allerdings nicht die Verwandlung des Dorfes in eine Stadt sein, sondern die »Umwandlung des Städters zum Halbbauern« (Bauer 1904, 32). Zum politischen Hintergrund dieser Debatten vgl. Puhle 1966.

48 Dies wird aus der Vielzahl zustimmender Rezensionen in der medizinisch-anthropologischen Fachpresse ersichtlich, z. B.: *Archiv für Anthropologie, Naturwissenschaftliche Wochenschrift, Wiener klinische Wochenschrift, Anatomischer Anzeiger, Militärärztliche Zeitschrift, L'Anthropologie, Rivista critica mensile di opere di filosofia scientifica, Archivio per l'Anthropologia e l'Ethnologia, Quarterly Journal of Economics* (Boston). Ablehnende Rezensionen kamen vor allem von sozial-

wissenschaftlicher Seite, z. B. Tönnies *(Zschr. für Psychologie und Physiologie der Sinnesorgane)*, Gumplowicz *(Die Zeit)*, Schmoller *(Jb. f. Gesetzgebung und Verwaltung)*. Weitere Hinweise bei Herkner 1897.

49 Sie werden als ein Herrenvolk mit überragenden kriegerischen und schöpferischen Eigenschaften gezeichnet, »ein Volk von Halbgöttern..., dessen gleichen die Welt vorher nur einmal, in den Griechen, einem verwandten arischen Zweige, und nachher niemals wieder gesehen hat und wahrscheinlich auch niemals wieder sehen wird« (Ammon 1893, 181).

50 Die brachycephale, dunkelpigmentierte Rasse ist träge, knechtisch, jedoch »geschickt zu jeder landwirthschaftlichen und technischen Fertigkeit, wie zu Handel und Geldgeschäften, ...vortreffliche Bauern, Arbeiter und Händler, dabei meist fügsame Unterthanen« (Ammon 1893, 185).

51 Besonders deutlich formuliert findet sich diese Auffassung in dem Arier-Buch Lapouges, das 1899 in Frankreich, aber erst 1939 in deutscher Übersetzung erschien: »Es ist schon eine ernste Tatsache, daß heutigentags der Fluch der Kennziffer aus den Kurzschädeln aller kurzschädligen Rassen geborene Sklaven macht, die sich einen Herrn suchen, sobald sie den ihren verloren haben, einem Instinkt folgend, der in der Natur nur den kurzschädligen Menschen und den Hunden eigen ist. Es ist eine ernsthafte Tatsache, daß sie überall, wo sie leben, unter der Herrschaft der blonden Langschädel leben, oder mangels Ariern, unter der der Juden oder der Chinesen. Wenn diese Unterordnung bis zum Ursprung der Rassen zurückreichte, so hätten wir damit ein bemerkenswertes Beispiel der natürlichen Teilung der sozialen Aufgaben. Den Langschädeln die geistige Arbeit, die Gelehrsamkeit, die Wissenschaft, die Kunst, die Leitung der Geschäfte, den Kurzschädeln die Handarbeit, vor allen Dingen die Bearbeitung des Bodens, die härteste Arbeit und die materiellste Arbeit.« (Lapouge 1899, 149) Diese Zuordnung von knechtischen Kurzschädeln und herrenhaften Langschädeln als Erklärungsprinzip der Geschichte findet sich auch bei Walther Rathenau (1912).

52 »Im Laufe ungeheuer langer Zeit wird eine Erleichterung im Kampfe ums Dasein unfehlbar eine Rückbildung der geistigen Kräfte zur Folge haben, aber die Panmixie wirkt sehr langsam und innerhalb begrenzter Zeiträume unmerklich.« (Ammon 1893, 276) Wie oben gezeigt wurde, konnte Ammon auf dieser Basis die sozialrevolutionären Forderungen eines Alexander Tille ablehnen.

53 Die umfassendste methodische Kritik an Ammon findet sich bei Robert Kuczynski (1897). Er weist zahlreiche statistische Fehler nach, vor allem seien die Samples viel zu klein, um so weitreichende generalisierende Schlüsse zu ziehen. Häufig hätte ein einziges Individuum mit abweichenden Merkmalen das Ergebnis auf den Kopf gestellt.

54 Im Anschluß an die Arbeiten von Hansen und Ammon entfesselte sich eine umfangreiche bevölkerungsstatistische Debatte darüber, ob die These von der »Landflucht« richtig sei und ob es stimme, daß sich die städtisch-bürgerliche Bevölkerung geringer vermehre als die Landbevölkerung. Da diese Debatte massive ideologische Implikationen hatte, wurde sie mit polemischer Schärfe geführt. Beide Positionen standen sich noch 1913 erbittert gegenüber. Auf Kuczynskis (1897) Kritik an Ammon antwortete Carl Ballod (1899) mit einem ausführlichen statistischen Versuch, die These vom Zug nach der Stadt zu validieren. Eine umfassende und ausgewogene statistische Studie zur Frage der unterschiedlichen Fruchtbarkeit in Stadt und Land gab Thurnwald 1904. Nach seiner Analyse war in der Stadt das folgende Muster erkennbar: In den Unterschichten gibt es hohe Geburtenziffern und eine hohe Kindersterblichkeit, in den höheren Schichten geringe Geburtenziffern und geringere Kindersterblichkeit. Die Kombination beider Faktoren führt zu einer verminderten Fortpflanzungsrate in der Stadt gegenüber dem Land. In den Städten bildet sich tendenziell eine stationäre Bevölkerung. Theilhaber zeigt 1913, daß die Tendenz sinkender Geburtenzahlen, die in Frankreich bereits seit fünfzig Jahren beobachtet wurde, auch in Deutschland von den Städten ausgehend konstatiert werden konnte. Die Debatte um die Stadt als Rassengrab bildete einen Katalysator für die bevölkerungsstatistische Entdeckung des demographischen Übergangs.

55 »Alles geräth bei den Einwanderern in Gährung. Allmählich sondert sich das verworrene Durcheinander. Ein Theil der Individuen verfällt dem Laster und dem Verbrechen, ein anderer Theil gelangt mit Mühe dazu, sich das nackte Dasein in den Städten zu fristen, ein dritter, und zwar der wichtigste Theil, beginnt auf der socialen Leiter in die Höhe zu steigen.« (Ammon 1893, 314)

56 »Zur richtigen Wirkung der Ständebildung gehört, daß die Stände nicht zu Kasten verknöchern, sondern daß ein beständiges Vergehen der alten und ein Aufsteigen neuer Individuen aus der Masse des Volkes stattfindet, also den [höheren] Ständen immer frisches Blut zugeführt wird.« (Ammon 1893, 317)

57 Wir haben allerdings gesehen, daß manche Eugeniker auch die panmixiebedingte Degeneration in nächster Zukunft erwarteten. Diese Erwartung war dann plausibel, wenn man davon ausging, daß genetische Defekte grundsätzlich phänotypisch sichtbar würden und die Variationsrate sehr hoch wäre.

58 Diese Inkonsequenz Ammons bemerkte bereits Hertz (1904, 18): »Es ist nun erstaunlich, welch hohes Lob Ammon der Gesellschaftsordnung spendet, die doch diese Blüte der Menschheit [d. h. die Arier] so grausam ausrottet.«

59 Ammon dagegen, der immer wieder Lapouge zitiert, scheint Gobineau

nicht aus erster Hand zu kennen. So schreibt er 1896: »De Lapouge zollt dem Geschichtsforscher Gobineau warme Anerkennung wegen eines Aufsatzes[!] ›Über die Ungleichheit der Menschenrassen‹, worin Gobineau schon vor 40 Jahren ganz ähnliche Ansichten vorgebracht hat.« (Ammon 1896, 113) Die Charakterisierung eines vierbändigen Werkes als »Aufsatz« (wohl nach dem Titel *Essai...*) beweist deutlich, daß Ammon dieses Werk selbst nicht gekannt hat.

60 »Soweit Verschlechterung, Niedergang und Auflösung mit der Dissipation von Energie verbunden sind, kann man sagen, daß Degeneration die kulturelle Entsprechung des Zweiten Hauptsatzes der Thermodynamik ist.« (Brush 1978, 14) Brush untersucht die kulturellen Implikationen des Entropiesatzes im 19. Jahrhundert.

61 Eine solche kosmologische Niedergangsperspektive gehörte schon in den 1880er Jahren zu den idées reçus. In einer nachgelassenen Skizze zu *Bouvard und Pécuchet* läßt Flaubert seine beiden Helden einen Vortrag über die Zukunft der Menschheit halten. Im Gegensatz zu Bouvard sieht Pécuchet »die Zukunft der Menschheit in den schwärzesten Farben«. »Der Mensch ist verkümmert und zur Maschine geworden. ...Unmöglichkeit des Friedens. ...Allgemeine Verpöbelung. Alles wird in ein gewaltiges Arbeitersaufgelage ausarten. Ende der Welt durch Entropie.« (dt. Ausgabe Berlin 1980, 344)

62 »Die Evolution verläuft nicht in eine bestimmte Richtung, und schon überhaupt nicht in Richtung auf Vervollkommnung, wie wir uns das vorstellen. Sie entfaltet sich inmitten des Nichts, von ihm umgeben und permanent von ihm bedroht. Das Leben versucht mit allen Mitteln, sich zu erhalten, und wo immer Lebendiges aufeinanderstößt, gibt es unerbittlichen Kampf. Die Selektion und die Wirkungen der Umwelt sind keine wohltätigen Kräfte. Es handelt sich nur darum, daß die einen der Vernichtung entgehen und zu diesem Zweck nach vorne, zur Seite oder zurück flüchten.« (Lapouge 1896, 449)

63 Ähnlich Lapouge 1899, 267: »Die Neger scheinen für immer Barbaren zu bleiben. Durch eine systematische Auslese könnte man aus ihnen eine Bevölkerung herauszüchten, die den eugenisch wertvollsten Ariern weit überlegen wäre.«

64 »Die Gesetze, die die Selektion bestimmen, sind absolut, während die Moralvorstellungen und die Gesetzesvorschriften von Land zu Land verschieden sind und sich permanent ändern.« (Lapouge 1896, 487)

65 »Zwangsmaßnahmen setzen fast notwendig eine sozialistische Gesellschaft voraus, in der die reproduktiven Funktionen spezialisiert und zugleich wie jede Arbeit eine soziale Pflicht sind und wo die Aufzucht der Kinder Angelegenheit der Gesellschaft ist. Nur unter solchen Bedingungen kann es möglich sein, der Mehrzahl der Individuen durch die Mittel des Präventivverkehrs, durch Abtreibung oder sogar durch

Kindstötung nach dem Vorbild Platons die Erzeugung von Kindern zu untersagen. Nur eine solche Gesellschaft ließe es zu, den geeigneten Frauen die Pflicht zur permanenten Schwangerschaft aufzuerlegen und die geeigneten Männer zu bestimmen, die mit den erwünschten außergewöhnlichen Erbanlagen begabt sind.« (Lapouge 1896, 488)

66 Eine Kombination von Eugenik und Rassenselektion findet sich bei dem Amerikaner Madison Grant (1916). Er suchte nach möglichst »humanen« Methoden der Umsetzung: »Das einzelne Individuum kann während seiner Lebenszeit von der Allgemeinheit ernährt, erzogen und beschützt werden, aber der Staat muß durch Unfruchtbarmachung dafür sorgen, daß seine Linie mit ihm endet, sonst werden auch künftige Geschlechter mit dem Fluche einer stets wachsenden Last von Opfern einer irregeleiteten Gefühlsschwärmerei beladen sein. Dies ist eine praktische, schonende und unvermeidliche Lösung der ganzen Frage und kann auf einen immer weiteren Kreis von Gruppen der Gesellschaft ausgedehnt werden, eine Maßregel, die stets beim Verbrecher, Siechen und Geisteskranken zu beginnen hätte und schrittweise auf Formen ausgedehnt werden könnte, die man eher Kümmerlinge als Entartete nennen kann, und vielleicht schließlich auch auf wertlose Rassenformen.« (45)

67 Der liberale Politiker Karl Braun traf 1867 recht genau diesen Zusammenhang: »Daß ein wohlmeinender und in der That, in Nebenpunkten wenigstens, auch nicht unverständiger Mensch, wie Weinhold, zu so desperatem Mittel rathen konnte, beweist auf's Neue die Richtigkeit des Satzes, daß nichts leichter zum Terrorismus treibt, als der Dogmatismus in Verbindung mit der – Angst.« (Braun 1867, 34)

68 Dies wird auch in dem moderaten Ton des von Ploetz herausgegebenen *Archiv für Rassen- und Gesellschaftsbiologie* deutlich, im Gegensatz zur radikal-völkischen *Politisch-Anthropologischen Revue* Ludwig Woltmanns. Zu letzterem vgl. Stölting 1987.

69 Hertz (1904, 40) faßte diesen Sachverhalt in polemischer Übertreibung so zusammen: »Die Fortschritte der Schädelmessung brachten ...eine große Ernüchterung. Es stellte sich heraus, daß auf der ganzen Erde nicht eine noch so kleine Rasse vorhanden sei, die einen absolut einheitlichen Typus aufgewiesen hätte. Alle Rassen zeigten die mannigfachsten Typen und Mischungen dieser Typen und man konnte glücklich sein, wenn irgend ein Typus beträchtlich überwog.«

70 So etwa Much 1902.

71 Vgl. zur Mühlen 1977.

72 Dies gilt vor allem für Arbeiten von Mosse und Poliakov, die eher von volkspädagogischem als von wissenschaftlichem Ethos motiviert sind. Gegen solche Versuche, jeden Versuch einer Rassentheorie oder Rassenklassifikation in der Vergangenheit mit »Rassismus« gleichzusetzen, wendet sich Stepan (1982, XVI): »The story of scientific racism is

not merely a story of pseudoscience. Bad science, perhaps, but not pseudoscience.«

73 So heißt es beim Abbé Sieyès: »Warum soll man nicht alle jene Familien in die fränkischen Wälder zurückjagen, die die alberne Anmaßung bewahren, von der Erobererrasse abzustammen und die Erobererrechte geerbt zu haben? Die alsdann gereinigte Nation wird sich trösten können, wie ich glaube, bei dem Gedanken, bloß mehr aus Abkömmlingen der Gallier und Römer zu bestehen.« (Zit. nach Hertz 1904, 311 ff.) Weitere Belege für eine solche Position bei Poliakov 1977.

74 L. Kuhlenbeck äußerte 1905 im *Archiv für Rassen- und Gesellschaftsbiologie* die Hoffnung: »Die wissenschaftliche Erkenntnis wahrer Rassenunterschiede nun wird eher dazu führen, den auf unbewußt kollidierenden Rasseninstinkten beruhenden Rassenhaß und Rassenkampf zu mildern, als ihn zu verschärfen.« Er richtet sich daher gegen die Ideologen, die die Rassentheorie »in den Dienst reaktionär politischer, aristokratischer, schließlich gar kastenstaatlich gerichteter Velleitäten« stellen (Kuhlenbeck 1905, 564f.), und erklärt sich deren phantastischen Projekte aus dem üblichen Schicksal von Neuerungen, »einseitiger Übertreibung« und »karikaturhafter Verunstaltung« zu verfallen.

75 Stölting (1987) spricht von dieser Richtung als der »anthroposoziologischen Schule«.

76 Woltmanns Übergang von der Sozialdemokratie zum alldeutschen Imperialismus hinderte allerdings Eduard Bernstein nicht daran, nach seinem Tode einen wohlwollenden Nachruf in der *Politisch-Anthropologischen Revue* zu veröffentlichen (6, 1907/08, 45–53).

77 In seiner Schrift, *Die Germanen und die Renaissance in Italien*, Leipzig 1905, wollte er durch Bildinterpretationen und z. T. abenteuerliche Namensetymologien zeigen, daß die Kultur der Renaissance letztlich ein Werk der Germanen war, da Dante, Leonardo usw. von germanischen Einwanderern abstammten.

78 Die neuere Anthropologie wird »auf einem Meer von Konfusionen und Irrtümern hin- und hergeworfen. ...Unter dem Vorwand streng wissenschaftlicher Vereinfachung schwenkt sie hoch die Fahne des Chaos« (Chamberlain 1899, 492f.)

79 Mögliche Gegenargumente werden daher sofort unter Ideologieverdacht gestellt; sie sind Ausdruck einer fremden Rassenlage: »Dies ist um so nötiger, als wir unter uns Halbgermanen, Viertelgermanen, Sechzehntelgermanen usw. zählen, und infolge dessen auch eine Menge Ideen, eine Menge Arten zu denken und zu handeln, die halb-, viertel-, sechzehntel-germanisch oder auch direkt antigermanisch sind.« (Chamberlain 1899, 492)

Literatur

Fremdsprachige Texte werden in der Regel nach der Originalausgabe zitiert. Wenn nicht anders angegeben, handelt es sich bei Zitaten um eigene Übersetzungen. Jahreszahlen im Text beziehen sich grundsätzlich auf das erste Erscheinungsjahr des zitierten Textes. Benutzte spätere Editionen erscheinen nur im Literaturverzeichnis.

Alison, A., 1840. The Principles of Population and their Connection with Human Happiness. 2 Bde., London Edinburgh.
Altner, G. (Hg.), 1981. Der Darwinismus. Geschichte einer Theorie. Darmstadt.
Ammon, O., 1891. Der Darwinismus gegen die Sozialdemokratie. Hamburg.
Ammon, O., 1893. Die natürliche Auslese beim Menschen. Jena.
Ammon, O., 1894. Die Bedeutung des Bauernstandes. Berlin.
Ammon, O., 1896. Die Gesellschaftsordnung und ihre natürlichen Grundlagen. Jena.
Bagehot, W., 1872. Physics and Politics. Deutsche Ausgabe: Der Ursprung der Nationen. Betrachtungen über den Einfluß der natürlichen Zuchtwahl und der Vererbung auf die Bildung politischer Gemeinwesen. Leipzig 1874.
Ballod, C., 1899. Die mittlere Lebensdauer in Stadt und Land. Staats- und sozialwissenschaftl. Forschungen 16, Bd. 5, Leipzig.
Bannister, R. C., 1979, Social Darwinism. Science and Myth in Anglo-American Social Thought. Philadelphia.
Bastian, A., 1868. Das Beständige in den Menschenrassen und die Spielweite ihrer Veränderlichkeit. Berlin.
Bastian, T., 1981. Von der Eugenik zur Euthanasie. Bad Wörrishofen.
Bauer, L., 1904. Der Zug nach der Stadt und die Stadterweiterung. Eine rassenhygienische Studie. Stuttgart.
Bayertz, K., 1982. Darwinismus als Ideologie, in: Dialektik 5, 105–20.
Bebel, A., 1892. Die Frau und der Sozialismus. 12. Aufl. Stuttgart.
Bebel, A., 1899, Die Darwinsche Theorie und der Sozialismus, in: Die Neue Zeit 17, I, 484–89.
Becher, J.J., 1688. Politische Discours. 3. Aufl. Frankfurt/M.
Bellamy, E., 1890. Ein Rückblick aus dem Jahre 2000 auf 1887. Leipzig.
Bergmann, K., 1970. Agrarromantik und Großstadtfeindschaft. Meisenheim.
Bernstein, E., 1894. Naturwissenschaft wider Gesellschaftswissenschaft, in: Die neue Zeit 12, II, 68–79.
Biddiss, M. D., 1970. Father of Racist Ideology. The Social and Political Thought of Count Gobineau. London.

Blaschko, A., 1895. Natürliche Auslese und Klassentheilung, in: Die Neue Zeit 13, I, 615–24.
Blumenbach, J. F., 1798. Über die natürlichen Verschiedenheiten im Menschengeschlechte. Leipzig.
Boas, F., 1922. Kultur und Rasse. Berlin/Leipzig.
Bölsche, W., 1896. Die Humanität im Kampf mit dem Fortschritt, in: Neue deutsche Rundschau 7, 125–37.
Bowler, P. J., 1977. Darwinism and the Argument from Design, in: Journ. Hist. Biol. 10, 29–43.
Bowler, P. J., 1978. Hugo de Vries and Thomas Hunt Morgan: The Mutation Theory and the Spirit of Darwinism, in: Annals of Science 35, 55–73.
Bowler, P. J., 1983. The Eclipse of Darwinism. Anti-Darwinian Theories in the Decades around 1900. Baltimore.
Bowler, P. J., 1984. Evolution. The History of an Idea. Berkeley.
Brabazon, R., 1887. Decay of Bodily Strength in Towns, in: The 19th Century 21, 673–76.
Brackman, A., 1980. A Delicate Arrangement. The Strange Case of Charles Darwin and Alfred Russel Wallace. New York.
Braun, K., 1867. Der Zwangs-Zölibat für Mittellose in Deutschland, in: Vierteljahrschrift für Volkswirtschaft und Culturgeschichte 20, H. 4, 1–80.
Broca, P., 1877. Mémoires d'anthropologie. Paris.
Brush, S. G., 1967. Science and Culture in the 19th Century. Thermodynamics and History, in: The Graduate Journal 7, 477–565.
Brush, S. G., 1978. The Temperature of History. Phases of Science and Culture in the 19th Century. New York.
Büchner, L., 1868. Sechs Vorlesungen über die Darwinsche Theorie. Leipzig.
Büchner, L., 1889. Der Mensch und seine Stellung in Natur und Gesellschaft in Vergangenheit, Gegenwart und Zukunft. Leizpig.
Buffon, G. L. L., 1785. Allgemeine Naturgeschichte. Bd. 6, Troppau.
Burgener, P., 1964. Die Einflüsse des zeitgenössischen Denkens in Morels Begriff der ›dégénérescence‹, in: Züricher Medizingeschichtl. Abhandl. Nr. 16.
Burke, E., 1795. Thoughts and Details on Scarcity, in: Works, Bd. 5, London 1855, 83–109.
Burnet, T., The Theory of the Earth, 1. Aufl. 2 Bde., London 1684/90. Spätere Auflagen unter dem Titel: Sacred Theory of the Earth. (Benutzte Ausgabe ed. B. Willey, 1965).
Burrow, J., 1963. Evolution and Anthropology in the 1860s: The Anthropological Society of London, 1863–71, in: Victorian Studies 7.
Burrow, J., 1966. Evolution and Society. A Study in Victorian Social Theory. Cambridge.

Carneri, B. v., 1871. Sittlichkeit und Darwinismus. Wien.
Carus, C. G., 1849. Über die ungleiche Befähigung der verschiedenen Menschheitsstämme für höhere geistige Entwicklung. Leipzig. Repr. unter dem Titel: Goethe Denkschrift. Berlin 1943.
Chalmers, T., 1832. On Political Economy, in Connexion with the Moral State and Moral Prospects of Society. Works, Bd. 19/20, Glasgow 1852/54.
Chamberlain, H. S., 1899. Die Grundlagen des 19. Jahrhunderts. München.
Chesterton, G. K., 1922. Eugenics and Other Evils. London.
Churchill, F., 1968. August Weismann and a Break from Tradition, in: Journ. Hist. Biol. 1, 91–112.
Clark, L. L., 1984. Social Darwinism in France. University.
Conrad-Martius, H., 1955. Utopien der Menschenzüchtung. Der Sozialdarwinismus und seine Folgen. München.
Cowan, R. S., 1977. Nature and Nurture. The Interplay of Biology and Politics in the Work of Francis Galton, in: Studies in the Hist. of Biol. 1, 133–208.
[Cristaller, E. G., 1885]. Die Aristokratie des Geistes als Lösung der sozialen Frage. Leipzig.
Crook, D. P., 1984. Benjamin Kidd. Portrait of a Social Darwinist. Cambridge.
Darwin, C., 1859. The Origin of Species by Means of Natural Selection. Harmondsworth 1986.
Darwin, C., 1871. The Descent of Man, and on Selection in Relation to Sex. London.
Davies, G. L., 1969. The Earth in Decay. A History of British Geomorphology, 1578–1878. New York.
Dennert, E., 1911. Vom Sterbelager des Darwinismus. Halle.
Derham, W., 1713. Physico-Theology, or a Demonstration of the Being and Attributes of God, from His Works of Creation. London.
Deschner, G., 1967. Gobineau und Deutschland. Diss. Erlangen.
Dewey, J., 1909. The Influence of Darwinism on Philosophy, in: The Middle Works, Bd. 4, Carbondale 1977, 3–14.
Dodel, A., 1875. Die Neuere Schöpfungsgeschichte nach dem gegenwärtigen Stande der Naturwissenschaften. Leipzig.
Dumont, A., 1890. Dépopulation et civilisation. Paris.
Eckstein, G., 1909. Der Kampf ums Dasein, in: Die Neue Zeit 27, I, 695–711.
Egerton, F. N., 1973. Changing Concepts of the Balance of Nature, in: Quart. Rev. Biol. 48, 322–50.
Egerton, F. N., 1983/85. The History of Ecology. Achievements and Opportunities, in: Journ. Hist. Biol. 16, 1983, 259–310; 18, 1985, 103–43.

Eickstedt, E. Frh. von, 1937–1963. Die Forschung am Menschen. Stuttgart.
Eisenhart, H., 1844. Philosophie des Staats, oder Allgemeine Socialtheorie. 2 Bde., Leipzig.
Elias, N., 1969. Die höfische Gesellschaft. Neuwied.
Farrall, L., 1979. The History of Eugenics. A Bibliographical Review, in: Annals of Science 36, 111–23.
Ferri, E., 1895. Socialismus und moderne Wissenschaft. Leipzig.
Fest, J. C., 1973. Hitler. Eine Biographie. Berlin, Frankfurt/M.
Finot, J., 1908. Le préjugé des races. 3. Aufl. Paris.
Flammarion, C., 1893. La fin du monde. Paris.
Flohr, H., 1987. Probleme biologischer Orientierung der Soziologie, in: Klingemann (Hg.) 1987, 277–313.
Francis, E. K., 1981. Darwins Evolutionstheorie und der Sozialdarwinismus, in: Kölner Zschr. für Soziologie und Sozialpsychologie 33, 209–28.
Freeden, M., 1979. Eugenics and Progressive Thought. A Study in Ideological Affinity, in: The Hist. Journ. 22, 645–71.
Freeman, D., 1974. The Evolutionary Theories of Charles Darwin and Herbert Spencer, in: Current Anthropology 15, 211–34.
Freudenthal, G., 1982. Atom und Individuum im Zeitalter Newtons. Frankfurt/M.
Fruchtbaum, H., 1964. Natural Theology and the Rise of Science. Cambridge (Harvard Ph. D. Thesis).
Gale, G., 1972, Darwin and the Concept of a Struggle for Existence, in: Isis 63, 321–44.
Galton, F., 1865. Hereditary Talent and Character, in: Macmillian's Magazine 12, 157–66, 318–27.
Galton, F., 1869. Hereditary Genius, its Laws and Consequences. London.
Galton, F., 1901. The Possible Improvement of the Human Breed under the Existing Conditions of Law and Sentiment, in: Nature 64, 659–65.
Galton, F., 1907. Probability, the Foundation of Eugenics. Oxford.
Gasman, D., 1971. The Scientific Origins of National Socialism. Social Darwinism in Ernst Haeckel and the German Monist League. London.
Gercke, A./Kummer, R., 1933. Die Rasse im Schrifttum. Ein Wegweiser durch das rassenkundliche Schrifttum. Berlin.
Gerland, G., 1868. Über das Aussterben der Naturvölker. Leipzig.
Gillispie, C. C., 1951. Genesis and Geology. (=Harvard Hist. Studies 58). Cambridge.
Glacken, C., 1967. Traces on the Rhodian shore. Nature and Culture in Western Thought from Ancient Times to the End of the 18th Century. Berkeley, Los Angeles.

Gobineau, M. A. de, 1853/55. Essai sur l'inégalité des races humaines. 4 Bde., Paris. Deutsche Ausgabe: Versuch über die Ungleichheit der Menschenrassen. 4 Bde., Stuttgart 1898–1901.

Goodman, G., 1616. The Fall of Man, or the Corruption of Nature. London.

Gould, S. J., 1979. Bushes and Ladders in Human Evolution, in: Ever since Darwin, New York, 56–62.

Graham, L., 1977. Science and Values. The Eugenics Movement in Germany and Russia in the 1920s, in: Am. Hist. Rev. 82, 1133–64.

Grant, M., 1916. The Passing of the Great Race. New York. Deutsche Ausgabe: Der Untergang der großen Rasse. München 1925.

Grayson, D. K., 1983. The Establishment of Human Antiquity. New York.

Greene, J. C., 1959. The Death of Adam. Evolution and its Impact on Western Thought. Ames.

Greene, J. C., 1968. The Concept of Order in Darwinism, in: P. G. Kuntz (Hg.), The Concept of Order. Seattle, 89–103.

Greene, J. C., 1977. Darwin as a Social Evolutionist, in: Journ. Hist. Biol. 10, 1–27.

Greene, J. C., 1981. Science, Ideology and World View. Essays in the History of Evolutionary Ideas. Berkeley.

Greg, W. R., 1868. On the Failure of ›Natural Selection‹ in the Case of Man, in: Fraser's Magazine 78, 353–62.

Greg, W. R., 1872. Enigmas of Life. Edinburgh.

Gregory, F., 1977. Scientific Materialism in 19th Century Germany. Dordrecht, Boston.

Groh, D., 1967. Marx, Engels und Darwin. Naturgesetzliche Entwicklung oder Revolution, in: Polit. Vierteljahrschr. 8, 544–59.

Groh, D., 1988. Europa blickt nach Rußland. 300 Jahre historische Perspektiven. Frankfurt/M.

Grotjahn, A., 1904. Soziale Hygiene und Entartungsproblem, in: T. Weyl (Hg.), Handbuch der Hygiene, Suppl. Bd. 4, Jena, 727–90.

Gruber, M., 1903. Führt die Hygiene zur Entartung?, in: Münchener Medizinische Wochenschrift 50, 1713–18, 1781–85.

Günther, H. F. K., 1922. Rassenkunde des deutschen Volkes. München.

Günther, H. F. K., 1934. Die nordische Rasse bei den Indogermanen Asiens. München.

Gumplowicz, L., 1883. Der Rassenkampf. Innsbruck.

Haeckel, E., 1863. Über die Entwicklungstheorie Darwins, in: Gemeinverständliche Werke, Bd. 5, Leipzig/Berlin 1924, 3–32.

Haeckel, E., 1878. Freie Wissenschaft und freie Lehre, in: Gemeinverständliche Werke, Bd. 5, Leipzig/Berlin 1924, 196–290.

Haeckel, E., 1898. Natürliche Schöpfungsgeschichte. Berlin.

Haeckel, E., 1905. Der Kampf um den Entwicklungsgedanken. Berlin.

Hale, M., 1677. The Primitive Origination of Mankind. London.
Halliday, R.J., 1971. Social Darwinism. A Definition, in: Victorian Studies 14, 389–405.
Hansen, G., 1889. Die drei Bevölkerungsstufen. Ein Versuch, die Ursachen für das Blühen und Altern der Völker nachzuweisen. München.
Harris, V., 1949. All Coherence Gone. Chicago.
Haycraft, J. B., 1895. Natürliche Auslese und Rassenverbesserung. Leipzig.
Helmholtz, H. v., 1854. Über die Wechselwirkung der Naturkräfte und die darauf bezüglichen neuesten Ermittlungen der Physik. Königsberg.
Hentschel, W., 1901. Varuna. Eine Weltgeschichtsbetrachtung vom Standpunkt des Ariers.
Hentschel, W., 1916. Mittgart. Leipzig.
Herkner, H., 1897. Die Arbeiterfrage. 2. Aufl. Berlin.
Hertwig, O., 1915. Zur Abwehr des ethischen, des sozialen und des politischen Darwinismus. Jena.
Hertz, F., 1904. Moderne Rassentheorien. Wien.
Hill, C., 1972. The World Turned Upside Down. London.
Himmelfarb, G., 1959. Darwin and the Darwinian Revolution. London.
Hobsbawm, E.J., 1954. The Crisis of the 17th Century, in: T. Aston (Hg.), Crisis in Europa, 1560–1660. London.
Huxley, T. H., 1894. Man's Place in Nature and other Anthropological Essays. London.
Huxley, T. H., 1894. Evolution and Ethics, in: Evolution and Ethics and other Essays. London 1896.
Jacob, M. C./Lockwood, W. A., 1972. Political Millenarianism and Burnet's Sacred Theory, in: Science Studies 2, 265–79.
Jacob, M. C., 1976. The Newtonians and the English Revolution. Ithaca.
Jacob, J. R., 1977. Robert Boyle and the English Revolution. New York.
Jacoby, P., 1881. Études sur la sélection dans ses rapports avec l'hérédité chez l'homme. Paris.
Jäckel, E., 1981. Hitlers Weltanschauung. Stuttgart.
Jentsch, C., 1898. Sozial-Auslese. Leipzig.
Johnson, J. W., 1960. ›Of differing ages and climes‹, in: Journ. Hist. Ideas 12, 465–80.
Jones, G., 1980. Social Darwinism and English Thought. The Interaction between Biological and Social Theory. London.
Jordan, W. D., 1968. White over Black. American Attitudes toward the Negro. Chapel Hill.
Kautsky, K., 1895. Darwinismus und Marxismus, in: Die Neue Zeit 13, I, 709–16.
Kautsky, K., 1910. Vermehrung und Entwicklung in Natur und Gesellschaft. Stuttgart.

Kautsky, K., 1927. Die materialistische Geschichtsauffassung. Bd. 1: Natur und Gesellschaft. Berlin.

Keitel-Holz, K., 1984. Ernst Haeckel. Frankfurt/M.

Kelly, A., 1981. The Descent of Darwin. The Popularization of Darwinism in Germany, 1860–1914. Chapel Hill.

Kende, M., 1901. Die Entartung des Menschengeschlechts, ihre Ursachen und die Mittel zu ihrer Bekämpfung. Halle.

Kidd, B., 1894. Social Evolution. New York.

Klemm, G., 1843–52. Allgemeine Cultur-Geschichte der Menschheit. 10 Bde., Leipzig.

Klingemann, C. (Hg.), 1987. Rassenmythos und Sozialwissenschaften in Deutschland. Opladen.

Koch, H. W., 1973. Der Sozialdarwinismus. München.

Koehne, C., 1926. Untersuchungen über Vorläufer und Quellen der Rassentheorie des Grafen Gobineau, in: Archiv f. Rassen- und Gesellschaftsbiologie 18, 369–96.

Kollmann, J., 1900. Die angebliche Entstehung neuer Rassentypen, in: Correspondenz-Blatt der dt. Gesellsch. für Anthropologie, Ethnologie und Urgeschichte 31, 1–5.

Kroll, J., 1983. Zur Entstehung und Institutionalisierung einer naturwissenschaftlichen und sozialpolitischen Bewegung. Die Entwicklung der Eugenik/Rassenhygiene bis zum Jahr 1933. Diss. Tübingen.

Krolzik, U., 1980. Das physikotheologische Naturverständnis und sein Einfluß auf das naturwissenschaftliche Denken im 18. Jahrhundert, in: Medizinhist. Journal 15, 90–102.

Kuczynski, R., 1897. Der Zug nach der Stadt. Stuttgart.

Kuhlenbeck, L., 1905. Zur Kritik des Rassenproblems, in: Archiv für Rassen- und Gesellschaftsbiologie 2, 560–67.

Lange, F. A., 1870. Die Arbeiterfrage. Ihre Bedeutung für Gegenwart und Zukunft. 2. Aufl. Winterthur.

Lapouge, G. V. de, 1887 A. La dépopulation de la France, in: Revue d'Anthropologie 16, 69–80.

Lapouge, G. V. de, 1887 B. Les sélections sociales, in: Revue d'Anthropologie 16, 519–50.

Lapouge, G. V. de, 1888 A. De l'inégalité parmi les hommes, in: Revue d'Anthropologie 17, 9–38.

Lapouge, G. V. de, 1888 B. L'hérédité dans la science politique, in: Revue d'Anthropologie 17, 169–91.

Lapouge, G. V. de, 1896. Les sélections sociales. Paris.

Lapouge, G. V. de, 1899. L'Aryen. Son rôle social. Paris. Deutsche Ausgabe: Der Arier und seine Bedeutung für die Gemeinschaft. Frankfurt/M. 1939.

Lasaulx, E. v., 1856. Neuer Versuch einer alten auf die Wahrheit der Thatsachen gegründeten Philosophie der Geschichte. München.

Lees, A., 1985. Cities Perceived. Urban Society in European and American Thought, 1820–1940. Manchester.

Lefèvre. W., 1984. Die Entstehung der biologischen Evolutionstheorie. Berlin.

Lehmann, H., 1980. Das Zeitalter des Absolutismus. (=Christentum und Gesellschaft, Bd. 9). Stuttgart.

Lenoir, T., 1982. The Strategy of Life. Teleology and Mechanics in 19th Century German Biology. Dordrecht, Boston.

Lombroso, C., 1887. Genie und Irrsinn. Leipzig.

Loria, A., 1896. Darwinisme social, in: Revue Internationale de Sociologie 4, 440–51.

Lovejoy, A. O., 1948. The Great Chain of Being. A study of the history of an idea. Cambridge.

Lübbe, H., 1963. Politische Philosophie in Deutschland. Basel, Stuttgart.

Lutzhöft, H. J., 1971. Der Nordische Gedanke in Deutschland 1920–1940. Stuttgart.

MacKenzie, D., 1976. Eugenics in Britain, in: Social Studies of Science 6, 449–532.

MacKenzie, D., 1979. Karl Pearson and the Professional Middle Classes, in: Annals of Science 36, 125–43.

McKim, W. D., 1899. Heredity and Human Progress. New York.

McKinney, H. L., 1972. Wallace and Natural Selection. New Haven, London.

MacPherson, C. B., 1967. Die politische Theorie des Besitzindividualismus. Frankfurt/M.

Mann, G. (Hg.), 1973. Biologismus im 19. Jahrhundert. Stuttgart.

Mann, G., 1975. Biologie und Geschichte. Ansätze und Versuche zur biologistischen Theorie der Geschichte im 19. und beginnenden 20. Jahrhundert, in: Medizinhist. Journal 10, 281–306.

Mann, G., 1978. Neue Wissenschaft im Rezeptionsbereich des Darwinismus: Eugenik – Rassenhygiene, in: Berichte zur Wissenschaftsgeschichte 1, 101–111.

Marquard, O., 1978. Glück im Unglück. Zur Theorie des indirekten Glücks zwischen Theodizee und Geschichtsphilosophie, in: Allg. Zschr. f. Philosophie 3, 23–42.

Marx, K./Engels, F. (MEW). Werke. Berlin 1956–68.

Marx, K., 1953. Grundrisse der Kritik der Politischen Ökonomie. Berlin.

Mayr, E., 1985. Weismann and Evolution, in: Journ. Hist. Biol. 18, 295–329.

Mayr, E., 1984. Die Entwicklung der biologischen Gedankenwelt. Heidelberg, New York.

Mayr, O., 1987. Uhrwerk und Waage. Autorität, Freiheit und technische Systeme in der frühen Neuzeit. München.

Meiners, C., 1793. Grundriß der Geschichte der Menschheit. Lemgo.

Merton, R. K., 1983. Auf den Schultern von Riesen. Frankfurt/M.

Montgomery, W. M., 1974. Germany, in: T. F. Glick (Hg.), The Comparative Reception of Darwinism. Austin, London, 81–116.

Morel, A. B., 1857. Traité des dégénérescences physiques, intellectuelles et morales de l'espèce humaine. Paris.

Morison, J. C., 1888. The Service of Man. London. Deutsche Ausgabe: Menschheitsdienst. Leipzig 1890.

Mosse, G. L., 1978. Rassismus. Ein Krankheitssymptom in der europäischen Geschichte des 19. und 20. Jahrhunderts. Königstein.

Much, M., 1902. Die Heimat der Indogermanen. Berlin.

Mühlmann, W., 1968. Geschichte der Anthropologie. Frankfurt/M.

Nagel, G., 1975. Georges Vacher de Lapouge (1854–1936). Ein Beitrag zur Geschichte des Sozialdarwinismus in Frankreich. Freiburg.

Nietzsche, F., Werke, Hg. v. K. Schlechta. Darmstadt 1963.

Nordau, M., 1892/93. Entartung. 2 Bde., Berlin.

Nye, R. A., 1982. Degeneration and the Medical Modell of Cultural Crisis in the French Belle Epoche, in: S. Drescher e. a. (Hg.), Political Symbolism in Modern Europe. Essays in Honor of G. L. Mosse. New Brunswick, 19–41.

Nye, R. A., 1984. Crime, Madness, and Politics in Modern France. The Medical Concept of National Decline. Princeton.

Nyström, A., 1902. Über die Formenveränderungen des menschlichen Schädels und deren Ursachen, in: Archiv f. Anthropologie 27, 211–31, 317–36, 623–42.

Ogle 1889. The Alleged Depopulation of the Rural Districts of England, in: Journ. of the Royal Statistical Society 52, 205–32.

Olberg, O., 1906. Bemerkungen über Rassenhygiene und Sozialismus, in: Die Neue Zeit 24, II, 725–33.

Olberg, O., 1907. Rassenhygiene und Sozialismus, in: Die Neue Zeit 25, I, 882–87.

Oppenheimer, F., 1913. Die rassentheoretische Geschichtsphilosophie, in: Verhandlungen des 2. Deutschen Soziologentages. Tübingen, 98–139.

Ospovat, D., 1981. The Development of Darwin's Theory. Natural History, Natural Theology, and Natural Selection, 1838–1859. Cambridge.

Paul, D., 1981. »In the Interest of Civilization«. Marxist Views of Race and Culture in the 19th Century, in: Journ. Hist. Ideas 42, 115–38.

Paul, D., 1984. Eugenics and the Left, in: Journ. Hist. Ideas 45, 567–90.

Penka, K., 1883. Origines Ariacae. Linguistisch-ethnologische Untersuchungen zur ältesten Geschichte der arischen Völker und Sprachen. Wien, Teschen.

Penka, K., 1886. Die Herkunft der Arier. Wien, Teschen.

Penka, K., 1904/05. Kultur und Rasse, in: Politisch-Anthropologische Revue 3, 229–56.
Peters, H. M., 1972. Historische, soziologische und erkenntnistheoretische Aspekte der Lehre Darwins, in: Gadamer/Vogler (Hg.), Neue Anthropologie, Bd. 1. Stuttgart, 326–52.
Pfeil, E., 1972. Großstadtforschung. Hannover.
Philipp, W., 1957. Das Werden der Aufklärung in theologiegeschichtlicher Sicht. Göttingen.
Philipp, W., 1963. Die Physikotheologie, in: Das Zeitalter der Aufklärung (= Klassiker des Protestantismus, Bd. 7), Bremen. VIII–LXVIII.
Pickens, D. K., 1968. Eugenics and the Progressives. Nashville.
Ploetz, A., 1894. Rassentüchtigkeit und Sozialismus, in: Neue deutsche Rundschau 5, 989–97.
Ploetz, A., 1895. Die Tüchtigkeit unserer Rasse und der Schutz der Schwachen. Berlin.
Ploetz, A., 1904. Die Begriffe Rasse und Gesellschaft und die davon abgeleiteten Disziplinen, in: Archiv für Rassen- und Gesellschaftsbiologie 1, 2–16.
Pösche, T., 1878. Die Arier. Ein Beitrag zur historischen Anthropologie. Jena.
Poliakov, L., 1977. Der arische Mythos. Wien.
Puhle, H. J., 1966. Agrarische Interessenpolitik und preußischer Konservatismus. Hannover.
Quatrefages de Bréau, J. L. A., 1886/89. Histoire générale des races humaines. 2 Bde., Paris.
Querner, H., 1975. Darwins Deszendenz- und Selektionstheorie auf den deutschen Naturforscher-Versammlungen. Acta Historica Leopoldina 9, 439–56.
Rabb, T. K., 1975. The Struggle for Stability in Early Modern Europe. New York.
Rathenau, W., 1912. Zur Kritik der Zeit. Berlin.
Raven, C. E., 1942. John Ray, Naturalist. His Life and Works. Cambridge.
Raven, C. E., 1953. Natural Religion and Christian Theology. Cambridge.
Ray, J., 1691. The Wisdom of God Manifested in the Works of Creation. London.
Ray, J., 1692. Miscellaneous Discourses Concerning the Dissolution and Changes of the World. London.
Reich, E., 1868. Über die Entartung des Menschen. Ihre Ursachen und Verhütung. Erlangen.
Rickert, H., 1911/12. Lebenswerte und Kulturwerte, in: Logos 2, 141–68.
Römer, R., 1985. Sprachwissenschaft und Rassenideologie in Deutschland. München.

Rogers, J. A., 1972. Darwinism and Social Darwinism, in: Journ. Hist. Ideas 33, 265–80.

Romanes, G. J., 1874. Natural Selection and Dysteleology, in: Nature 9, 361–62.

Rosenberg, A., 1930. Der Mythus des 20. Jahrhunderts. München.

Roth, K. H. e. a., 1984. Erfassung zur Vernichtung. Von der Sozialhygiene zum »Gesetz über Sterbehilfe«. Hamburg.

Ruse, M., 1979. The Darwinian Revolution. Chicago.

Saller, K., 1961. Die Rassenlehre des Nationalsozialismus. Darmstadt.

Schäffle, A., 1875–1878. Bau und Leben des socialen Körpers. 4 Bde., Tübingen.

Schallmayer, W., 1891. Über die drohende körperliche Entartung der Culturvölker. Berlin.

Schallmayer, W., 1903. Vererbung und Auslese im Lebenslauf der Völker. Jena.

Schallmayer, W., 1904. Zum Einbruch der Naturwissenschaft in das Gebiet der Geisteswissenschaften, in: Archiv für Rassen- und Gesellschaftsbiologie 1, 586–97.

Schallmayer, W., 1907. Rassenhygiene und Sozialismus, in: Die Neue Zeit 25, I, 731–40.

Schallmayer, W., 1914. Ernst Haeckel und die Eugenik, in: H. Schmidt (Hg.), Was wir Ernst Haeckel verdanken. Bd. 2, Leipzig, 367–72.

Scheidt, K. W., 1924/25. Beiträge zur Geschichte der Anthropologie. Der Begriff der Rasse in der Anthropologie und die Einteilung der Menschenrassen von Linné bis Deniker, in: Archiv f. Rassen- und Gesellschaftsbiologie 15, 280–306, 383–97; 16, 178–202, 382–403.

Schemann, L., 1910. Gobineaus Rassenwerk. Stuttgart.

Schemann, L., 1928/31. Die Rasse in den Geisteswissenschaften. Studien zur Geschichte des Rassengedankens. 3 Bde., München.

Schmuhl, H. W., 1987. Rassenhygiene, Nationalsozialismus, Euthanasie. Göttingen.

Schneider, W., 1982. Toward the Improvement of the Human Race. The History of Eugenics in France, in: Journ. Mod. Hist. 54, 268–91.

Schoeps, H. J., 1953. Vorläufer Spenglers. Studien zum Geschichtspessimismus im 19. Jahrhundert. Leiden/Köln.

Schramm, E., 1984. Linné, Gedner und die biologische Kontrolle, in: Medizinhist. Journal 19, 244–49.

Schramm, E., 1985. Art. Naturhaushalt, in: Archiv f. Geschichte der Naturwissenschaften 13, 649–52.

Schungel, W., 1979. Alexander Tille (1866–1912). Leben und Ideen eines Sozialdarwinisten. Husum.

Schwidetzky, I., 1936. Anthropologie und Geschichtswissenschaft, in: Zschr. f. Rassenkunde 4, 268–84.

Searle, G. R., 1976. Eugenics and Politics in Britain. Leyden.

Searle, G. R., 1981. Eugenics and Class, in: C. Webster (Hg.), Biology, Medicine, and Society, 1840–1940. Cambridge, 217–42.

See, K. von, 1970. Deutsche Germanen-Ideologie vom Humanismus bis zur Gegenwart. Frankfurt/M.

Seeck, O., 1895/1920. Geschichte des Untergangs der antiken Welt. 6 Bde., Berlin.

Seeck, O., 1898. Die Entwicklung der antiken Geschichtsschreibung. Berlin.

Sieferle, R. P., 1987. Indien und die Arier in der Rassentheorie, in: Zeitschrift für Kulturaustausch 37, 444–67.

Simpson, G. G., 1974. The Concept of Progress in Organic Evolution, in: Social Research 41, 28–51.

Smith, A., 1776. An Inquiry into the Nature and Causes of the Wealth of Nations. Oxford 1976.

Smith, J. M., 1975. The Theory of Evolution. Harmondsworth.

Sohnrey, H., 1894. Der Zug vom Lande und die soziale Revolution. Leipzig.

Sombart, W., 1938. Beiträge zur Geschichte der wissenschaftlichen Anthropologie, in: Sitzungsberichte der Preußischen Akademie der Wissenschaften, Phil.-Hist. Klasse 13, 96–130.

Spencer, H., 1857. Progress, its Law and Cause, in: Essays Bd. 1, London 1868, 1–60.

Spencer, H., 1865. Principles of Biology. London.

Spencer, H., 1868. Social Statics. London.

Spencer, H., 1875. The Study of Sociology. 4. Aufl. London.

Spengler, J. J., 1979. France Faces Depopulation. Postlude Edition, 1936–76. Durham.

Stebbins, S., 1980. Maxima in minimis. Zum Empirie- und Autoritätsverständnis in der physikotheologischen Literatur der Frühaufklärung. Frankfurt/M.

Steinberg, H. J., 1972. Sozialismus und deutsche Sozialdemokratie. Zur Ideologie der Partei vor dem 1. Weltkrieg. Bonn.

Stepan, N., 1982. The Idea of Race in Science. Great Britain, 1800–1960. London.

Stöcklein, A., 1969. Leitbilder der Technik. Biblische Tradition und technischer Fortschritt. München.

Stölting, E., 1987. Die anthroposoziologische Schule, in: Klingemann 1987, 130–71.

Teilhaber, F., 1913. Das sterile Berlin. Berlin.

Thomas, K., 1983. Man and the Natural World. Harmondsworth 1983.

Thomson, W. (=Lord Kelvin), 1852. On a Universal Tendency in Nature to the Dissipation of Mechanical Energy, in: London and Edinburgh Philosophical Magazine, Ser. 4, Bd. 4, 304–6.

Thurnwald, R., 1904. Stadt und Land im Lebensprozeß der Rasse, in:

Archiv f. Rassen- und Gesellschaftsbiologie 1, 550–74, 718–35, 840–84.
[Tille, A.], 1893. Volksdienst. Von einem Sozialaristokraten. Berlin.
Tille, A., 1895. Darwin und Nietzsche. Ein Buch Entwicklungsethik. Leipzig.
Toellner, R., 1982. Die Bedeutung des physico-theologischen Gottesbeweises für die nachcartesianische Physiologie im 18. Jahrhundert, in: Berichte zur Wissenschaftsgeschichte 5, 75–82.
Townsend, J., 1786. Dissertation on the Poor Laws. London.
Trepl, L., 1987. Geschichte der Ökologie. Frankfurt/M.
Tuveson, E. L., 1949. Millenium and Utopia. Study in the Background of the Idea of Progress. Berkeley.
Vögelin, E., 1933. Die Rassenidee in der Geistesgeschichte von Ray bis Carus. Berlin.
Vogt, C., 1855. Köhlerglaube und Wissenschaft. 2. Aufl. Gießen.
Vollgraff, K. F., 1851–55. Staats- und Rechtsphilosophie auf der Grundlage einer wissenschaftlichen Menschen- und Völkerkunde. Marburg.
Vorzimmer, P. J., 1963. Charles Darwin and Blending Inheritance, in: Isis 54, 371–90.
Vorzimmer, P. J., 1969. Darwin, Malthus, and the Theory of Natural Selection, in: Journ. Hist. Ideas 30, 27–42.
Wallace, A. R., 1864. The Origin of Human Races and the Antiquity of Man, deducted from the theory of natural selection, in: Journ. of the Anthropological Society London 2, CLVII–CLXX.
Wallace, A. R., 1894 A. Menschliche Auslese, in: Die Zukunft 8, 10–24.
Wallace, A. R., 1894 B. Menschheitsfortschritt, in: Die Zukunft 8, 145–58.
Wallace, R., 1761. Various Prospects of Mankind, Nature, and Providence. London.
Webster, C. (Hg.), 1974. The Intellectual Revolution of the 17th Century. London.
Webster, C., 1975. The Great Instauration. Science, Medicine, and Reform, 1626–1660. London.
Wehler, H. U., 1979. Sozialdarwinismus im expandierenden Industriestaat, in: Krisenherde des Kaiserreichs 1871–1918. Göttingen, 281–89.
Weingart, P., Kroll, J., Bayertz, K., 1988. Rasse, Blut und Gene. Geschichte der Eugenik und Rassenhygiene in Deutschland. Frankfurt/M.
Weismann, A., 1887. Über den Rückschritt in der Natur, in: Berichte der naturforschenden Gesellschaft zu Freiburg 2, 1–30.
Weismann, A., 1893. Die Allmacht der Naturzüchtung. Eine Erwiderung an Herbert Spencer. Jena.
Weiss, S. F., 1986. Wilhelm Schallmayer and the Logic of German Eugenics, in: Isis 77, 33–46.

Wettley-Leibbrand, A., 1959. Zur Problemgeschichte der ›dégénérescence‹, in: Sudhoffs Archiv 43, 193–212.
Willey, B., 1940. The 18th Century Background. Studies on the Idea of Nature in the Thought of the Period. London.
Wilser, L., 1885. Die Herkunft der Deutschen. Karlsruhe.
Wilser, L., 1908. Rassentheorien. Stuttgart.
Wittfogel, K. A., 1929. Geopolitik, geographischer Materialismus und Marxismus, in: Unter dem Banner des Marxismus 3, 17–51, 485–522, 698–735.
Woltmann, L., 1899. Die Darwinsche Theorie und der Sozialismus. Düsseldorf.
Woltmann, L., 1903. Politische Anthropologie. Eisenach, Leipzig.
Woltmann, L., 1903/04. Die anthropologische Geschichts- und Gesellschaftstheorie, in: Politisch-Anthropologische Revue 2, 11–15, 115–34, 284–88, 379–83, 451–56, 547–53.
Woltmann, L., 1907/08. Klemm und Gobineau, in: Politisch-Anthropologische Revue 6, 673–97.
Worster, D., 1977. Nature's Economy. The Roots of Ecology. San Francisco.
Wulle, R., 1913. Die Gefahren der Großstadtentwicklung für das deutsche Volk, in: Konservative Monatsschrift 70, 897–905.
Young, E. J., 1968. Gobineau und der Rassismus. Eine Kritik der anthropologischen Geschichtstheorie. Meisenheim.
Young, R. M., 1969. Malthus and the Evolutionists. The Common Context of Biological and Social Theory, in: Past and Present 43, 109–145.
Young, R. M., 1970. Mind, Brain, and Adaption in the 19th Century: Cerebral Localization and its Biological Context from Gall to Ferrier. Oxford.
Ziegler, H. E., 1894. Die Naturwissenschaft und die sozialdemokratische Theorie, ihr Verhältnis dargelegt aufgrund der Werke von Darwin und Bebel. Stuttgart.
Zitelmann, R., 1987. Hitler. Selbstverständnis eines Revolutionärs. Hamburg.
Zmarzlik, H. G., 1963. Der Sozialdarwinismus in Deutschland als geschichtliches Problem, in: Vierteljahrhefte f. Zeitgeschichte 11, 246–73.
zur Mühlen, P. von, 1977. Rassenideologien. Geschichte und Hintergründe. Berlin, Bonn.

Kulturgeschichte
in der edition suhrkamp

Jean-Paul Aron / Roger Kempf: Der sittliche Verfall. Bourgeoisie und Sexualität in Frankreich. Aus dem Französischen von Agnes Bucaille-Euler, Birgit Spielmann und Gerhard Mahlberg. es 1116

Hauke Brunkhorst: Der Intellektuelle im Land der Mandarine. es 1403

Thomas Kleinspehn: Warum sind wir so unersättlich? Über den Bedeutungswandel des Essens. es 1410

Die Listen der Mode. Herausgegeben von Silvia Bovenschen. es 1338

Thomas H. Macho: Todesmetaphern. Vom Reden über den Tod. es 1419

Mythos und Moderne. Begriff und Bild einer Rekonstruktion. Herausgegeben von Karl Heinz Bohrer. es 1144

Naturplan und Verfallskritik. Zu Begriff und Geschichte der Kultur. Herausgegeben von Helmut Brackert und Fritz Wefelmeyer. es 1211

Gershom Scholem: Über einige Grundbegriffe des Judentums. es 414

Das Schwinden der Sinne. Herausgegeben von Dietmar Kamper und Christoph Wulf. es 1188

Die unvollendete Vernunft: Moderne versus Postmoderne. Herausgegeben von Dietmar Kamper und Willem van Reijen. es 1358

Jean-Pierre Vernant: Die Entstehung des griechischen Denkens. Aus dem Französischen von Edmund Jacoby. es 1150

– Mythos und Gesellschaft im alten Griechenland. Aus dem Französischen von Gustav Roßler. es 1381

Paul Veyne: Glaubten die Griechen an ihre Mythen? Ein Versuch über die konstitutive Einbildungskraft. es 1226

Die Wiederkehr des Körpers. Herausgegeben von Dietmar Kamper und Christoph Wulf. es 1132

Philosophie
in der edition suhrkamp

Theodor W. Adorno: Eingriffe. Neun kritische Modelle. es 10
- Gesellschaftstheorie und Kulturkritik. es 772
- Jargon der Eigentlichkeit. Zur deutschen Ideologie. es 91
- Ohne Leitbild. Parva Aesthetica. es 201
- Stichworte. Kritische Modelle 2. es 347

Walter Benjamin: Das Passagen-Werk. 2 Bde. Herausgegeben von Rolf Tiedemann. es 1200
- Zur Kritik der Gewalt und andere Aufsätze. Mit einem Nachwort von Herbert Marcuse. es 103

Ernst Bloch: Abschied von der Utopie? Vorträge. Herausgegeben und mit einem Nachwort versehen von Hanna Gekle. es 1046
- Kampf, nicht Krieg. Politische Schriften 1917-1919. Herausgegeben von Martin Korol. es 1167

Gernot Böhme: Anthropologie in pragmatischer Hinsicht. Darmstädter Vorlesungen. es 1301
- Für eine ökologische Naturästhetik. es 1556

Hartmut Böhme: Natur und Subjekt. Versuche zur Geschichte der Verdrängung. es 1470

Pierre Bourdieu: Die politische Ontologie Martin Heideggers. Aus dem Französischen von Bernd Schwibs. es 1514

Rüdiger Bubner: Ästhetische Erfahrung. es 1564

Denken, das an der Zeit ist. Herausgegeben von Florian Rötzer. es 1406

Jacques Derrida: Die Stimme und das Phänomen. Ein Essay über das Problem des Zeichens in der Philosophie Husserls. Aus dem Französischen übersetzt und mit einem Vorwort versehen von Jochen Hörisch. es 945

Walter Euchner: Egoismus und Gemeinwohl. Studien zur Geschichte der bürgerlichen Philosophie. es 614

Paul Feyerabend: Erkenntnis für freie Menschen. Veränderte Ausgabe. es 1011
- Wissenschaft als Kunst. es 1231

Michel Foucault: Raymond Roussel. Übersetzt von Renate Hörisch-Helligrath. es 1559

Die Frage nach dem Subjekt. Herausgegeben von Manfred Frank, Gérard Raulet und Willem van Reijen. es 1430

Manfred Frank: Einführung in die frühromantische Ästhetik. es 1563
- Gott im Exil. Vorlesungen über die Neue Mythologie. II. Teil. es 1506
- Die Grenzen der Verständigung. es 1481
- Der kommende Gott. Vorlesungen über die Neue Mythologie. I. Teil. es 1142

Philosophie
in der edition suhrkamp

Manfred Frank: Motive der Moderne. es 1456
- Die Unhintergehbarkeit von Individualität. Reflexionen über Subjekt, Person und Individuum aus Anlaß ihrer ›postmodernen‹ Toterklärung. es 1377
- Was ist Neostrukturalismus? es 1203

Die gesellschaftliche Orientierung des wissenschaftlichen Fortschritts. Gernot Böhme, Wolfgang van den Daele, Rainer Hohlfeld, Wolfgang Krohn, Wolf Schäfer, Tilman Spengler. es 877

Paul Goodman: Die Tatsachen des Lebens. Ausgewählte Schriften und Essays. es 1359

Jürgen Habermas: Technik und Wissenschaft als Ideologie. es 287

Dieter Henrich: Hegel im Kontext. es 510
- Konzepte. Essays zur Philosophie in der Zeit. es 1400

Jochen Hörisch: Die Wut des Verstehens. es 1485

Individuum und Praxis. Positionen der »Budapester Schule«. Beiträge von Georg Lukács, Agnes Heller, Mihály Vajda, György Márkus, Maria Márkus, Andras Hegedüs und Ferenc Fehér. es 545

Luce Irigaray: Speculum. Spiegel des anderen Geschlechts. Aus dem Französischen übersetzt von Xenia Rajewsky, Gabriele Ricke, Gerburg Treusch-Dieter und Regine Othmer. es 946

Max Kaltenmark: Lao-tzu und der Taoismus. Aus dem Französischen von Manfred Porkert. es 1055

Ronald D. Laing: Phänomenologie der Erfahrung. Aus dem Englischen übersetzt von Klaus Figge und Waltraud Stein. es 314

Dietrich Lange: Wider Sinn und Bedeutung. es 1512

Thomas H. Macho: Todesmetaphern. Vom Reden über den Tod. es 1419

Herbert Marcuse: Ideen zu einer kritischen Theorie der Gesellschaft. es 300
- Konterrevolution und Revolte. Unter Mitwirkung von Alfred Schmidt übersetzt von Rolf und Renate Wiggershaus. Autorisierte Übersetzung. es 591
- Kultur und Gesellschaft 1. es 101
- Kultur und Gesellschaft 2. es 135
- Versuch über die Befreiung. Übersetzt von Helmut Reinicke und Alfred Schmidt. es 329

Masao Maruyama: Denken in Japan. Eingeleitet und aus dem Japanischen übertragen von Wolfgang Schamoni und Wolfgang Seifert. es 1398

Ursula Reitemeyer: Erwachende Sinnlichkeit. Ludwig Feuerbachs Entwurf einer Philosophie der Zukunft. es 1417

Joachim Ritter: Hegel und die französische Revolution. es 114

Philosophie
in der edition suhrkamp

Clément Rosset: Das Reale. Traktat über den Schwach-Sinn. Aus dem Französischen von Renate Hörisch-Heligrath. es 1442

Bertrand Russell: Probleme der Philosophie. Aus dem Englischen übersetzt und mit einem Nachwort versehen von Eberhard Bubser. es 207

– Wege zur Freiheit. Sozialismus, Anarchismus, Syndikalismus. Aus dem Englischen übersetzt und herausgegeben von Reiner Demski. es 447

Thomas A. Sebeok/Jean Umiker-Sebeok: »Du kennst meine Methode.« Charles S. Peirce und Sherlock Holmes. Aus dem Amerikanischen von Achim Eschbach. es 1121

Michel Serres: Der Hermaphrodit. Aus dem Französischen von Reinhard Kaiser. es 1552

Georg Simmel: Schriften zur Philosophie und Soziologie der Geschlechter. Herausgegeben und eingeleitet von Heinz-Jürgen Dahme und Klaus Christian Köhnke. es 1333

Peter Sloterdijk: Der Denker auf der Bühne. Nietzsches Materialismus. es 1353

– Eurotaoismus. Zur Kritik der politischen Kinetik. es 1450

– Kopernikanische Mobilmachung und ptolemäische Abrüstung. Ästhetischer Versuch. es 1375

– Kritik der zynischen Vernunft. 2 Bde. es 1099

– Zur Welt kommen – Zur Sprache kommen. Frankfurter Vorlesungen. es 1505

Peter Sloterdijks ›Kritik der zynischen Vernuft‹. es 1297

Alfred Sohn-Rethel: Soziologische Theorie der Erkenntnis. Mit einem Vorwort von Jochen Hörisch. es 1218

– Warenform und Denkform. Mit zwei Anhängen. es 904

Peter Strasser: Philosophie der Wirklichkeitssuche. es 1518

– Die verspielte Aufklärung. es 1342

Die unvollendete Vernunft: Moderne versus Postmoderne. Herausgeben von Dietmar Kamper und Willem van Reijen. es 1358

Jean-Pierre Vernant: Die Entstehung des griechischen Denkens. Aus dem Französischen von Edmund Jacoby. es 1150

Versuchungen 1/2. Aufsätze zur Philosophie Paul Feyerabends. Herausgegeben von Hans Peter Duerr. es 1044/1068

Von der Verantwortung des Wissens. Positionen der neueren Philosophie der Wissenschaft. Herausgegeben von Paul Good. Mit Beiträgen von Paul K. Feyerabend, Hans-Georg Gadamer, Kurt Hübner, Stephen Toulmin und Paul Good. es 1122

Vor der Jahrtausendwende. Berichte zur Lage der Zukunft. 2 Bde. Herausgegeben von Peter Sloterdijk. es 1550

Philosophie
in der edition suhrkamp

Ludwig Wittgenstein: Tractatus logico-philosophicus. Logisch-philosophische Abhandlung. es 12

Konrad Wünsche: Der Volksschullehrer Ludwig Wittgenstein. Mit neuen Dokumenten und Briefen aus den Jahren 1919 bis 1926. es 1299

Die Zukunft der Aufklärung. Herausgegeben von Jörn Rüsen, Eberhard Lämmert und Peter Glotz. es 1479